本书系云南大学《中国边疆研究丛书》成果之一，得到云南大学专门史国家重点学科建设经费资助。

云南大学　中国边疆研究丛书

林文勋　主编

明代云南民族发展论纲

段红云　著

人民出版社

总　　序

林文勋

我国幅员辽阔,民族众多,是一个统一的多民族国家。而中国的边疆地区则是我国统一多民族国家的重要组成部分,历来在国家的经济发展、社会进步和政治稳定中占有十分重要的地位。古往今来,历朝历代莫不重视边疆问题的研究与边疆治理。近代以来,随着世界局势的变化和边疆问题的凸显,边疆问题的研究更加受到重视,并形成了几次大的研究热潮。在这一过程中,一些学者提出了"边政学"、"边疆学"等概念,极大地推动了边疆问题研究的开展。目前,尽管人们对"边疆学"、"边政学"等概念还持有不同的看法,但边疆问题研究的重要性已没有人怀疑。构建一门具有中国特色的边疆学学科,在更高的层面和更大的范围开展中国边疆问题的研究越来越成为更多的人们的认识。

云南大学地处祖国西南边疆,是我国西南边疆建立最早的综合性大学之一。长期以来,依托特殊的区位优势和资源优势,大批学者对边疆问题特别是西南边疆的问题开展了持续不断的深入研究。在几代学者的共同努力下,通过将区位优势和资源优势转化为学科优势,再将学科优势转化为人才培养的优势,云南大

目　录

绪　论

一、研究价值

中国是一个统一的多民族国家,数千年来,各民族既创造了本民族悠久的文化,又共同创造了中华民族统一多民族国家的辉煌历史。云南作为地处西南边疆的一个多民族聚居省份,境内各民族对统一多民族国家的形成作出过巨大贡献。同时,云南历史上发生的一些历史事件也常常影响到中原王朝在全国的统治,甚至对中国社会的发展产生了重要的影响。因此,云南民族史是中国历史研究的一个重要组成部分。

纵观云南地方史,由于云南民族众多,其地险远,叛服无常,如何有效地对其进行治理,一直都是历代中央王朝高度关注的问题。正如明初征讨云南时朱元璋所言:

> 在汉武帝时,始得西南诸夷,终两汉之世,叛者十次。在光武时,将军刘尚击益州夷,路由越嶲,其酋长多酿毒酒,欲以劳军,因袭击尚,尚知其谋,即分兵掩捕诛之,徙其家属于成都。蜀汉之时,诸葛亮讨平其地,收其豪杰,出其金、银、马、牛以给军用,终亮之世夷不复反。亮没后,凡四反,张嶷尝一讨

之，嶷将回军，兴古僚复反，嶷复击之，其地悉平。唐太宗时，云南自守，至高宗时始入贡，朝廷待之至重，反生侮慢，唐前后凡九加兵，战屡不胜，唐终不能驭。元世祖亲下云南，令亲王镇守之，终元百年间，前后七叛。[1]

可以说，从古至今，凡是在国家处于统一的历史时期，任何一个中央王朝要维护国家的统一和边疆的稳定，都必须高度重视对云南的治理。云南的治乱与否，往往会对全国政局产生重要的影响。

明代是云南历史发展过程中一个承前启后的时代。明代中央政府为对云南进行有效的治理，继承了元代治理云南的行省制度、土司制度、屯田制度和推行汉文化等一系列的统治策略，并根据治理云南的特殊需要对其进行进一步的完善和改革，赋予这些制度一些新的内涵和时代特征。这些政策措施对清代中央政府在民族地区统治推行改土归流，在经济文化上更加深入地统治云南打下了坚实的基础，并对我们今天的边疆治理与民族政策的实施提供了有益的借鉴和启示。

概括起来讲，明朝统治云南的施政措施中，对云南社会历史发展具有划时代意义的统治策略有以下几个方面：

一是在元代行省制度的基础上设置云南“三司”。洪武十五年(1382年)，明朝：

改行省为云南等处承宣布政使司，领诸府州县司；置都指挥使司，领诸卫所；置提刑按察司，分巡安普、临元、金沧、洱海四道，并察诸府州县司卫所；并称三司云[2]。

“三司”各有分工，承宣布政使司掌一省之民政，都指挥使司掌一省之军事，提刑按察司掌一省之刑狱。布政司下设府、州、县，经过

调整,共“领府十九,御夷府二,州四十,御夷州三,县三十,宣慰司八,宣抚司四,安抚司五,长官司三十三,御夷长官司二。”[3]“三司”并立,遇大事会商处理,相互节制,有效地避免了地方权力过大,有利于中央集权的统治。明代“三司”及其军政统治体系的建立,不仅使明代在云南的统治更加稳固和深入,客观上还促使云南政治经济中心实现了从洱海周边向滇池地区的根本性转移。

二是推行卫所屯田,实施大规模的移民政策。朱元璋平定云南以后,出于:

> 云南新附,人心未定,即令入朝,诸蛮必生疑惧,或遁入山寨,负险不服。若复调兵,损伤必多。[4]

等等考虑,为有效控制云南,仿全国其他地区:

> 度要害地,系一郡者设所,连郡者设卫。大率五千六百人为卫,千一百二十人为千户所,百十有二人为百户所。所设总旗二,小旗十,大小联比以成军。[5]

的政策,在云南广设卫所,派驻军队进行屯戍。有明一代,中央王朝在云南设置共计20卫、20千户所,覆盖了除丽江、永宁、镇源、元江等府和边境御夷府州及土司区域之外的广大地区。伴随着卫所的设置,大规模的汉族移民通过军屯、民屯、商屯等形式从中原和内地移民云南。正如谢肇淛《滇略》所载:“高皇帝既定滇中,尽徙江左良家闾右以实之;及有罪窜戍者,咸尽室以行。”这些汉族移民进入云南后,占据了重要的交通沿线和平坝区,彻底改变了云南的民族构成和传统的分布特点,使云南成为“土著者少,寄籍者多”[6]的民族聚居区,汉族成为真正意义上的主体民族,汉文化成为强势的主流文化,引发了云南民族社会、经济、文化的划时代变迁。

三是在云南经济文化发展滞后的民族地区推行土司制度，利用当地民族上层实行“羁縻统治”。客观上讲，明朝平定云南之初，中央王朝在云南设置府、州、县及都司卫所，企图在云南建立与中原地区相同的统治秩序。但乌撒诸蛮、云南诸夷、云南普舍县伪右丞燕海雅、姚安土官自久、曲靖亦佐县土酋安伯、平缅宣慰使思伦发等民族势力的叛乱使明朝统治者意识到“云南诸夷杂处，威则易以怨，宽则易以纵”[7]，“措置军事，贵乎得宜，不则大军一回，诸夷复叛，力莫能制”[8]。于是，从洪武年间起，明王朝对“西南夷来归者”，“即用原官授之”，继承了元代的土司制度，任命当地归附的少数民族上层势力对民族地区实行间接统治。据龚荫先生考证，明朝政府共在云南设置土宣慰使、土宣抚使、土安抚使、土宣抚同知、土宣抚副使、土长官等武职土司 159 家，土知府、土府同知、土府经历、土府知事、土州同知、土州判官、土知县、土县丞等文职土司 255 家[9]。在推行土司制度的同时，明王朝进一步完善了元代对土司的管理制度，进一步明确了土司的官职品秩、奖惩、承袭、职贡等规定，要求“土官应袭子弟，悉令入学，渐染风化，以格顽冥。如不入学者，不准承袭”[10]，并从正统年间开始，对鹤庆、寻甸、广西、元江、武定、顺宁等土府进行了改流。土司制度的推行，顺应了当时云南民族地区经济社会发展的情况，使明王朝的统治深入云南边远的民族聚居区，其对云南民族地区的影响一直持续到中华人民共和国建立以后，成为明代统治云南的又一个影响深远的统治制度。

第四是明代云南行政区划的调整和变迁。明洪武初年，云南梁王不服诏谕，明王朝“未下滇，先平蜀，招服诸蛮，故乌蒙、乌撒、东川、芒部四军民府旧属云南者，皆改隶四川”。[11]洪武十六年（1383 年），明政府便将原来属于元代云南行省的乌撒、乌蒙、芒部

三府划归四川省。洪武十七年(1384 年),又将东川府也划给了四川省。之后,明朝统治者意识到“云南、湖广之间,唯恃贵阳一线;有云南,不得不重贵阳”。[12]为保证交通沿线的畅通无阻,确保征讨大军顺利征讨云南,明王朝加强了对今天贵州境内民族地区的经营,设立了众多的卫所等军事组织进行军事管制,并最终于永乐十一年(1413 年),按照内地各省的建制模式,废除思州、思南两个宣慰司,于贵州设贵州等处承宣布政司。这样,原分属于四川、云南、湖广三省管辖的贵州地区独立建制,成为省级行政区划。当然,明代将乌撒、乌蒙、东川、芒部划归四川管辖后,因当地民族多属罗罗,有着广泛而复杂的联系,“无事则互起争端,有事则相为救援”,导致“滇、黔有可制之势而无其权,四川有可制之权而无其势”[13],“统辖既分,事权不一,往往轶出为诸边害”,[14]整个明代这一地区叛乱不断,为清雍正五年(1727 年)再次将东川、乌蒙、镇雄三土府改隶云南,并在当地实行改土归流埋下了伏笔。

此外,明朝中后期,随着国势的衰落,云南麓川、蛮莫、猛密、孟养、木邦等地土司为承袭或扩张势力而互起纷争,缅甸洞吾王朝于嘉靖末年开始扩张并与木邦、孟养、孟密乃至三宣抚司(陇川、干崖、南甸)的傣族土司相争夺,并最终侵吞了原来属于明朝的蛮莫(驻今盈江县西部境外的曼冒)、孟密(驻今缅甸掸邦西北)、孟养(驻今缅甸克钦邦)、木邦(驻今缅甸掸邦北部)以及孟艮(驻今缅甸掸邦景栋)、老挝(驻今老挝琅勃拉邦)、八百(驻今泰国清迈)等土司之地,导致明代西南疆域发生了重大的变迁,为今天中国与东南亚各国疆域的形成,以及云南众多跨境民族的形成奠定了最初的雏形。

综上所述,明代不仅是云南政治体制和行政区划承上启下的时代,也是云南民族地区社会经济和文化产生划时代变迁的历史

时期。一方面，伴随着卫所屯田的推行，大批汉族移民进入云南，不仅彻底改变了云南的民族构成和民族分布格局，加速了云南地方城镇化的进程，还使得汉文化及汉族先进的生产技术和观念辐射到少数民族地区，有力地促进了民族间经济文化的交流，加速了云南少数民族文化变迁和边疆开发的步伐；另一方面，土司制度的推行和完善，以及明朝中后期对云南腹里地区部分府州的改土归流，不仅使明代的统治比元代更加深入和牢固，还顺应了历史潮流，为边疆民族地区的发展创造了一个相对安定的政治环境，有利于民族地区的发展，其对云南社会的影响一直延续到中华人民共和国成立以后。

明代行省制度、卫所屯田、汉族移民、土司制度等众多具有特殊历史背景和时代特征的统治政策引发了云南民族成分、分布区域、地域文化，乃至中国与东南亚各国关系发展等方面划时代的历史变迁，其影响一直沿袭到清代甚至是今天。它在锻铸明代云南的政治、经济、文化及民族关系特征的同时，也对明清以来中国统一发展进程、民族关系、疆域稳定和边疆巩固发挥着重要作用。[15]

目前，学术界对明代云南民族发展和社会变迁的研究成果较多，尤其是对明代云南的卫所屯田、土司制度及云南民族文化状况等研究深入，成果丰富。然从宏观和微观两个方面全面、系统地梳理和研究明代云南民族社会发展变化及其时代背景的成果却并不多见。因此，对明代中央政府治理云南的几大具有时代特征的政策进行系统、宏观的分析和梳理，并对这些政策对云南社会发展产生的影响，以及云南境内各民族文化变迁等微观状况进行深入分析，找出明代云南社会历史和民族文化等发生深刻变化的时代背景和原因，对深入研究明代云南的民族史、地方史和政治制度史等具有重要的学术价值。

明代是我国土司制度发展的巅峰时期，也是我国西南边疆发生重大变迁和产生危机的重要历史时期。明代中央政府治理云南的统治政策，以及云南历史发展的重大变化对后世产生了非常重要的影响。加强对这一时期民族政策、边疆治理和云南社会变迁的探讨和研究，对于深刻把握今天中央政府实施民族区域自治，对边疆民族进行治理，以及进一步处理好与东南亚各国的关系，推进云南“两强一堡”建设战略等政府决策不仅可以提供历史借鉴，还具有重要的现实意义。

二、研究现状

由于明代是云南社会和民族历史发展划时代变迁的重要历史时期，很多专家学者都给予了高度的关注，并取得了丰硕的研究成果。关于明代云南民族历史发展问题的研究，方国瑜先生的《云南地方史讲义》，尤中先生的《云南民族史》、《西南民族史》、《中华民族发展史》，杨绍猷、莫俊卿的《明代民族史》，王文光教授的《中国西南民族关系史》、《中国民族发展史》，方铁教授的《西南通史》等研究云南或西南地方史、民族史、民族关系史，乃至研究中国通史、中国民族史等论著中都有专篇进行论述。其中，杨绍猷、莫俊卿著的《明代民族史》作为专门研究明代中国境内的各民族政治、经济、军事、文化及民族关系等方面的断代中国民族史，对西南苗族、仡佬、布依、白族、彝族、傣族、纳西、哈尼、傈僳、景颇等各民族的分布情况、政府治理、经济社会发展、文化习俗、民族斗争等做了专门的论述。然限于篇幅，该书对明代各地区民族分布和文化变迁的宏观背景没有进行阐述，没有给读者理出各民族历史发展和文化变迁的时代背景和原因。尤中先生的《云南民族史》及《中华民族发展史》两部著作中，以专门的章节，大量翔实的史料

阐述和分析了明朝政府对云南的统治措施，中央王朝和民族势力之间的政治经济关系，以及各民族之间的民族关系等导致云南社会和民族发展发生变迁的宏观背景和重大历史事件，对云南境内白族、彝族、纳西、哈尼、傈僳、傣族、壮族等民族的发展概况进行了论述，是研究明代云南民族史非常重要的参考资料和研究成果。当然，以上几部著作中对于明代云南民族发展历史背景的系统性，以及各民族文化的变迁等方面还有进一步深入研究的余地。王文光教授的《中国西南民族关系史》通过对明代相关史料的挖掘和整理，对中央王朝与民族势力之间、各民族集团之间的政治、经济、文化等关系进行了较为全面和深入的研究，对后辈学者研究明代云南民族关系史具有重要的指导作用。总的来说，以上著作对明代云南的民族文化、民族关系、民族政策等涉及民族发展的某一个或某几个方面进行了较为系统的研究，但在明代民族社会发展的时代背景和民族文化变迁的整体把握和论证上还有进一步研究的空间。

当然，对于明代中央王朝在云南推行并对云南民族社会历史发展产生重要影响的土司制度、卫所屯田、汉族移民等问题，不少学者进行了专题的研究，积淀了相当丰富的研究成果。兹分述如下：

（一）在明代云南行政区划调整与边疆变迁方面，围绕滇东北乌撒、乌蒙、东川、芒部等行政区划的调整，滇东地区贵州省的设置，以及西南边疆的危机和变迁等问题，方国瑜、尤中、林超民、王文光、翁家烈、古永继、方铁、何平等教授在相关的著作或论文中，从不同的视角对相关问题进行了探讨和研究。比较有代表性的论文有方国瑜的《明清时期云南东南部边境与安南的关系事迹》、《明季以来云南西部边境与木邦之关系事迹》（《方国瑜文集》第三辑），尤中的《明代“三征麓川”叙论》（《思想战线》，1987 年第 4

期)、《明朝对西南各民族地区的设治和经营》(《思想战线》,1992年第3期),林超民的《统一的必要——明王朝统一云南的经验与教训》、《明代云南边疆问题述论》(《林超民文集》第二卷,云南人民出版社,2008年12月),古永继的《明代滇桂地区与东南亚国家关系述评》(《思想战线》,2002年第6期)、《明清时滇桂地区与越南关系述论》(《云南师范大学学报(哲学社会科学版)》,2005年第2期)、《明代滇西地区内地移民对中缅关系的影响》(《中国边疆史地研究》,2008年第3期),何平的《中国西南边疆的变迁与缅甸掸族的由来》(《云南民族大学学报(哲学社会科学版)》,2007年第3期)、《中国西南边疆的变迁与佤族跨国境格局的形成》(《世界民族》,2001年第5期),余宏模的《略论明代贵州建省与改土设流——纪念贵州建省590周年》(《贵州民族研究》,2003年第3期),翁家烈的《明代贵州民族关系述略》(《贵州民族研究》,2004年第3期),王文光的《试论明朝对西南边疆乌蒙等部的治理及其政治博弈关系》(《云南师范大学学报(哲学社会科学版)》,2008年第3期),陆韧的《元代西南边疆与麓川势力兴起的地缘政治》(《中国边疆史地研究》,2008年第3期),贺圣达的《嘉靖末年至万历年间的中缅战争及其影响》(《中国边疆史地研究》,2002年第2期)等。

对滇东北乌撒、乌蒙、东川、芒部等府州行政区划调整与治理方面,相关学者在其论著中多少有所涉及,多为基本事实的阐述,没有进行深入的分析。较为深入的研究成果是王文光、段丽波的《试论明朝对西南边疆乌蒙等部的治理及其政治博弈关系》,论文从中央政府对乌蛮几府的治理及其与当地民族上层的政治博弈的角度,对明代中央政府对乌撒、乌蒙、东川、芒部等府的行政管辖变更,及其由此带来的动荡等问题进行了探讨。笔者在前人研究的

基础上，参照元代和清代这一地区行政区划变更的相关史料，在阐述明代中央政府对滇东几府区划调整过程的同时，侧重对明代对这一地区行政管辖变更的原因，政府在治理过程中对行政管辖权的调试，以及清代为何又将大部分地区划归云南管辖这一历史发展脉络进行分析和阐述。

对滇东政区调整及贵州省设置研究方面，尤中先生在《中华民族发展史》的明代部分，王文光教授在《中国西南民族关系史》中均辟有专栏进行阐述。此外，余宏模在《略论明代贵州建省与改土设流——纪念贵州建省590周年》中对明代贵州设省的时代背景进行了分析。翁家烈在《明代贵州民族关系述略》中对贵州单独建制，加强统治后对贵州经济社会产生的深刻影响进行了梳理和总结。总的来说，前人对明代贵州设省的研究各有侧重，主要从贵州社会历史发展的本位上进行探讨，内容上还有进一步研究的空间。本书在学习和借鉴前人研究的基础上，从中央王朝治理云南需要的视角对明代点东政区调整和贵州设省的背景、大致过程及贵州设省的意义进行了进一步的分析。

在明代云南的边疆危机和变迁方面，明、清史料中对相关麓川事迹、土司纷争、洞吾王朝扩张等记载颇详，方国瑜、尤中、林超民、古永继、贺圣达、陆韧等学者对这一问题也有较为深入的研究。方国瑜先生在《明清时期云南东南部边境与安南的关系事迹》、《明季以来云南西部边境与木邦之关系事迹》等论文中，对相关云南边疆地区管辖权丧失的历史过程进行了深入细致的分析和阐述。尤中先生在《中华民族发展史》中，阐述了明正统年间麓川之役及孟养、木邦、孟密叛乱纷争的过程，以及明代中后期缅甸洞吾王朝入侵的情况。林超民教授在其《明代云南边疆问题述论》中也在阐述云南自古疆域变迁情况，对明代西方殖民主义者进入、土司纷

争、缅甸趁机扩张,以及边疆辖境变迁等历史事件进行了分析和总结。古永继教授在《明代滇桂地区与东南亚国家关系述评》中,也从国家关系的角度探讨了明代东南亚各国的发展状况,以及我国西南边疆变迁的历史概况,认为在中国与东南亚各国交往的历程中,明代是其中的一个重要环节,其后清代乃至近现代西南地区对外关系中的许多事件,都与明代云南边疆变迁息息相关。陆韧的《元代西南边疆与麓川势力兴起的地缘政治》较为深入地阐述了元代对西南边疆的统治政策,分析了麓川势力崛起的背景、原因和过程。贺圣达的《嘉靖末年至万历年间中缅战争及其影响》对明代嘉靖之万历年间的中缅战争做了比较深入的研究,在详述战争过程的基础上,深入分析了战争给中国疆域变化,边境地区经济社会发展等带来的影响。

本书在前人研究的基础上,对明代中央政府对麓川、缅甸、车里、老挝、八百、安南等地的治理,以及缅甸洞吾王朝对西南边疆扩张等基本史实进行阐述。在此基础上,深入分析了明代西南边疆危机的背景和原因,明代"三征麓川"的影响和历史评价,以及明代西南边疆变迁所带来的深远影响,并试图总结明代中央政府治理边疆过程中的经验和教训,为今天我国在处理边疆问题、民族关系及与东南亚各国的关系提供历史借鉴。

(二)在明代云南土司制度研究方面,江应樑、龚荫、吴永章、尤中、杜玉亭等前辈学者已经将土司制度的起源与形成,土司制度的社会经济基础,云南土司的设置情况,土司制度的历史作用及改土归流的背景及过程等问题进行过深入、系统的研究,相关问题和观点在学术界早已定论。对于这一问题的研究,单专著就有江应樑的《明代云南境内的土官和土司》(云南人民出版社 1956 年)、龚荫的《明清云南土司通纂》(云南民族出版社 1985 年)和《中国

土司制度》(云南民族出版社 1992 年)、吴永章的《中国土司制度渊源和发展史》(四川民族出版社 1988 年)。公开发表的学术论文则有百余篇,其中,江应樑先生的《略论云南土司制度》、《明代云南境内的土司与土官》、《云南土司制度的利弊与存废》(《江应樑民族研究文集》,民族出版社,1992 年),龚荫先生的《关于明清云南土司制度的几个问题》(《西南民族学院学报(社会科学版)》,1986 年第 3 期)、《明代土司三题》(《云南师范大学哲学社会科学学报》,1991 年第 5 期)、《西南诸省土司设置及其演变概说》(《民族研究》,1993 年 1 期),曹相先生的《明朝云南社会经济的发展与改土归流》(《云南师范大学学报》(哲学社会科学版),1986 年 1 期),史继忠的《略论土司制度的演变》(《贵州文史丛刊》,1986 年 4 期),李世愉的《明代土司制度述略》(《中国边疆史地研究》,1994 年 1 期),张晓松的《论元明清时期的西南少数民族土司土官制度与改土归流》(《中国边疆史地研究》,2005 年第 2 期)等论文都对明代云南或西南乃至中国土司制度的起源、发展状况、改土归流、土司制度的评价等方面进行了深入的研究。

对于土司制度的兴衰问题,江应樑、龚荫、杜玉亭等先生虽所持观点略有出入,但均认为土司制度肇始于元代,元明清时期是我国土司制度形成、发展和衰落的时期。比如龚荫先生认为,总观封建王朝对西南少数民族的统治,大致可分为两个时期:自汉迄宋是施行的羁縻统治;元、明、清是施行土司制度。土司制度开始于元,形成于明[16]。本书在这一论点的指导下,对明代云南土司制度设置的背景、实施的概况、明代对云南民族地区的治理及改土归流等问题进行了进一步的研究和论述。

关于土司制度的原因及改土归流问题,尤中先生认为土司制度是中国历代封建王朝多在民族而发展不平衡的西南少数民族地

区采用的一种民族政策(《中国西南民族史》)[17]。江应樑先生认为,中央王朝推行土司制度的目的,是为了巩固和加强对少数民族地区的统治,使边疆地区起到藩篱的作用,达到大一统的目的,为边地内域化、政治一体化创造条件。土司制度只是一种过渡手段,最终目的是改土归流。[18]龚荫先生认为,土司制度改变了以前西南部地区少数民族各自为政的涣散局面,国家得到了空前的完整和统一。同时,土司制度的推行对增加封建王朝的收入,稳定边疆社会秩序,促进边疆民族地区文化教育的兴起和发展起到了积极的作用。但土司制度下各民族地区浓厚的封建割据性,以及土司对土民的残酷压迫和野蛮掠夺,也使得土司制度到明朝中后期以后开始崩溃,逐渐在历史长河中消亡。[19]林超民先生在肯定土司制度历史作用的同时,对土司制度在保持土司特权、保存落后生产方式,以及各地土司据地称雄、压迫人民等方面的局限性给予了中肯的评价。本书在上述观点的指导下,对明代设置土司的时代背景,明王朝与当地土司的政治博弈,以及明代中后期对云南部分府州土司进行改土归流的历史过程进行了论述和分析。

(三)在卫所屯田和汉族移民研究方面,主要研究成果有方国瑜先生的《明代在云南的军屯与汉族移民》(《方国瑜文集》第三辑),陆韧的《唐宋至元代云南汉族的曲折发展》(《民族研究》,1997 年第 5 期)、《云南汉语地名发展与民族构成变迁》(《云南民族大学学报(哲学社会科学版)》,2005 年第 6 期)、《明代云南的驿堡铺哨与汉族移民》(《思想战线》,1999 年第 6 期)、《明代汉族移民与云南城镇发展》(《云南社会科学》,1999 年第 6 期)、《试论明代云南非官府组织的自发移民》(《学术探索》,2000 年第 2 期)及其博士论文《变迁与交融——明代云南汉族移民研究》(云南教育出版社,2001 年 12 月),古永继的《元明清时期云南的外地移

民》(《民族研究》,2003 年第 2 期)、《明代云南地区出现过商屯吗? ——〈明史·食货志〉"商屯说"纠谬》(《思想战线》,2005 年第 6 期),郭红的《明代卫所移民与地域文化的变迁》(《中国历史地理论丛》,2003 年 6 月),谢国先的《明代云南的汉族移民》(《云南民族学院学报(哲学社会科学版)》,1996 年第 2 期)、《明代云南地区的民族融合》(《思想战线》,1996 年第 5 期),丁柏峰的《明代移民入滇与中国西南边疆的巩固》(《青海社会科学》,2003 年第 1 期),许立坤的《明代移民政策及其对边疆民族地区的影响》(《广西民族学院学报(哲学社会科学版)》,1998 年 9 月),秦佩珩的《明代云南人口、土地问题及封建经济的发展》(《求是学刊》,1980 年第 3 期),林超民的《汉族移民与云南统一》(《云南民族大学学报(哲学社会科学版)》,2005 年第 3 期),秦树才的《明代军屯与云南社会经济的发展》(《昆明师专学报(哲学社会科学版)》,1989 年第 3 期)等。这些论文和著作从不同的角度对明代卫所及军屯、民屯和商屯设置的情况,汉族移民进入云南的方式、数量,以及汉族移民进入云南后对云南经济社会产生的影响等几大方面进行了研究。其中,方国瑜先生的《明代在云南的军屯与汉族移民》一文旁征博引,考证精准,对明代云南卫所机构的设置,驻守官军的数量,军屯的设置与管理等情况进行了深入细致的考订和系统的梳理。陆韧教授的博士论文《变迁与交融——明代云南汉族移民研究》则在前人研究的基础上,从汉族移民进入云南,汉族移民的土著化,以及汉族移民对云南各民族社会历史产生的影响等方面进行了深入系统的研究,把这一问题的研究推到了一个新的高度。

在卫所设置及屯田方面,方国瑜先生对明代卫所制度的推行,卫所的组织机构,卫所的军事布置,卫所军户的管理,卫所的农业

生产，以及卫所制度的败坏等情况进行了系统的梳理。并对中央政府在云南设置卫所机构的名称、时间、治所、军数、马数，云南军事屯田的名称、屯所、征粮数字等进行了详细、精准的考证，为后人研究明代云南卫所屯田制度奠定了坚实的基础。

在汉族移民的形式及数量方面，目前学术界尚未达成共识，对明代云南是否出现过商屯，明代汉族移民数量到底是多少等问题还有不同的看法。但可以肯定的是，整个明代政府处于统治云南、稳定边疆的需要，以卫所军屯、民屯等形式从江浙、湖广一带迁徙了大量的汉族进入云南。至于汉族移民的数量，方国瑜先生认为万历初年，云南军数、官数、军余、舍丁合计有 337724 人[20]。与谢国先认为明初移入云南的外省人口大致在 30 万左右颇为相近；古永继认为明代汉族移民通过军士留戍、行政安置与自发流移、仕宦任职、谪迁流放、商人流寓等形式进入云南，其人口大致占云南总人口四分之一强，即 100 万左右。[21]丁柏峰也认为，明代通过军屯、民屯、商屯三种主要形式，向云南地区的移民当在百万左右。[22]许立坤认为，明代汉族移民通过军屯、民屯、商屯等形式进入云南，其人口数量根据万历《云南通志》所载，当时云南以军屯形式进入云南的汉族人口合计共有 335466 人，民屯、商屯的数字也不会太少。[23]陆韧认为明代汉族移民通过军事移民、罪徙移民、官府组织的移民、因商而寓、因官而寓、因学而寓等形式进入云南。其人口数量，军事移民的第一代人口有可能达到 80 余万。天启年间，云南汉族人口数量大约是都司所辖 104 万，布政司所属 126 万，沐庄隐含的约 70 余万，达 300 万左右。[24]

关于汉族移民对云南经济社会发展的影响，目前学术界对明代汉族移民的大量移入，及其对云南民族构成、分布格局、经济发展、社会变迁等方面产生的影响均给予了充分的肯定和积极的评

价。陆韧教授认为,明代汉族移民使汉族成为云南人口数量最多的民族,云南民族构成产生了划时代的变迁;打破了当地民族原已存在的相当固定的民族地域,奠定了各民族大杂居、小聚居的分布格局;促进了民族融合,推动了明代云南社会生产力的巨大发展,为明清云南改土归流创造了条件;促进知识分子士绅阶层在明代云南社会中的广泛兴起,对云南社会产生了深远的影响[25];掀起了云南历史上大规模的筑城运动,促使云南城镇规模扩大,数量增多,城市功能更加健全[26]。古永继教授认为,明代汉族移民使当地的民族构成、民族关系及民族地理分布格局发生了重大变化,促进了当地经济文化的发展,有效地巩固了祖国的西南边疆。[27]秦佩珩认为,明代汉族通过留戍、仕宦、移民、谪戍、流亡、流寓等形式进入云南后,大量土地被开垦,水利工程得到兴修和修整,交通驿道取得重大发展,农业、手工业、矿业和城市经济都有不同程度的发展。许多地区已经由封建领主经济进入封建地主经济阶段,甚至有些地区如昆明、大理等,地主经济已占统治地位。[28]此外,丁柏峰从汉族移民与边疆巩固的角度进行考察,认为明代汉族移民进入后不仅改变了云南人口的民族成分,加强了中央政府对西南的有效管辖权,还削弱了云南本土文化的离心倾向,加强了云南地区对祖国内地的文化认同。[29]许立坤在肯定明代移民政策加快了边疆民族地区经济发展步伐的同时,也指出移民过程中军队强占民田,对民族关系造成的一些负面影响。[30]

本书在充分吸收前人研究成果的基础上,综合考查明代卫所设置的数量及分布,明代云南军屯、民屯和商屯的数量及相关管理制度,汉族移民的形式、数量和分布特征,以及汉族移民进入云南后所引发的民族成分和分布格局的重构,地方城镇的兴起,边疆地区的开发,经济社会的发展及云南地域文化的变迁等问题进行了

进一步的分析和总结,阐明了自己的结论和观点。

三、研究内容

考虑到前人已经对明代云南民族社会历史发展的某些方面进行了深入、细致的研究,并取得了丰硕的研究成果,笔者不揣愚钝,仍然选择这一题目进行研究,主要就是在学习和研究过程中觉得前人的研究中尚未把整个明代云南社会历史发展过程中具有重大影响的诸如区划设置与调整,卫所屯田与汉族移民,土司制度与政治博弈等统治政策的实施情况,以及在这些政策影响下云南境内各民族发展状况及社会文化变迁等情况作一个系统的梳理和展示。故而想借助前人的研究成果,在这一方面作进一步的探索和尝试。

具体来说,本文共分为四章:

第一章为明代云南政区的调整及民族分布的变化。主要阐述明朝平定云南之后,在云南腹里地区设置府、州、县,边疆少数民族地区宣慰司、宣抚司、招讨司、安抚司等统治机构,以及由此引发的云南政治中心从洱海地区向滇池区域的转移和新政区下云南民族的分布情况。明代作为滇东北行政区划发生重大变革的时期,本章还着力探讨了贵州单独建省及乌蒙、乌撒、东川、芒部等地区划调整的背景、过程和对今天滇、川、黔三省行政区划形成的影响。

第二章为土司制度下中央政府与云南少数民族上层势力的政治博弈。主要论述明朝在云南推行土司制度的背景,土司制度的实施,以及土司制度下明中央王朝与民族上层势力在博弈过程中对各民族地区的治理,改土归流,边疆统治区域的变迁等情况。明代是中国西南边疆统治区域发生划时代变迁的时代。本章着力对麓川、木邦、缅甸孟密等地的治理及边疆土司纷争和疆域变迁的背

景、过程、原因和影响进行了深入的分析，论述了明代云南边疆变迁对近现代中国西南边疆和跨境民族形成所产生的影响。

第三章为卫所屯田引发的云南社会发展划时代变迁。主要阐述明代在云南设置卫所推行屯田，汉族移民的形式、数量和分布，以及汉族移民进入后对汉族成为云南真正意义上的主体民族，云南各民族大杂居、小聚居的分布格局形成等云南民族经济社会产生的影响。

第四章为汉文化渗透过程中的云南民族文化变迁。本章在前人研究的基础上，主要探讨明代云南境内属于氐羌系统的彝、白、纳西、哈尼、阿昌、傈僳等民族，属于百越系统的傣族、壮族，属于孟高棉系统的蒲人等民族的文化，及其在汉文化不断渗透的过程中，以汉文化为主导，各民族文化在相互融合当中特色地域文化的变迁过程。

本书前三章主要阐述明代云南社会历史发展中具有划时代影响的统治政策及对云南社会发展产生的影响，第四章重在阐述在前面统治制度实施和重大历史事件的影响下云南境内各民族的文化习俗及其变迁。本书作为明代云南民族发展的研究专题，着力点主要放在宏观和微观两个层面上对明代云南社会变迁整体的把握和系统的阐释。因此，整体上不求面面俱到，其中某些方面的研究也未必比前人研究更加细致和深入。

本书的创新点在于以下几个方面：

第一，如前所述，前人已经对明代云南土司制度、卫所屯田、汉族移民等问题进行了深入的专题研究，但缺乏一定的系统性和整体性。本书在前人研究的基础上，对明代影响云南社会历史发展的宏观政策背景进行了较为系统的归纳、阐述和分析。

第二，本书在研究明代云南各民族的文化发展史时，不仅从静

态的角度阐述了明代云南各民族文化的发展状况，还从动态的视角对明代因汉文化进入、各民族杂居导致民族文化交融而产生的文化变迁进行了分析和阐述。

第三，本书以明代云南民族社会发展变迁为研究视角，对明代云南的政治统治、区划调整、边疆变迁等历史进行审视和分析，从宏观和微观两个层面揭示了明代云南民族社会在政治、经济、文化等方面的演变过程。

四、研究方法

本书以明代云南社会变迁及民族发展状况作为研究内容，属于传统史学的研究选题，很多历史实事都基于相关史料记载。因此，本书在写作过程中主要采用了史料论证和对比分析的研究方法。

本书写作过程中，除了参考以上所列各位专家学者撰写的论著外，鉴于明王朝在云南实施的各种统治政策是在特定时代背景下产生的，并非云南独有。因此，在分析和论述明代云南设置“三司”，推行卫所屯田，实施土司制度等统治政策的时代背景时，笔者主要参照《明实录》、《明史》、《明会典》、《明史稿》、《明一统志》中相关史料，从相关记载中进行归纳、总结和分析，力图站在全国的视野下来审视中央王朝对云南的政治统治，对全局性的统治策略有一个整体的把握。

除了全国性的一些基本史料外，笔者还着重参阅了景泰《云南图经志书》、正德《云南志》、万历《云南通志》、天启《滇志》等四本分别反映明代前期、中期、中后期和后期云南社会历史发展状况的云南方志。并对照谢肇淛的《滇略》、诸葛元声的《滇史》、张志淳的《南园漫录》、查继佐的《罪惟录》、顾炎武的《肇域志》、顾祖

禹的《读史方舆纪要》、朱孟震的《西南夷风土记》等成书于明代、保存了大量反映当时云南社会的第一手资料的古籍，与《明实录》、《明史》、《明会典》、《明史稿》等全国性的史料进行对照分析，对明代云南制度变革、社会变迁等重大历史事件进行具体深入的整理和分析。

此外，考虑到明代行省制度、土司制度、屯田制度等相关制度沿革及民族文化变迁时间跨度较长，而明代成书的方志在流传过程中如今只剩下为数不多的几本，相关史料的信息量有限。因此，本书在基于明代史料的基础上，还参阅了元代和清代的相关史料和地方志书，并采用了对比分析的方法，找出这些制度的沿袭及变迁之所在。同时，本书第四章在探讨明代云南民族的文化及变迁的过程中，也对几本方志的记录进行对比分析，并对照元代或清代相关民族文化的记载，通过对比分析，找出相关民族在明代政策背景的影响下民族文化发生的变迁及趋势和规律。

需要说明的是，由于笔者工作所限，学识粗陋，书中不免存在错误和疏漏之处，请专家学者赐教、指正。

注　释

1 《明实录·明太祖实录》卷一百四十二。中央研究院历史语言研究所出版，国立北平图书馆红格钞本微卷 1962 年影印版，第 2237 页。

2 万历《云南通志》卷之一《地理志》。1934 年昭通龙氏灵源别墅铅印本，第 19 页。

3 《明史·职官志四》，中华书局标点本，1974 年版，第 1171 页。

4 《明实录·明太祖实录》卷一四三。中央研究院历史语言研究所出版，国立北平图书馆红格钞本微卷 1962 年影印版，第 2245 页。

5 《明史·兵二》，中华书局标点本，1974 年版，第 2193 页。

6 谢肇淛:《滇略》卷四《俗略》。转引自《云南史料丛刊》第 6 卷，云南大学出版社，2000 年 1 月版，第 699 页。

7 《明实录·明太祖实录》卷一百四十二。中央研究院历史语言研究所出版,国立北平图书馆红格钞本微卷1962年影印版,第2235页。

8 《明实录·明太祖实录》卷一百四十七。中央研究院历史语言研究所出版,国立北平图书馆红格钞本微卷1962年影印版,第2325页。

9 龚荫:《中国民族政策史》,四川人民出版社,2006年版,第509、510页。

10 《明史·湖广土司》,中华书局标点本,1974年版,第7997页。

11 (清)魏源:《雍正西南夷改流记》。《云南史料丛刊》卷九,云南大学出版社,2001年5月版,第460页。

12 (清)顾祖禹:《读史方舆纪要》卷一二〇《贵州一》。上海书店出版社,1998年1月版,第744页。

13 (清)魏源:《雍正西南夷改流记》。《云南史料丛刊》卷九,云南大学出版社,2001年5月版,第460页。

14 《明史·四川土司一》,中华书局标点本,1974年版,第8013页。

15 陆韧:《变迁与交融——明代云南汉族移民研究》,云南教育出版社,2001年12月版,第1页。

16 龚荫:《关于明清云南土司制度的几个问题》,载《西南民族学院学报(社会科学版)》,1986年第3期,第26—27页。

17 尤中:《中国西南民族史》,云南人民出版社,1985年8月版,第366页。

18 江应樑:《略论云南土司制度》,载江应樑《民族研究文集》,民族出版社,1992年2月版,第322—323页。

19 龚荫:《中国土司制度》,云南民族出版社,1992年6月版,第153—168页。

20 方国瑜:《明代在云南的军屯制度与汉族移民》。

21 古永继:《元明清时期云南的外地移民》,《民族研究》,2003年第2期,第74页。

22 丁柏峰:《明代移民入滇与中国西南边疆的巩固》,《青海社会科学》,2003年第1期,第84页。

23 许立坤:《明代移民政策及其对边疆民族地区的影响》,《广西民族学院学报(哲学社会科学版)》,1998年9月版,第284—285页。

24 陆韧:《变迁与交融——明代云南汉族移民研究》,云南教育出版社,2001年12月版,第48。

25 陆韧:《变迁与交融——明代云南汉族移民研究》,云南教育出版社,2001年12月

版,第136—345页。

26 陆韧:《明代汉族移民与云南城镇发展》,《云南社会科学》,1999年第6期,第65页。

27 古永继:《元明清时期云南的外地移民》,《民族研究》,2003年第2期,第77—78页。

28 秦佩珩:《明代云南人口、土地问题及封建经济的发展》,《求是学刊》,1980年第3期,第44—45页。

29 丁柏峰:《明代移民入滇与中国西南边疆的巩固》,《青海社会科学》,2003年第1期,第84—85页。

30 许立坤:《明代移民政策及其对边疆民族地区的影响》,《广西民族学院学报(哲学社会科学版)》,1998年9月版,第285页。

第一章

明代云南政区的调整及民族分布的变化

明代的云南，居住着氐羌系统的罗罗、和泥、么些、西番、古宗、怒人、峨昌、力些、野人等民族，百越系统的百夷[1]、土僚、侬人、沙人等民族，孟高棉系统的蒲人、哈喇、古喇、哈杜等民族，是一个多民族、多宗教交互共存的民族聚居区。虽然"四方诸夷，皆限山隔海，僻在一隅，得其地不足以供给，得其民不足以使令"[2]，然而云南民族地区的稳定与否却直接关系到封建统治王朝的安危。自古以来，统一的封建王朝都十分重视对云南边疆民族地区的经营和治理。

明朝于洪武十五年(1382 年)平定云南后，为加强对云南民族地区的统治，在云南设置布政司、都指挥司、提刑按察司及府、州、县等管理机构，推进云南政治与中原内地一体化的进程。同时，考虑到云南民族地区经济社会发展的基本状况，又在云南推行土司制度，设置宣慰司、宣抚司、安抚司、长官司等统治机构进行"羁縻统治"。

在行政区划和管理机构的设置过程中，明中央政府为加强对云南民族地区的管理，鉴于四川、云南、湖广三省交会区域区特殊的战略地位和民族势力根深蒂固，对这一地区的民族势力采取分

而治之的政策。将元代隶属云南行省的罗罗宣慰司改为建昌府，隶属于四川行省；在原云南乌撒乌蒙宣慰司辖境设乌撒、乌蒙、东川、镇雄四府，改隶四川行省；改亦奚不薛宣慰司为贵州宣慰司及普安、普定州，隶贵州，其余仍属云南，并于永乐十一年（1413 年）二月设立贵州承宣布政使司。从此，贵州成为独立的省份，成为中央王朝控制湖广、四川、云南、广西的重要军事战略基地。

明代政区的设置和调整，彻底改变了云南自唐代南诏政权兴起以来云南政治中心西移洱海长达半个多世纪的政治格局，使滇池周边以昆明为中心的区域成为云南政治、经济、文化的中心，并奠定了今天滇、川、黔三省行政区划的基本雏形，对云南境内各民族经济社会发展产生了重要的影响。

第一节 明代云南的政区设置

一、明代以前云南政区沿革

“云南”作为统一多民族国家的一个行政区域，其建置、区域、辖境等都经历了一个漫长的演变过程。“云南”一词最早作为统一多民族国家的行政区划进入史籍，是西汉时期。元封二年（前 109 年），汉武帝派郭昌、卫广攻打滇国，赐滇王王印，令其复长其民，并设立了益州郡，治所在滇池县（今晋宁晋城），领二十四县。云南就是其中一县，其辖境相当于今祥云、弥渡、凤仪、宾川一带。

东汉永平十二年（69 年），汉王朝分益州郡西部设永昌郡。蜀汉建兴三年（225 年），分永昌郡东部及益州、越嶲二郡的部分地设云南郡，治云南县城（今祥云县云南驿），领九县，即云南、云平（宾川）、弄栋（姚安、大姚）、蜻蛉（永仁、大姚）、姑复（华屏）、邪龙（巍

山、漾濞)、楪榆(大理、洱源、剑川、鹤庆)、遂久(永胜、丽江)、永宁(宁蒗永宁),包有今天大理州、丽江地区及姚安、永仁诸地,是南中七郡之一。

西晋泰始六年(270年),统治王朝在今云南地界设宁州,为全国十九州之一。宁州的设置沿至南朝未改。

隋代唐初,中央王朝在原宁州地置南宁州(包有建宁、兴古、朱提之地)及姚州(称云南郡)。开元年间(713年—741年),唐朝封南诏皮罗阁为云南(郡)王。阁罗凤继袭之后,尽有南宁州之地,并向周边进行扩张。南诏国统治时期,其疆域据《新唐书·南蛮传上》载:"东距爨,东南属交趾(今越南北方),西摩伽陀(今印度),西北与吐蕃(今西藏)接,南女王(今泰国北部之南奔府),西南骠(今缅甸中部),北抵益州(以大渡河为界),东北际黔、巫。"[3]其范围比今天云南省还要大。

宋时,云南地界为大理国所辖,直至宪宗三年(1253年)为忽必烈所灭。大理国时期,宋徽宗政和七年(1117年)曾授段和誉为"云南节度"。其疆域东至普安路的横山(今贵州普安),西至缅甸之江头城(今缅甸杰沙),南至临安路之鹿沧江(今越南莱州北部的黑河),北至罗罗斯之大渡河。大理国疆域十分广大,是今天云南省面积的近三倍。

元代,中央政府以大理所辖的八府、四郡、四镇、三十七部为基础,设云南行中书省,分置路、府、州、县及诸司。虽然不同阶段辖境有所变更,但就《元史·地理志》所载:

> 云南诸路行中书省,为路三十七、府二,属府三,属州五十四,属县四十七。其余甸寨军民等府不在此数。
>
> 其地东至普安路之横山(今贵州普安境内),西至缅地之江头城(今杰沙)。凡三千九百里而远;南至临安路之鹿沧

江，北至罗罗斯（今四川凉山州）之大渡河，凡四千里而近。[4]

可见，元代云南辖境包括了云南全境，贵州西部，四川南部及缅甸的一部分，比今天云南省还要大。

明代，洪武十五年（1382 年）傅友德、蓝玉、沐英率部平定云南后，明政府在元代云南行中书省的基础上，置云南承宣布政司，分置府、州、县及诸司。并于洪武十六年（1383 年）前后将罗罗斯、乌撒、乌蒙诸路改隶四川，将普安、普定、水西等地改隶贵州，其辖境

北至永宁，与四川界。东至富州，与广西界。西至干崖，与西番界。南至木邦，与交趾界[5]。

明代云南政区的设置与调整，将罗罗斯、乌撒、乌蒙划归四川，并在滇、川、湘交界之地设置了贵州行省，加之明代中期开始缅甸洞吾王朝的崛起和领土扩张，使明代云南行省的面积较前代有所龟缩，大致奠定了云南与西南各省区之间的区划格局，对后世西南政区的发展产生了深远的影响。

二、明军进入云南

明洪武元年（1368 年）春正月乙亥，朱元璋率部众于应天府南郊祭祀天地，即皇帝位，定天下之号为明，建元洪武。元顺帝妥欢帖睦尔退至上都（今内蒙古正蓝旗境内），延续蒙古人的统治，史称“北元”。

退居漠北以后，蒙古贵族形成三股较大的力量：元河南王扩廓帖木儿率领十余万军队占据山西、甘肃，北元丞相纳哈出拥二十余万众据守辽东，元梁王管辖之下的云南还有十余万军队，策应北元皇帝的军事行动。此外，北元与东面的高丽、西面的畏兀儿地区仍旧保持着政治经济的联系。几股残余的蒙古势力并不甘心失败，

不断组织力量反攻,企图重新入主中原。朱元璋考虑到战火刚熄,民不聊生,为了巩固自己的统治,对蒙古势力采取征讨和招抚并用的策略。其结果,双方都没有能够如愿以偿,形成了短暂的南北对峙局面。

这一时期,元梁王把匝剌瓦尔密坚守云南,按时绕道西藏到漠北草原,与北元保持密切的政治联系。消灭这股残余势力,不仅可以防止元蒙势力南北勾结威胁明朝统治,对于实现全国的统一大业也具有重要的战略意义。于是,朱元璋占领四川之后便开始考虑以和平招抚方式统一云南。

从洪武二年(1369 年)开始,朱元璋先后七次遣使前往云南招谕,试图利用和平手段将云南纳入王化:

> 如上顺天命,下契人心,即奉贡来庭,则改授印章,尔任旧封,群下皆仍旧官,享福于彼;不然,朕当别遣使者直抵大理,依唐、宋故事赐以王号,合兵加讨,悔将无及。[6]

然而,元梁王和大理段氏并不理会朱元璋"改授印章"的册封诏谕,甚至残杀了朱元璋派往诏谕的使节。

> 洪武六年,遣翰林待制王祎等赍诏谕梁王,久留不遣,卒遇害。八年复遣湖广行省参政吴云往,中途为梁使所害。[7]

在多次下诏劝降未果的情况下,朱元璋于洪武十四年(1381年)年九月壬午朔,命颍川侯傅友德为征南将军,永昌侯蓝玉为左副将军、西平侯沐英为右副将军,统率三十万大军征讨云南。三侯取滇临行之际,朱元璋亲自授予取滇之计:

> 取之之计,当自永宁先遣骁将别率一军以向乌撒,大军继自辰、沅以入普定,分据要害,乃进兵曲靖。……既下曲靖,三

> 将军以一人提劲兵趋乌撒应永宁之师，大军直捣云南，彼此牵制，彼疲于奔命，破之必矣。云南既克，宜分兵劲趋大理，先声已振，势将瓦解。其余部落，可遣人招谕，不必苦烦兵也。[8]

遵照朱元璋的部署，洪武十四年（1381年）十二月，南征大军达到湖广以后，傅友德分遣都督胡海洋等帅兵五万由永宁趋乌撒，自己亲率大军由辰、沅趋贵州，攻下普安后，抵达曲靖。

征讨大军抵达曲靖时，元梁王遣平章达里麻以精兵十万据守白石江。当时，右副将军沐英利用大雾作为掩护，进兵白石江畔，与敌军近在咫尺。待雾散天开，达里麻见状大惊。两军对峙白石江之际，沐英整军佯装渡河，暗中派遣小队人马溯流暗渡，绕到达里麻军阵背后，吹起号角，树立旗帜，以为疑兵。达里麻见状益惊，军心动摇，阵脚大乱。沐英率军乘乱渡河，退敌数里，颍川侯傅友德、永昌侯蓝玉也率军渡河参战，生擒达里麻，俘众两万。白石江之役是明军统一云南的关键战役，它打开了“入滇锁匙”，为明军直逼昆明奠定了基础。

曲靖既下，傅友德分兵两路，自己亲率数万将士循格孤山而南，联合永宁（四川叙永县）之兵直捣乌撒诸蛮。起初，元右丞实卜闻都督胡海洋等兵进自永宁，还聚兵赤水河负隅顽抗。此时闻傅友德大军至，便率部众逃遁。傅友德令诸军筑城：

> 版锸方具，蛮寇复大集，友德屯兵山冈，持重以待之。此战斩首三千级，获马六百匹。实卜率余众遁，遂城乌撒（贵州威宁），得七星关以通毕节，又克可渡河，于是东川、乌蒙、芒部诸蛮震慑，皆望风降附。[9]

至此，入滇通道被明军全面攻占，为攻取云南奠定了坚实的基础。

另一支军队由左副将军蓝玉、右副将军沐英率师趋云南，由曲靖直取昆明。元梁王把匝剌瓦尔密闻达里麻兵败被擒，度不能支，乃与其左丞达的、参政金驴儿遁入罗佐山。后又“挈妻孥与左丞达的及驴儿俱入晋宁州忽纳寨，焚其龙衣，驱妻子赴滇池死。把匝剌瓦尔密遂与达的、驴儿夜入草舍中，俱自缢死”。[10]至此，曾经统治云南百余年，权倾一时的元梁王终在历史前进的车轮中落幕。

盘踞昆明的元梁王势力被消灭后，世居大理的段氏便成为明王朝统一云南过程中最大的障碍。

> 洪武十五年(1382年)春正月辛巳朔，景川侯曹震、定远侯王弼率师至威楚路，元平章闫乃马歹、参政刘车车不花等降。壬午，元曲靖宣慰司征行、元帅张麟、行省平章刘辉、枢密院同知怯烈该、传尉高仁、廉访司副使孛罗海牙、中庆、澄江、武定三路达鲁花赤札麻及嵩明、晋宁、昆阳、安宁、新兴、路南、建水七州达鲁花赤，昆明、富民、宜良、邵甸、河阳、阳宗六县达鲁花赤等官，诣征南左副将军永昌侯蓝玉、右副将军西平侯沐英降，献金、银、铜印七十四，金符七，马一万二千五百六十匹。[11]

洪武十五年(1382年)闰二月，征南左副将军永昌侯蓝玉、右副将军西平侯沐英进兵攻大理。师至威楚，大理段世遣使致书曰：

> 大理，唐交绥之外国；善阐，宋斧划之余邦。地不足以埒中国之郡邑；民不足以列中原之屯营，得之何益，不得何损？请依唐、宋故事，奉正朔，定朝贡，以为外藩。

并威胁傅友德“善阐危如登天，大理险若投海”，即便是汉武帝、元世祖这样的帝王也不能有效治理当地。如硬要进行军事征讨，则恐落得“粮尽马死，将独兵离，恐为天下后世所笑”的下场。[12]傅友

德见状大怒，提兵进发大理。段世闻王师至，聚众扼下关以守。明征讨大军进至品甸，沐英遣定远侯王弼以兵由洱水东趋上关为犄角势，自率众抵下关，造攻具，遣都督胡海洋夜四鼓由石门间道渡河，绕出点苍山后，攀木援崖而上，立旗帜威慑对方。而后，沐英率众策马渡河，斩关而入；山上军士亦往下进攻，大理段氏腹背受敌，段世就擒。至此，盘踞云南的元梁王和世居大理的段氏两大势力集团尽被明王朝所消灭。

攻克大理后，明征讨大军"分兵取鹤庆，略丽江，破石门关，下金齿，由是车里、平缅等处相率来降，诸夷悉平"，[13]一路势如破竹，最终平定了云南。

三、明代云南的政区设置

明朝建立后，为巩固对各地的统治，朱元璋沿用元制设行省，于洪武九年（1374 年）改"浙江、江西、福建、北平、广西、四川、山东、广东、河南、陕西、湖广、山西诸行省俱为承宣布政使司，置行省平章政事，左、右丞等官，改参知政事为布政使"。[14]布政使掌一省之政，是一省的最高行政长官。每个省设提刑按察使司，有按察使一人，"掌一省刑名按劾之事"，此外，明朝建立后，在全国遍设卫、所等军事组织，设都指挥使司管理军事，内地的卫、所属于军事组织与民政分立，而边疆少数民族地区的卫、所则具有军政合一的性质，卫相当于府和直隶州，所相当于县。在省之下，明初废元代的路政设府，直隶州的级别与府同，府和直隶州之下是散州和县。

明朝平定云南之后，仿效全国政治统治体制，于洪武十五年（1382 年）设置了云南布政司。云南提刑按察使司设立较晚，一直到洪武三十年（1397）年才设立，此前都由布政司兼理按察事务。在府、州、县一级统治机构的设置上，明中央政府对云南政区设置

的基本指导思想仍是从云南地处边疆、少数民族众多的特殊性着眼，在永昌府以东，景东府以北，政府能直接控制、汉族人口较多，军户、民户较集中的地方设置府、州、县，而在边境地区、少数民族聚居的边远山区则设置宣慰司、宣抚司、招讨司、安抚司、长官司。洪武十五年（1382 年），云南布政司领府五十八个，州七十五个，县五十五个，蛮部六个。以后经过调整，“领府十九，御夷府二，州四十，御夷州三，县三十，宣慰司八，宣抚司四，安抚司五，长官司三十三，御夷长官司二”。[15]同时，明王朝还在各府、州、县等行政机构周边及交通沿线和战略冲要设置了二十卫和二十千户所，从江浙、湖广一带移驻了大批军士进行屯戍。当时，云南省界北至永宁与四川接，东至富州与广西接，西至干崖与西番接，南至木邦，与交趾界。

明代云南行政机构的设置，与卫所制度和土司制度相互配合，形成明朝政府控制云南的一个完备的统治体系。明中央政府以府、州、县和宣慰司、宣抚司、安抚司等管理机构作为依托，迁徙中原汉族移民当地，或任命当地民族上层为土司土官，极大地强化了云南边疆地区的政治向心力，促进了边疆的社会稳定和经济、文化的发展。现以《明史 · 地理志七》为据将明朝在云南的行政机构设置分述如下。[16]

（一）云南府

云南府元初为善阐万户府，至元中改为中庆路，明洪武十五年（1382 年）正月由元代的中庆路改设，驻昆明县。下有四州、九县：昆明县、富民县、宜良县、罗次县（以上四县为府直属）；晋宁州（驻今晋宁县晋城），下辖呈贡县、归化县（驻今呈贡县南的化城）；安宁州，下辖禄丰县；昆阳州（驻今晋宁县昆阳），下辖三泊县（今安

宁市西南之县街）和易门县；嵩明州（今嵩明县）。

云南府境内经济文化水平较高，元代以来便作为省会城市，是云南的政治中心之一，所以辖区内土司都被改流，只剩下一些级职较低的土官帮助维护地方的社会秩序。具体有安宁州土知州董氏（与流官共存，即所谓土流兼治）、罗次县土知县（土流兼治）、昆明县赤水鹏（今浑水塘）巡检司土巡检马氏、昆明县清水江巡检司土巡检李氏，宜良县汤池巡检司土巡检马氏、安宁州禄月表巡检司土巡检赵氏、禄丰县巡检司土巡检李氏、罗次县炼象关巡检司土巡检李氏（土流兼治）、昆阳州易门县土县丞王氏。

（二）曲靖府与寻甸府

曲靖府汉代为夜郎味县地，隋代于此地置恭州、协州，唐代为南宁州境地，元初置磨弥部万户府，至元年间改中路，后又改为曲靖路宣抚司。洪武十五年（1382 年）三月由元代的曲靖路改设曲靖府，知府为流官，同时还以陆良州土知州罗罗资氏兼任曲靖府的世袭土同知。洪武二十七年（1394 年）四月升为曲靖军民府。

曲靖府辖二县、州四。南宁县（驻今曲靖麒麟区），知县为流官；亦佐县（驻今云南富源亦佐），知县为土知县。此外还有沾益州，土官知州为罗罗安氏，州内还有宋韶铺巡检司土巡检；陆凉州，土官知州为罗罗资氏；马龙州，土官知州为罗罗安氏，弘治七年（1494 年）改为流官知州；罗平州，元为罗雄土知州，明万历十五年（1587 年）改为罗平州，设流官知州。

寻甸府在宋代大理国统治时期为仁德部辖地，元初置仁德万户府，至元年间改为仁德府。洪武十六年（1383 年）由元代的仁德府于改为寻甸军民府，成化十二年（1476 年）改寻甸府，第二年改流官知府，原土知府为罗罗安氏。府内的其他土目有易龙驿土驿

丞，卫所有寻甸城内的风格守御千户所、木密守御千户所（驻易龙）。

（三）临安府

临安府汉代曾于当地置牂牁郡句町县，南诏国统治时期属通海郡都督府，大理国时置通海节度。元初设阿僰部万户府，至元年间改制南路总管府，后又改为临安路。洪武十五年（1382 年）由元代的临安路改设为临安府，领有六州、五县、九长官司。辖境内红河以北以罗罗和白人为主，红河以南则以和泥、百夷居多。

建水州（今建水县）接壤交趾，为云南极边之地。元代曾置建水千户所，至元年间改为建水州。知州为流官，小土官有纳更山巡检司土巡检龙氏（和泥）、阿邦土守备陶氏（百夷）。

石屏州（今石屏县），元代为石坪，洪武十五年（1382 年）三月改称石平，后才改为石屏，知州为流官。

阿迷州（今开远县）因世居民族名阿宁，讹为阿迷，故名。元初曾于当地置阿宁万户府，洪武十六年（1383 年）设土知州，成化十二年（1476 年）改设流官，天启四年（1624 年）又改为土知州。辖境内有东山口土巡检司，巡检由罗罗张氏、普氏担任。

宁州（今华宁县）元初置宁部万户，后改宁海府，至元年间又改为宁州，隶属临安府。明代仍置宁州，土流知州兼设，土知州为罗罗禄氏。宁州下有五个县：通海县、河西县（今通海西域）、嶍峨县（今峨山县）、蒙自县、新平县。其中嶍峨、蒙自二县是土流兼设。卫所有临安卫（驻建水）、通海御（驻通海）、新安守御千户所（驻今新安）。

新化州元代曾置马龙、他郎千户，属宁州万户府。洪武十七年（1384 年）置马龙他郎甸长官司，直隶布政司。弘治八年（1495

年)改为新化州(驻新县西部的新化),流官知州。辖境内有摩河勒土巡检司,土巡检为罗罗普氏。

宁远州(驻今越南莱州),元至治三年(1323 年)设置,直隶云南行省,洪武十五年(1382 年)归附明朝,但明宣德元年(1426 年)被越南占据。

临安府下的九个长官司为:纳楼茶甸长官司(驻今建水南官厅,土官为罗罗普氏)、教化三部长官司(驻今文山县西,土官为哈尼莽乍,后改姓张)、王弄山长官司(驻文山县西回龙,土官初为罗罗,后废,侬人河氏继副长官)、安南长官司(驻蒙自县东之老寨)、亏容甸长官司(驻红河县东北下亏容)、溪处甸长官司(驻红河县南溪处,土官为和泥赵氏)、思佗甸长官司(驻红河县西思佗,土官为和泥李氏)、左能寨长官司(驻今红河县西南左能,土官为和泥)、落恐甸长官司(驻红河县西南之落恐)。

(四)澄江府与元江军民府

澄江府汉代曾置俞元县,属益州郡。蜀汉时期属建宁郡辖地,唐代南诏国统治时期被称为罗伽甸,大理国时期为罗伽部。元代内附后,于当地置罗伽万户府,至元十六年(1279 年)升为澄江路。洪武十五年(1382 年)改元代的澄江路为澄江府,知府为流官。

澄江府辖三个县、二个州。三个县为河阳县(今澄江县)、江川县(今江川县)、阳宗县(今澄江县北)。二州为新兴州(今玉溪市红塔区)、路南州(今石林县,土知州为罗罗秦氏,成化中被改土归流)。

元江军民府为古西南极边之地。唐代南诏国统治时期当地属银生节度辖地,元代内附以后置元江万户府,后改为元江路。洪武十五年(1382 年)改元代的元江路设元江府,永乐初年(1403 年)

升为军民府，土知府为百夷那氏。下辖两个州：奉化州，由因远罗必甸长官司改置；恭顺州，由他郎寨长官司改置。

（五）广西府和广南府

广西府汉代属益州牂牁郡地，蜀汉时期属兴古郡辖地。隋唐时期为东爨乌蛮所居。元代内附后，至元十二年（1275 年）置广西路。洪武十五年（1382 年）改元代广西路设广西府，驻今云南泸西县，土知府为罗罗普氏。下辖三个州：师宗州（今师宗县），流官知州，土官同知；弥勒州（今弥勒县），土知州为罗罗；维摩州（今砚山县），知州土流并设。

广南府宋代为特磨道，元初立广南西路宣抚司，领路城等五州。洪武十五年（1382 年）改元代广南西路宣抚司设广南府，领富州（今富宁县），土同知为侬人。

（六）楚雄府和姚安军民府

楚雄府汉代属益州郡，三国两晋南北朝时期为爨蛮筑城居之，名为威楚。唐初置傍、望、求、丘、览五州，后为南诏所有，置银生节度。大理国时期，为乌蛮白鹿部所辖，后改威楚部。元初置威楚万户府，至元八年（1271 年）改为威楚路。洪武十五年（1382 年）改元代的威楚开南路设楚雄府，驻今楚雄市，知府为流官。下辖五县、二州：楚雄县、广通县、定远县（今牟定县）、定边县（今南涧县）、碍嘉县（今双柏县）等五县。二州为南安州（今双柏县），流官知州；镇南州（今南华县），流官知州，土同知为白人段氏。

楚雄府还有楚雄县吕合巡检司巡检僰人杨氏，广通县沙矣旧土巡检苏氏和回蹬关土巡检成氏，镇南州的镇南关巡检司土巡检僰人杨氏、英武关土巡检僰人张氏、阿雄关土巡检罗罗者氏。卫所

有楚雄卫，驻府城内；定远守御千户所，驻今牟定。

姚安军民府西汉曾置弄栋、蜻蛉二县，属益州郡。东汉属永昌郡地。唐初置姚州都督府，后为南诏据之，改为弄栋府。大理国时期改为统矢逻，后又改为姚安府。元初内附后置统矢千户所，后于至元十三年（1276 年）改置姚州，天历年间升为姚安路。洪武十五年（1382 年）改元代的姚安路设姚安府，洪武二十七年（1384 年）改升为军民府，始设流官，后增设土官同知僰人高氏。领有一州一县。姚州（今姚安）知州土流兼设，大姚县。卫所有姚安守御千户所，姚安中屯千户所。

（七）武定府

武定府西汉时属益州郡地，唐初属戎州都督府，隶姚州，后为南诏所辖。大理国统治时期，为罗婺部居之。元初内附，置罗婺万户府，至元八年（1271 年）更置北路总管府，寻改武定路。洪武十五年（1382 年）改元代武定路设武定军民府，流官同知，土官知府为罗婺凤氏。嘉靖年间，武定凤氏土司内乱。隆庆元年（1567 年），明朝利用武定凤氏的内乱对武定实施改土归流，土官索林被免罪安置在省城，授凤思尧为武定府经历。

武定府下辖两州一县：禄劝州（今禄劝县）、和曲州（今武定）、元谋县（今元谋，土知县为百夷）。土巡检有和曲州金沙江巡检司土巡检李氏、龙街官巡检司土巡检李氏、罗摩可巡检司土巡检刘氏。卫所有武定守御千户所。

（八）景东府与镇沅府

景东府于元至顺二年（1331 年）始设，洪武十五年（1382 年）降为州，属楚雄府，洪武十七年（1384 年）仍升为府，驻今景东，土

知府为百夷陶氏。府内土官还有三叉河巡检司土巡检杨氏、保甸巡检司土巡检陶氏。

镇沅府唐代南诏国统治时期为银生府之地，元初内附，立威远州，属威楚路统辖。洪武三十三年(1400 年)改置镇沅州，永乐四年(1406 年)升为府，驻今镇沅县，土知州为百夷刀氏。府下辖禄谷寨长官司，驻府东北，永乐十年(1412 年)以禄平寨置。

(九)大理府和鹤庆军民府

大理府西汉时属益州郡地，东汉为永昌郡所辖。唐初属姚州，南诏崛起后为蒙氏所据。元代置大理上、下二万户府，至元年间改设大理路。洪武十五年(1382 年)改元代大理路设大理府，驻太和县，流官知府，下辖四州、三县、一长官司：赵州(驻凤仪)，下辖云南县(驻今祥云县)；邓川州(驻今邓川)，土知州为百夷阿氏，下辖浪穹县(驻今洱源县)；宾川州，弘治六年(1493 年)四月析赵州及太和、云南二县地设置，流官知州；云龙州(驻今云龙县西之旧州)，初为僰人土知州，万历四十八年(1620 年)改设流官知州；长官司为十二关长官司。

大理府内有众多小土官负责维护地方秩序。太和县有土驿丞张氏、太和土巡检司(土巡检姓氏、民族不详)；赵州有德胜关土驿丞王氏、定西岭巡检司土巡检李氏；云南县有土县丞僰人杨氏、土主簿僰人张氏、云南驿土驿丞僰人袁氏、安南坡巡检司土巡检李氏、楚场巡检司土巡检纳氏和杨氏、你巡检司土巡检僰人李氏；浪穹县有普陀崆土巡检、凤羽乡土巡检、上江嘴土巡检、下江嘴土巡检；宾川州有宾居土巡检司土巡检僰人董氏、蔓神寨巡检司土巡检、神摩洞巡检司土巡检僰人赵氏、金沙江巡检司土巡检；云龙州有顺荡进巡检司土巡检、十二关巡检司土巡检。卫所有大理卫

(驻太和县)、洱海卫(驻云南县)、大罗卫(驻宾川县)。

鹤庆军民府西汉时为益州郡地,东汉属永昌郡。唐初为越析诏,南诏统治期间置谋统郡,大理国时期改设谋统府。元初内附后置鹤州,后相继改为鹤庆府、鹤庆路。洪武十五年(1382 年)改元代鹤庆路设鹤庆府,洪武三十年(1397 年)升为军民府,土知府为僰人高氏,正统八年(1443 年)改设流官知府。鹤庆军民府下领剑川州和顺州。剑川州(驻今剑川县),初为土之州,后改为流官;顺州(驻今永顺县),流官知州,土同知为罗罗。

鹤庆府境内土官有宣化关巡检司土巡检、观音山巡检司土巡检、观音山驿土驿丞、在城驿土驿丞。卫所有鹤庆卫,后改为鹤庆御隶于大理卫。

(十)丽江军民府、永宁府和北胜州

丽江军民府西汉时属越巂、益州郡辖地,东汉改属永昌郡,唐初属越析诏辖地,南诏统治时期,曾于当地置丽江节度,后么些蛮强盛,“南诏亦不能制,羁縻而已”[17]。大理国时期,“段氏虽盛,亦莫能有”[18]。宋理宗宝祐元年(1253 年),忽必烈率兵南下进攻大理。在路经丽江时,一些土酋奋起抵抗蒙古军队,而么些木氏先民阿宗阿良审时度势,率众迎降于剌巴江口,蒙古政权于当地置茶罕章宣慰司。至元年间改置丽江路军民总管府,后又置丽江路宣抚司。

洪武十五年(1382 年)改元代的丽江路宣抚司设丽江府,洪武三十年(1397 年)升为军民府,土知府为么些木氏,驻今丽江。丽江军民府下辖四个州:通安州,与府同域,流官知州,土官同知;宝山州(今丽江大具),土知州为么些;兰州(驻今兰坪金顶),土知州;巨津州(驻今丽江西北巨甸),流官知州,土官同知。

永宁府古名楼赕,唐代时期为南诏控制。元初内附,于至元十四年(1277 年)置茶蓝管民官,十六年改为永宁州,属北胜府。明洪武十五年(1382 年)改属北胜州,洪武十七年(1385 年)改属鹤庆府,洪武二十九年(1396 年)改属澜沧卫,永乐四年(1406 年)升为府。驻今宁蒗县永宁乡,土知府为西番。领有剌次和长官司、革甸长官司、香罗甸长官司、瓦鲁之长官司。

北胜州西汉时为白国属地,唐时南诏国王异牟寻始开其地,名北方赕,大理国时期改成纪镇。元初内附,至元十五年(1278 年)于当地置施州,后又改为北胜州、北胜府,属丽江路军民宣抚司。洪武十五年(1382 年)改元代丽江路北胜府设北胜州,直隶布政司,驻今永胜县,土知州为僰人高氏。卫所为澜沧卫,当地的汉族多于此时进入。

(十一)永昌军民府

永昌军民府为古哀牢国地,西汉时置不韦县,属益州郡。东汉时置哀牢、博南县,属永昌郡。唐初属姚州都督府,后为南诏所有。元至元十一年(1274 年)置永昌州,后升为府,隶大理路。洪武十五年(1382 年)改元代大理路永昌府设永昌军民府,土流兼设,驻今保山隆阳区。下辖一个州、两个县、四个安抚司、三个长官司。

腾越州,是明朝西南边疆前沿重镇,驻今腾冲县。其设置变更情况如下:洪武十五年(1382 年)隶属云南布政司,后被废除。永乐元年(1403 年)置腾冲守御千户所,隶属金齿军民指挥使司。宣德六年(1431 年),直隶云南都指挥使司。正统十年(1445 年)升腾冲守御千户所为腾冲军民指挥使司。嘉靖三年(1524 年)改设腾越州,隶属永昌军民府。

直属永昌军民府的县有宝山县(与府同驻,流官知县)、永平

县(今同,流官知县)。

四安抚司:潞江安抚司由元代的柔远路于洪武十六年(1383年)改设,土官为百夷;镇道安抚司和杨塘安抚司地近丽江府界;瓦甸安抚司土官为百夷。

三长官司:凤溪长官司驻凤溪(今宝山凤溪镇),施甸长官司驻施甸,土官为蒲人;茶山长官司在今缅甸境内,土官为景颇。

(十二)蒙化府和顺宁府

蒙化府西汉属益州郡地,东汉为永昌郡所辖,唐代设姚州都督府,为蒙舍诏(南诏)的起源地。大理国时期曾设开南县,元初置蒙舍千户所,至元十一年(1274年)改为蒙化府,后又改为蒙化州,属大理路。明洪武年间仍为蒙化州,正统十三年(1448年)改升蒙化府,土知府为罗罗左氏,驻今巍山县。小土目有备溪江巡检司土巡检、样备巡检司土巡检、浪沧江巡检司土巡检、样备驿土驿丞。卫所有蒙化卫。

顺宁府驻今凤庆县,土知府为蒲人。府下辖云州和孟缅长官司。云州驻今云县,原为大侯长官司。永乐元年(1403年)从麓川平缅地分出,万历二十五年(1597年)改为云州,原为土知州,改流后降为土通判,属顺宁府。孟缅长官司驻今临沧县,土官为百夷奉氏,长官司辖内有大猛麻、猛猛、猛撒三个巡检司,土巡检皆为百夷。

(十三)车里、缅甸、木邦、八百大甸、孟养、老挝等军民宣慰使司

车里军民宣慰使司古称产里,元代征其地,置彻里路军民总管府。洪武十五年(1382年)改设军民府,洪武十九年(1386年)改

为军民宣慰使司，驻今景洪市，宣慰使为百夷。嘉靖年间，缅甸洞吾王朝不断扩张，迫于压力，车里宣慰刀韫猛投靠缅甸，“以大车里应缅，而以小车里应中国”。[19]天启年间，缅甸攻打车里，“中朝不及问，车里遂亡”。[20]

缅甸军民宣慰使司自古与中国有着密切往来。汉代史籍中被称为掸国，东汉时曾遣使通中国。隋唐时期被称为骠国，曾遣使到中国，献骠国乐。元代为蒙古军队所征讨，并于当地置邦牙等处宣慰使司。明洪武二十九年(1396 年)归附，置缅甸军民宣慰使司，地在今缅甸曼德勒西南之阿瓦，宣慰使为缅人，下辖东倘长官司。明朝中后期，中央政府统治不力，边地土司纷争不断，嘉靖初年，孟养土司纠结木邦、孟密等民族势力，杀死缅甸宣慰使莽纪岁，其子莽瑞体投奔在洞吾的母亲家，后建立洞吾王朝，并逐渐吞并了明朝设置的木邦、八百大甸、孟养、老挝、大古剌、底马撒、底兀剌等宣慰使司。

木邦军民宣慰使司元至元二十六年(1289 年)置木邦军民总管府。永乐二年(1404 年)改设木邦军民宣慰使司，宣慰使为百夷，驻今缅甸北掸邦新维。明朝中后期，木邦、孟密、缅甸等宣慰司纷争不断。万历三十四年(1606 年)，缅甸三十万大军围困木邦，明朝军队救援不及时，不复为中国所有。

八百大甸军民宣慰使司夷名景迈，因相传其酋长有八百妻子，故汉文史籍称之为八百媳妇国。元代曾于当地置八百等处宣慰司，洪武二十一年(1388 年)改置八百宣慰使司，永乐二年(1404 年)设八百大甸宣慰使司和八百乃者宣慰使司，后八百乃者宣慰使司为八百大甸宣慰司所吞并。宣慰使为百夷，驻今泰国清迈府。明嘉靖年间，缅甸洞吾王朝崛起，莽应里派其弟莽应龙占据景迈城，而八百的上层贵族首领退守景线，八百宣慰司被缅甸兼并。

孟养军民宣慰使司俗名迤西，元代至元二十六年(1289 年)于当地置云远路军民总管府。明洪武十五年(1382 年)改云远府为孟养府，永乐二年(1404 年)升孟养府为孟养军民宣慰使司，宣慰使为百夷，驻今缅甸克钦邦莫宁。万历七年(1579 年)缅甸进攻孟养，土司思个败走腾越，途中被下属押送缅甸莽瑞体，缅甸杀死思个，尽并孟养之地。之后，明朝政府虽与缅甸洞吾王朝在孟养的争夺上有所反复，但万历以后，孟养为洞吾王朝所据，不复为中国所有。

老挝军民宣慰使司于永乐二年(1404 年)设，宣慰使为百夷，驻今老挝琅勃拉邦。嘉靖、万历年间，老挝曾一度为缅甸洞吾王朝控制。万历四十一年(1613 年)，老挝入贡，明廷补发宣慰司印后，老挝土司“自是不复至”[21]。

(十四)南甸、干崖、陇川等宣抚司

南甸宣抚司是由元代的南甸路于洪武十五年(1382 年)改为南甸府，正统九年(1444 年)升为宣抚司，直属布政司，土司为百夷刀氏。在正统年间的“三征麓川”过程中，南甸宣抚司土兵奉调征讨逃往大金沙江(伊洛瓦底江)以西的麓川思氏，因而其辖地扩展到了大金沙江东岸。

干崖宣抚司元代至元中置镇西路军民总管府，明洪武十五年(1382 年)改为镇西府，后又改为干崖长官司。正统九年(1444 年)，因征麓川有功，改升为宣抚司，直隶布政司，驻今盈江县，土官为百夷。

陇川宣抚司本为元代的平缅路，明初改为麓川平缅宣慰司，正统年间，因麓川思氏叛乱，明廷于正统十一年(1446 年)置陇川宣抚司，与南甸、干崖合称“三宣”。驻今陇川县，土官为百夷。万历

元年(1573年)缅兵攻至陇川,岳凤杀死土酋多士宁妻子族属,投降缅甸,后为刘綎、邓子龙收复。

(十五)孟定、孟艮、威远、湾甸、镇康等御夷府和御夷州

孟定御夷府元至顺四年(1334年)曾设孟定路军民总管府,洪武十五年(1382年)改设孟定府,驻今耿马县之孟定,下辖耿马安抚司为万历十三年(1585年)析孟定地设。

孟艮御夷府是永乐三年(1405年)分八百大甸及车里之部分地方设置,开始直隶都指挥司,后转隶布政司,驻今缅甸南掸邦之景栋城,土司为百夷。嘉靖年间(1522至1566年),云南布政司对孟艮御夷府的控制逐渐松弛,最终为缅甸洞吾王朝所侵占。[22]

威远御夷州唐代南诏国统治时期属银生府辖地,元代属威远州,驻今景谷县,土官为百夷。境内有播孟土巡检。

湾甸御夷州元中统年间内附,置镇康路管辖,永乐元年(1403年)从麓州思氏辖地中分出设湾甸长官司,直隶都指挥使司,永乐三年(1405年)升为湾甸御夷州,直隶布政司,驻今昌宁湾甸,土司为百夷。

镇康御夷州元代为镇康路,洪武十五年(1382年)改设为府,后降为御夷州,直隶布政司。镇康御夷州驻今永德县东北之永康,辖今永德、镇康两县,土司为百夷。

(十六)孟密、蛮莫、者乐甸、钮兀、芒市、孟琏等宣抚、安抚、长官司

孟密宣抚司,其地原为木邦宣慰使司地,成化二十年(1484年)析木邦地设安抚司,万历十三年(1585年)升为宣抚司,驻今缅甸掸邦西北之蒙为特,土官为百夷。明末脱离了中国,成为缅甸的

一部分。

蛮莫安抚司为万历十三年(1585 年)由孟密之地分出设置,驻今缅甸克钦邦东南部曼冒,土官为百夷。明末蛮莫亦为缅甸洞吾王朝占领。

者乐甸长官司于永乐元年(1403 年)析麓川平缅地置,驻今镇沅县东北之恩体,土司为百夷。

纽兀御夷长官司是宣德八年(1433 年)以和泥的纽兀、五隆二寨设置,地在今江城、绿春、墨江连接地,境内民族以和泥为主。

芒市御夷长官司由元代的芒施路于正统八年(1443 年)改设,驻今芒市,土司为百夷。

孟琏长官司为永乐四年(1406 年)置,驻今孟琏县城,辖今孟琏、西盟、澜沧等地,土司为百夷。

(十七)大古剌、底马撒、茶山、孟伦等宣慰司、长官司

《明史·地理志七》对大古剌等七个土司的记载极为简略:"大古剌军民宣慰使司,在孟养西南,亦回摆古,滨南海,与暹罗邻;底马撒军民宣慰使司,在大古剌东南;小古剌长官司,茶山长官司,底板长官司,孟伦长官司,八象塔长官司皆在西南极边,俱永乐四年(1406 年)六月置。"[23]以上七个土司都分布在缅甸南部伊洛瓦底江以东地区。

明嘉靖以后缅甸宣慰司莽纪岁之子莽瑞体在底兀剌宣慰司所在地建立了洞吾王朝。洞吾王朝建立后,古喇兄弟争夺继承权,被莽瑞体和解后受其约束。后为莽瑞体"举众绝古喇粮道,杀其兄弟,尽夺其地"。[24]其余底马撒宣慰司、小古剌长官司、茶山长官司、底板长官司、孟伦长官司等也先后在嘉靖年间为缅甸洞吾王朝所吞并。

(十八)剌和庄等长官司、底兀剌宣慰司和广邑州

剌和庄长官司于永乐四年(1406 年)设置,直隶都指挥使司,驻今维西县北之拉和庄,土官为么些。

促瓦长官司、散金长官司都是以前麓川平缅司之地,永乐六年(1408 年)设置,土官驻地和民族成分不明,当在今瑞丽县和陇川县境内。[25]

里麻长官司于永乐十二年(1414 年)析孟养地设,直隶都指挥使司,地在今缅甸恩梅开江与迈立开江之间,土官为百夷。

八寨长官司于永乐十二年(1414 年)设,直隶都指挥使司,驻今马关县之八寨,辖地相当于今马关县全部和文山县南部,土官为罗罗。

底兀剌宣慰使司于永乐二十二年(1424 年)设,驻今缅甸东吁(或写为洞吾)。土司莽瑞体于嘉靖年间在底兀剌宣慰司的基础上建立了缅甸史上的洞吾王朝(即东吁王朝,1531 至 1752 年)。洞吾王朝在并吞了南部原底马撒、大古剌宣慰司之地后,便北上与木邦、孟养土司相争,造成明朝末年云南边疆的大动乱,使云南西南部边境上不少土司脱离了云南。[26]

广邑州本来是金齿军民府的广邑寨,宣德五年(1430 年)升为州,正统元年(1436 年)迁驻今昌宁县城,土司和其统治下的民众皆为蒲人。

从以上府、州、县及各土司、卫所等统治机构的设置情况来看,明代云南行省的统治范围虽然没有元代那么广大,但明代土司制度的进一步推行,以及通过卫所制度的设置迁徙大批汉族移民进入云南,使得明朝对云南的统治比元朝更加深入,也更加稳固。正如天启《滇志》所载,云南山川形势

东以曲靖为关、沾益为蔽，南以元江为关、车里为蔽，西以永昌为关、麓川为蔽，北以鹤庆为关、丽江为蔽。[27]

又万历《云南通志》载：

云南要害之地所当严者有三：东南八百、老挝、交趾诸夷，以元江、临安为锁钥。西南缅甸诸夷，以腾越、永昌、顺宁为咽喉。西北吐蕃，以丽江、永宁、北胜为厄塞。知厄塞则吐蕃遁，守咽喉则西夷宁，固锁钥则南夷靖。三要得而云南可安枕矣。[28]

当然，明代政区设置并非一成不变。《明史·地理志七》所载府、州、县情况多为洪武年间所设，后来根据统治需要而有所变化。据景泰《云南图经志书》载云南布政司辖“直隶府、州、司凡二十九，外夷府、州、司凡一十七”。[29]《寰宇通志》载，云南布政司领：

云南、大理、临安、楚雄、澄江、广西、广南、镇沅、蒙化、景东、永宁、顺宁十二府；曲靖、姚安、鹤庆、武定、寻甸、丽江、元江七军民府；北胜一州；者乐甸、马龙他郎甸二长官司；御夷孟定、孟艮二府；孟养军民指挥使司；车里、木邦、老挝、缅甸、八百大甸五宣慰司；干崖、南甸、陇川三宣抚司；镇康、湾甸、大侯、威远四州；芒市、钮兀二长官司[30]。

而正德《云南志》则载，云南布政司领：

云南、大理、临安、楚雄、澄江、广西、广南、镇沅、蒙化、景东、永宁、顺宁十二府，曲靖、姚安、鹤庆、武定、寻甸、丽江、元江七军民府，北胜、新化二州，者乐甸一长官司，御夷孟定、孟艮二府，孟养、车里、木邦、老挝、缅甸、八百大甸六宣慰司，干崖、南甸、陇川三宣抚司，镇康、湾甸、大侯、威远四州，钮兀、芒

市二长官司。[31]

与万历《云南通志》和天启《滇志》所载略同。

明朝在云南设置与中原内地相同的府、州、县行政机构，推行政治一体化的同时，考虑到云南民族地区的经济社会发展状况，采取了土司制度和卫所制度等与之相辅而行，形成了一套完备的军政管理体系，有效地强化了中央王朝在云南的统治。具体说来，在经济发展程度较高，政府能直接控制、汉族人口较多，军户、民户较集中的地方设置府、州、县，基本实行与内地相同的流官统治，只在一些较低职别的官职中选用土官进行辅政；而在经济发展程度较低的边境地区、少数民族聚居的边远山区则设置宣慰司、宣抚司、招讨司、安抚司、长官司，直接任命当地民族上层作为土官，实行土司制度；在介乎两者之间的地区，则实行“土流并治”的政策。具体来说：

大理、临安以下，元江、永昌以上，皆府治也。孟艮、孟定等处则为司，新化、北胜等处则为州，或设流官，或仍土职。今以诸府州概列之土司者，从其始也。盖滇省所属，多蛮夷杂处，即正印为流官，亦必以土司佐之。[32]

按照《明史·地理志》所载云南行省设置的二十个府及宣慰司、安抚司等土司机构来看，云南、曲靖、徵江、临安、大理、永昌等六府只设置流官进行统治，寻甸、武定、广西、元江、景东、蒙化、顺宁、鹤庆、丽江、永宁等十府则任命土官进行统治，明朝中后期对鹤庆、寻甸、武定、顺宁等部分土府进行“改土归流”后，则实行流官为知府而以土官为同知、通判的“土流并治”政策，车里、缅甸、木邦、八百大甸、孟养、老挝等军民宣慰使司，南甸、干崖、陇川等宣抚司，以及孟定、孟艮、威远、湾甸、镇康等御夷府和御夷州等边远各

司及御夷府州,则实施土司制度直到明朝灭亡。

在云南南部、西南部边疆,随着宣慰司、宣抚司、安抚司等土司机构的设置,明中期以前中央王朝控制的版图范围比元代还进一步扩大。然而,明朝后期边境土司为争夺土地和继承权而纷争不断。在这场博弈和争夺当中,缅甸洞吾王朝不断崛起,并走上了扩张的道路,致使明代云南南部、西南部边疆向北退缩。[33]

四、明代云南政治经济文化中心的转移

明朝在云南设置军政管理机构的过程中,根据当时特殊的时代背景,顺应历史发展的趋势,将云南布政司、按察司、都司治所设在昆明,并部署了诸多卫所进行密集屯戍。这一统治措施促成了云南历史发展过程中政治、经济、文化中心的又一次大转移,对后世产生了深远的影响。

在云南历史发展长河中,云南的政治、经济、文化中心共出现过三次大的转移。滇池周边作为战国至西汉时期古滇国及以青铜文化为代表的古滇文化的核心区域,是云南见诸史册最早的政治、经济、文化中心。从 1955 年开始,考古工作者先后在晋宁石寨山、江川李家山、呈贡县天子庙、安宁县太极山、昆明市上马村、曲靖市八塔台、东川市普车河、宜良县纱帽山、富民县大营、玉溪市刺桐关和昆明羊甫头等地进行了考古发掘,出土了大批以青铜扣饰、铜鼓、储贝器及武器为主的文物,尤其是晋宁石寨山六号墓出土的印有篆文"滇王之印"的蛇钮金印,印证了《史记·西南夷列传》中汉武帝发巴蜀兵临滇,滇王降汉后,汉王朝"赐滇王王印,复长其民"的记载。证明在战国到西汉时期,以滇池周边为中心,包括今昆明市全部,曲靖市、玉溪市的大部分,红河哈尼族彝族自治州、楚雄彝族自治州的一部分的广大地区,存在着一个强大的古滇国,创造出

了辉煌灿烂的青铜文化。这些出土的青铜器数量众多，种类繁杂，装饰精细，构思奇巧，不少器物艺术、史料价值兼备，是世界青铜文化宝库中的珍品。不仅反映出当时滇国在祭祀、战争、贸易、集市、纺织、放牧、田耕、上仓、纳贡、赶集、狩猎、驯马、舞蹈、狂欢以及村寨生活、房屋样式等方面的历史画面，完整形象地展现了古滇国时期的政治、经济、文化、宗教等社会现状。在加工制作技术方面，不但范模铸造技术高超，运用自如，还使用了当时在全国尚属先进的失（蚀）蜡法、鎏金、镀银、错金银、镶嵌、镌刻等技术和工艺。[34]

然而，随着西汉武帝于元封二年（前 109 年）派郭昌、卫广打败古滇国，设立益州郡，赐滇王王印，令其复长其民之后，滇池区域的政治、经济和文化渐趋暗淡。特别是汉晋时期随着焦、雍、雷、爨等为代表的"南中大姓"势力的崛起，云南政治中心逐渐从滇池区域移到了滇东陆良、曲靖坝子一带，成为云南政治经济文化中心的第一次大转移。

"南中大姓"最初为汉代"移民实边"迁移到云南的汉族移民。后来逐渐发展成为拥有屯田、部曲和武装的地方当权派，在南中地区据地自雄，蜀汉政权曾经太守到南中，都为"大姓"所害。当然，大姓之间为争夺利益，也纷争不断。最后，东晋永和三年（347 年），爨氏在南中一枝独秀，直到唐代天宝五年（746 年）被南诏蒙氏破灭，称霸南中 400 年有余。爨氏统治期间，滇东曲靖、陆良一带成为云南的政治、经济和文化的中心。朱提（今昭通）一带产的银，螳螂（今东川、会泽）一带产的铜，不仅在当时就十分出名，还为后世云南滇东地区银、铜的开采冶炼奠定了重要的基础。文化方面，当时滇东的朱提郡（今云南昭通、曲靖及贵州西部一带），"其民好学，地滨犍为，号多士人，为宁州冠冕。"[35]创造了上承今天昆明为中心的"滇文化"，下启今天大理为中心的"南诏大理文化"

的以夷汉文化交融为主要特征的“爨文化”，在曲靖境内留下了《爨宝子碑》、《爨龙颜碑》等体现中国书法由隶书向楷书转变时期非常有代表性的书法碑刻文物，在中国书法史和云南地方史上具有重要的意义。

到了唐代，盘踞陆良、曲靖坝子的爨氏势力日渐衰落。与此相反，洱海周边兴起了六诏政权。此时，唐王朝为镇遏吐蕃，迫切需要在洱海地区建立一个统一而强大的地方势力，与唐形成犄角之势，使吐蕃不敢东犯河湟，南图洱海。于是，在唐朝的支持下，蒙舍诏于开元二十六年(738 年)统一了洱海地区。之后，唐王朝为了加强对爨区的统治，将北部的戎州都督府(驻今四川宜宾)和南部的安南都护府(驻今越南河内)两大统治据点连接起来形成一个强大的统治网络，便选定在安宁筑城。安宁城的修筑成为滇东爨氏叛唐的导火线，天宝四至五年(745 至 746 年)滇东爨氏因害怕安宁城的修筑损害其既得利益而发动了联合叛乱。在镇压叛乱的过程中，南诏政权在唐王朝的授命下趁机东扩，尽灭滇东诸爨领主，“云南迤东之地，浸浸俱入于南诏矣”。[36]

南诏、大理国统治时期，云南民族地方势力以洱海为中心建立了清平官、“六曹”、“九爽”、赕、节度等较为完备的政治军事统治机构和管理制度，南诏政权曾经联合吐蕃于唐朝天宝年间三次挫败了鲜于仲通、李密等率领的数十万征讨大军。这一时期，云南的疆域包括了今天云南全部、贵州西部、四川南部及缅甸、泰国和越南的一部分。南诏、大理国统治时期，云南洱海周边封建领主经济得以确立和发展，建立了以大理为中心，东至今宜宾、西至印度、东南至越南、东北至成都的四通八达的交通线，有力地促进了云南以洱海为中心的农业、饲养业、手工业、商业贸易的发展。并创造了云南历史上又一具有里程碑意义的文化高峰——南诏大理文化，

留下了崇圣寺三塔、南诏德化碑、剑川石钟山石窟、南诏中兴画卷、张胜温画卷、大理段氏与三十七部盟誓碑等一大批珍贵的历史文化遗迹，对研究云南地方历史文化具有重要的作用。至此，云南政治、经济、文化中心出现了第二次转移，即从陆良、曲靖坝区转移到了洱海周边。这种状况一直持续到元代。

蒙古宪宗三年(1253 年)，忽必烈率兵击灭大理国后，参照蒙古军队的组织形式，依大理国行政区划，视各地民族势力的大小在各地设置立万户府、千户所、百户所，任命当地民族的上层担任万户长、千户长、百户长。从空间上看，元代在滇中及其周围的昆明设鄯阐万户府，在今滇池南岸的云南晋宁县晋城设阳城堡万户府，在今云南晋宁昆阳设巨桥万户府，在今云南嵩明县设嵩明万户府，在今云南武定县设罗婺万户府，在今云南寻甸县设仁地万户府，在今云南石林县设落蒙万户府，在今云南澄江县设罗伽万户府。在洱海及其周围的大理太和一带设了大理上万户府，在凤仪、祥云一带设置了大理下万户府。从两大区域所设置万户府的数量来看，滇池周边的数量和密集程度远远超过了洱海周边。这些统治机构的设置充分体现出蒙古统治者要将云南的政治中心从洱海东移到滇池地区的战略构想。[37]

然而，元代并没有实现云南政治中心从洱海周边向滇池地区的彻底转移，而是处在政治中心转移的过渡和冲突阶段。这种过渡和冲突主要体现在代表中央政府的元梁王和代表地方民族势力的段氏大理总管之间的争斗上。大理国灭亡后，蒙古政权鉴于大理段氏为首的民族势力的力量和影响，为达到“仍资其兵力以制服诸蛮”的目的，便于蒙古宪宗七年(1257 年)在大理“设立大理都元帅府。录段氏子孙世守之”。[38]同时，为加强对云南的控制，元朝于至元四年(1267 年)，命忽哥赤为云南王，自后分封皇孙子弟

为云南王，或封为梁王，驻鄯阐世袭统治。这样，客观上在云南滇池和洱海地区出现了两股代表不同利益集团的政治势力。大理总管府设置之初，段氏几任总管都为元朝东征西讨，为元王朝平定云南境内蛮夷叛乱和西南边疆的恢拓立下了汗马功劳。元统治者亦相应赐予段氏云南行省参政、平章政事等高官荣衔。

但是，随着大理段氏势力的不断强大，引发了一系列与元梁王的政治斗争。至正二年(1343 年)，段光与梁王因争地成仇，"乃遣张希矫、杨生、张连发兵与梁王战"，结果大败而回，幸存者不过数人。至元三年(1337 年)，"梁王兵袭大理。段光御之，大胜"。[39]正如《滇考》中所言："段光继守大理，时，中原板荡，梁王以元室镇鄯阐，段氏守大理，彼此嫌妨，始欲分域自固，遂成仇雠"。[40]至正十二年(1352 年)段功继任大理总管后，段氏与梁王的争斗达到了白热化的程度。元梁王最终于至正二十三年(1363 年)以"邀(段)功赴东寺演梵"为托词乘机杀死了段功。

终元一代，统治者虽然在滇池周边设置了万户、千户，以及后来的路、府、州、县等统治机构，并任命皇室子弟世袭为梁王坐镇昆明，企图将统治中心东移到滇池周围。但在当时特殊的时代背景下，由于大理段氏虽丧国却势力犹存，元王朝不得不利用其作为大理总管，客观上承认了洱海周边以大理段氏为首的民族势力政治统治的合法性。造成"梁王国鄯阐，而段氏世守大理，一恃宗亲，一恃故物。两不相下，王府多骄恣。凌虐段氏。渐构成衅"[41]的局面。大理段氏与元梁王的政治斗争表明元王朝企图将云南政治中心东移滇池的战略尚未实现，元代云南政治中心正处于从洱海向滇池周边转移的过渡时期。

明洪武十五年(1382 年)，明朝军队平定云南时，大理段世曾遣使致书傅友德，请求"仍赐册封，定为进贡"。[42]对此，明军首领傅

友德并没有理会，提兵进发大理，生擒段世。攻克大理以后，因段世与段明之父段宝曾有降表，于是朱元璋传谕“赐长子名归仁，授永昌卫镇抚；次子名归义，授雁门镇抚”，[43]改大理路为大理府，置卫所，设指挥使司，废除了段氏在当地的行政特权。自此，自唐开元十三年（725 年）南诏阁罗凤叛唐以来的六百三十年间，大理这个依苍山，面洱海，北恃龙首关，南据龙尾关的顽固堡垒才算是被真正攻破。[44]

明朝平定云南后，在元代云南行省的基础上，设置承宣布政使司“掌一省之政”；置都指挥使司掌一省之军事。洪武三十年（1397）设提刑按察使司“掌一省刑名按劾之事”。“三司”治所均设在昆明。在省之下，明朝设置了府、州、县等行政管理机构和卫、所、哨、堡等军事管理机构。从明代行政、军事管理机构设置的数量及其层次来看，云南布政使司所辖 19 个府中，在滇池周边的有云南、澄江、曲靖、寻甸、武定等府，在洱海周边的为大理、鹤庆、蒙化、丽江等府；云南都司直隶的 20 卫，20 千户所中，明政府在滇池附近设置的卫所数量达到 6 卫，4 守御千户所。加上云南左卫、右卫、中卫各辖 6 个千户所，云南前、后卫各辖 5 个千户所，广南卫辖 4 个千户所，加起来共计 32 个千户所。而在大理洱海周边仅设置了大理卫、洱海卫、大罗卫、鹤庆御，所辖共计 20 千户所。可见，明代不仅将掌管一省行政、军事和检查的最高统治机构承宣布政使司、都指挥使司和提刑按察使司全部设在昆明，从军事布防及卫所设置情况看，滇池周边也远远超过了洱海地区。明代政治中心从洱海周边东移到滇池地区已经成为一个不争的事实。

经济方面，由于滇池地区优越的自然地理条件、便利的交通、靠近内陆腹地的区位优势，使其逐渐成为云南的经济中心。在农业社会，一个地区的经济发展程度往往可以从这一地区的人口、土

地和税收等数量反映出来。据万历《云南通志》统计，滇池周边的云南府共有 14000 户，56240 人。洱海周边的大理府 22800 户，268715 人。[45]除了以上民户外，云南府周边云南左卫、云南右卫、云南中卫、云南前卫、云南后卫、广南卫、宜良所、安宁所、易门所、杨林所等卫所在册军数为 70159 人，卫所军官及舍丁数为 3472 人；大理府周边大理卫、洱海卫、大罗卫共有军数 22768 人，卫所军官及舍丁数为 1826 人。[46]军民人口总数加起来，滇池周边有 129871 人，洱海周边有 293309 人，人口数洱海周边远比滇池周边要高。但从屯田数量上看，滇池周边云南府具有“官民田三千八百七十五顷六十二亩九分”，洱海周边的大理府有“官民田三千一百六十顷十九亩三分”。[47]加上军屯数量，滇池周边云南左卫、云南右卫、云南中卫、云南前卫、云南后卫、广南卫、宜良所、安宁所、易门所、杨林所等卫所军屯数量为 372424.545 亩，洱海周边的大理卫、洱海卫、大罗卫军屯数量为 186255.86 亩。[48]可见，无论是军屯还是民屯，滇池周边的田亩数都超过了洱海周边。另据万历《云南通志》载，云南府所征“商税为银四千五百七十九两一钱三分六厘九毫一丝二忽八微”，大理府“商税为银七百三十二两一钱七分三厘五毫九丝二忽”。[49]云南府征收的商税是大理府的 6 倍多，证明滇池周边的商业贸易远远超过洱海周边的水平。又据天启《滇志》载，滇池周边的云南府有“盐池田渔之饶，金银畜产之富”，因经济发展程度较高，因此“俗奢豪，惟文齐、王阜、景毅相继防检，遂为善”。[50]

文化方面，由于文化发展水平与经济发展程度往往是一致的，随着滇池地区经济发展和经济重心往滇池地区的迁移，明代滇池地区所设的官学、书院数量均超过了洱海地区。据天启《滇志》统计，云南府共设书院 7，州儒学 4，县儒学 7，社学 35，射圃 4。大理

府共设书院13,州儒学4,县儒学3,社学6,射圃4。[51]从教学机构的数量上看,云南府超过了大理府。另外,从明代科考情况看,云南府及其所辖州县有明一代共产生进士64人,举人725人;大理府及所辖州县产生进士49人,举人506人。[52]滇池周边的云南府也超过了大理府。因此,天启《滇志》载云南府"子弟多颖秀,科第显盛。民遵礼教、畏法度,士大夫多材能、尚节义,彬彬文献,与中州埒"[53],客观地反映了当时云南文化中心已经转移到了滇池地区。

综上所述,经过元、明两代的调整和经营,明代云南滇池周边的云南府等地区已经成为云南政治、经济和文化的中心。云南政治、经济和文化中心从洱海周边向以昆明为中心的滇池地区的转移,是明代云南行政区划调整过程中的一次重大历史变革,奠定了昆明作为云南政治、经济、文化中心的地位,对云南政治、经济、文化格局所产生的影响一直延续到现代。

第二节　滇东北乌蒙、乌撒、东川、芒部行政区划的调整

明乌蒙、乌撒、东川、芒部一带,地处滇川黔交界之处,元初置乌蒙路,至元二十四年(1287年)设乌撒乌蒙等处宣慰司进行管辖,隶属云南行省。明初,朱元璋遣使诏谕,并派胡海洋等率5万大军征讨乌撒。大军压境,"东川、乌蒙、芒部诸蛮震詟,皆望风降附"[54],明王朝于洪武十五年(1382年)分置了乌蒙府、乌撒府、东川府、芒部府,仍属云南省管辖。

然而,乌蒙、乌撒、东川、芒部四府与马湖卫、建昌卫、宁番卫、越嶲卫、盐井卫、会川卫、茂州卫、松藩卫、天全六番招讨司、黎州安抚司所辖区域均为罗罗分布之核心地带,"乌撒与永宁、乌蒙、沾

益、水西诸土官，境土相连，世戚亲厚”，各地土司彼此存在着亲缘关系，或通过联姻等形成纷繁复杂的地方民族利益集团。这些地方土司为了各自的利益，“无事则互起争端，有事则相为救援”[55]。为加强对这一地区的控制，明王朝采取分而治之的政策，于洪武十六年(1383 年)将乌蒙、乌撒等府改属四川省。

由于乌撒、东川、乌蒙、芒部诸府地界，交错于川、滇、黔之间，地理位置上“皆去川远，去滇、黔近”，因而导致“滇、黔有可制之势而无其权，四川有可制之权而无其势”[56]，明代对这一地区行政区划的调整，客观上造成了统治机构设置的不顺畅，“统辖既分，事权不一，往往轶出为诸边害”[57]，造成明代中央政府对这一地区的统辖不力，叛乱不断。于是，明王朝为加强统治，曾几经对这一地区的行政管辖权进行调整，于嘉靖三十八年(1559 年)诏东川土司听云南节制，嘉靖五年(1526 年)，将芒部改土归流，设为镇雄府。但由于地方民族利益集团相互勾结，

> “虽受天朝爵号，实自王其地。以故终明之世，常烦挞伐”[58]，乃至于“滇黔大患，莫甚于苗倮”[59]。

有明一代，中央政府终不能对当地进行有效治理。直至清雍正四年(1726 年)，云贵总督鄂尔泰上奏朝廷，痛陈“滇、黔有可制之势而无其权，四川有可制之权而无其势”的弊端，指出“苗疆与邻省犬牙交错，又必归并事权，始可一劳永逸”。[60]于是，雍正五年(1727 年)下诏以东川、乌蒙、镇雄三土府改隶云南，并在当地实行改土归流。行政区划的反复调整，终于实现了对当地的有效控制。

一、明初对乌蒙、乌撒、东川、芒部行政区划的调整

云南自古以来就是中国不可分割的部分，“至汉置吏，臣属中

国”[61]。然而，朱元璋南京称帝十余年来，云南之地仍为元梁王把匝剌瓦尔密所控制，沿用元朝年号，每年仍派使臣与北元联络，严重威胁明朝的统治。因此，平定云南最终成了明王朝完成大一统进程中不可回避的一环。洪武十四年(1381 年)，在多方诏谕未果的情况下，朱元璋派三十万大军征讨云南。在明朝大军平定云南的过程中，滇东北的乌撒、乌蒙等由于特殊的战略地位，自然成了明朝大军征伐过程中的军事要地。

在分兵进讨之时，朱元璋对当地各土司头人先礼后兵，于洪武十四年(1381 年)派人带信给乌蒙、乌撒首领，信中说道：

> 西南诸部，自古及今，莫不朝贡中国。朕受天命为天下主十有五年，而乌蒙、乌撒、东川、芒部、建昌诸部长犹桀骜不朝。朕已遣征南将军颍川侯，左副将军永昌侯、右副将军西平侯率师往征。犹恐诸部长未喻朕意，故复遣内臣往谕。如悔罪向义，当即躬亲来朝，或遣人入贡……朕当罢兵，以安黎庶。尔共省之。[62]

同时，指示征讨大军兵分两路进发云南。一路由都督胡海洋率五万军队，从永宁进击乌撒部，又率军从曲靖沿着格孤山向南，攻击乌撒部。另一路由傅友德、蓝玉、沐英率主力从湖广西进，经辰(今湖南沅陵)、沅(今湖南芷江)入普定(今贵州安顺)，进逼曲靖。

胡海洋率 5 万大军进讨乌撒之时，元军右丞实卜“聚兵赤水河以拒之”，结果明军所向披靡：

> 斩首三千，获马六百，实卜率众遁。遂城乌撒，克七星关以通毕节，又克可渡河。于是东川、乌蒙、芒部诸蛮震詟，皆望风降附。[63]

初战告捷,明太祖于洪武十五年(1382 年)设置了东川、乌撒、乌蒙、芒部诸卫指挥使司,并对当地进行了一些制度性的安排。一方面,于当地置邮传,开筑道路,“各广十丈,准古法,以六十里为一驿”,以加强对当地的控制;另一方面,为防止乌蒙、乌撒、东川、芒部诸酋长“大军一还,仍复啸聚”,命“送其酋长入朝”。[64]

然而,桀骜的乌蒙、乌撒等土司并未俯首听命,不久便出现了乌蒙等部的叛乱。对于地方民族势力的反叛,明王朝进行了残酷的镇压,“斩首三万余级,获马牛羊万计,余众悉遁,复追击破之”,并诏谕傅友德等“必戮其渠魁,使之畏惧。搜其余党,绝其根株”,使其“诚心款附”。[65]

值得注意的是,在明初对乌蒙、乌撒、东川、芒部的治理中,一方面由于“明洪武中,未下滇,先平蜀,招服诸蛮,故乌蒙、乌撒、东川、芒部四军民府旧属云南者,皆改隶四川”。[66]另一方面,则是因为滇东北“地险夷附,控扼太重”,[67]为加强对当地民族势力的控制,洪武十六年(1383 年),明政府便将原来属于元代云南行省的乌撒、乌蒙、芒部三府划归四川省。洪武十七年(1384 年),又将东川划给四川省,同时还将乌撒、乌蒙、芒部统统改为军民府,并额定了赋税。乌蒙、乌撒、东川、芒部之地“去蜀远,去滇、黔近”,却将其管辖权划归四川行省,为后世之土司叛乱,中央王朝控制不力埋下了祸根。

建立统治机构以后,明朝在与当地民族势力的政治博弈中恩威并施,占有绝对的统治权力。一方面,对当地土司势力给予抚慰,使其效忠朝廷,维护明王朝在当地的统治。见诸记载的事件有:洪武十六年(1383 年),对乌撒、乌蒙、东川、芒部等地前来朝贡的 120 余民族上层人物,明王朝“各授以官,赐朝服、冠带、锦骑、钞锭有差”;对病卒的芒部知府发绍、乌蒙知府阿普,明朝廷“赐绮

衣并棺殓之具,遣官致祭,归其柩于家”。洪武十七年(1384 年),政府额定了乌撒、乌蒙、东川、芒部等府的赋税,并于洪武十八年(1385 年),因乌蒙土知府亦德反映“蛮地刀耕火种,比年霜旱疾疫,民饥窘,岁输之粮无以征纳”[68]而下诏免之;洪武二十三年(1390 年),招乌撒、乌蒙、芒部土官“各遣子弟入监读书”,并将乌蒙等部的土知府开三年一入贡变成为定制。

另一方面,明初朝廷对乌撒、乌蒙、东川、芒部等民族势力的反叛也采取了以军事打击为主的统治手段。洪武二十一年(1388 年),东川部出现动荡,沐英认为是东川占据乌山路作乱,明太祖命令颖国公傅友德仍为征南将军,陈桓为左右副将军,率军进讨,捕获叛乱的罗罗 5538 人。

此后,从建文、永乐、洪熙三朝,经宣德到弘治(1399 年至 1505 年)的 106 年时间里,川滇黔相连接地区的乌蒙等部进入了一个平稳发展的时期,其间虽有内部争斗,但都是不影响全局的事件,得到了很好解决,明政府基本的治策还是军事镇压与文治相辅而行。[69]如宣德七年(1432 年)乌蒙、乌撒土官禄昭、禄尼争地仇杀,朝廷于次年遣行人章聪、侯琏赍敕往谕,并设“乌蒙儒学教授、训导各一员”,“选俊秀子弟入学读书,以广文治”[70];天顺元年(1457 年),芒部所辖白江蛮贼千余名作乱,朝廷遣御史项愫会同镇巡官平定了叛乱;成化十二年(1476 年),乌撒土知府陇旧等奏,“同知刚正抚字有方,蛮民信服,今九年秩满,乞再任三年。以慰群望。”[71]对这样的请求,明中央政府很爽快就答应了。

总的来说,明初通过剿抚并用的政策,对当地的民族势力进行了有效控制。但由于当地彝族“夷性犷悍,嗜利好杀,争相竞尚,焚烧劫掠,习以为恒”,而朝廷又将乌蒙、乌撒、东川、芒部的军民府的管辖权划归四川,这些土司“虽受天朝爵号,实自王其地”。

经过百余年这样平稳的发展,乌蒙等部土司羽翼日渐丰满,在内部出现了相互之间仇杀,并力图摆脱中央政府对他们的有效管理,而由于这些地区"去省窎远,莫能控制",导致"然附近边民,咸被其毒","以故终明之世,常烦挞伐"[72],这一状况一直从正德年间持续到崇祯年间,与明朝的衰亡相伴。

二、明朝中后期乌撒、乌蒙、东川、芒部等地土司叛乱及明王朝的统治

(一)芒部陇氏土司叛乱及明朝改土归流的失败

有明一代,土司内部因争权夺利相互仇杀之事并不鲜见。然滇、川、黔交接之地由于事权不一,控制不力,土司叛乱此起彼伏,所引发的骚动祸及滇、川、黔三省,显得格外突出。

依明初定制,芒部军民府(今镇雄)隶四川省管辖。正德年间(1505年—1521年)芒部土司陇寿和其族弟陇政、嫂子支禄为争夺知府大印而互相仇杀。祸端一起,难以平息,嘉靖元年(1522年),明廷以陇寿为嫡子之故命其袭知府职,然其族弟陇政及其嫂子支禄并不甘心,依仗乌撒土舍安宁的支持,仇杀如故。于是朝廷发土兵25000人,命贵州参将杨仁为统帅,相机进剿,"斩首二百余级,俘二十余人,降其众数百"[73]。陇政在大兵压境的情况下,败奔芒部南边的乌撒。嘉靖四年(1525年),陇政诱杀陇寿,夺得了土司大印。在朝廷的征讨下,陇政在水西为官军所擒,并追获芒部印信,前后斩首674级,生擒167人,招抚白乌石等49寨,朝廷镇压陇氏内部纷争取得阶段性的成果。

镇压陇氏叛乱后,明朝廷趁热打铁,于嘉靖五年(1526年)以陇政"今其本属亲支已尽,无人承袭"[74]为由,请求将芒部"改为镇

雄府,设流官知府统之”。下设怀德、归化、威信、安静四长官司,命陇氏疏属阿济、白寿、祖保、阿万四人统之[75]。

镇雄初设流官,蛮情未服,嘉靖六年(1527年),芒部首领沙保密谋拥陇寿之子陇胜率众攻下了镇雄城,抓住知府程洸,夺走了知府大印。尔后,沙保交出镇雄府印主动乞降,条件是“欲立土官如故”。显然,对于明王朝的改土归流,当地民族势力并不甘心大权旁落,因而有此一役,企图重新返回土府权力的宝座。然而,四川抚按武断地认为沙保狡悍不可驯,命泸州守备丁勇进行攻击,并遣使劳赐芒部抚夷郤良佐,欲计擒沙保。结果激怒了沙保,率部反叛。

嘉靖七年(1528年),明廷为镇压沙保叛乱,调动川、贵两省的军队进行会剿,“擒斩三百余级,招抚蛮罗男妇以千计”。在残酷的军事镇压下,“设镇雄流官如旧”[76]。然而,“乌蒙、乌撒、东川诸土官,故与芒部为唇齿。自芒部改流,诸部内怀不安”[77],明王朝对镇雄土酋的残酷镇压可谓一石激起千层浪,引发了乌撒、乌蒙等地土司的恐慌。于是芒部、乌撒、毋响等地掀起了大规模的反对改土归流的叛乱,他们攻劫毕节所属的屯堡,杀掠土民。

由于明王朝对芒部改土归流的时机选择失当,有些操之过急,因而芒部改土归流而引发的大规模叛乱超出了明朝统治者的预期。正如御史杨彝所言:“芒部改土易流非长策,又时值荒馑,小民救死不赡,何能趣战。”[78]此外,四川巡抚唐凤仪也认为乌蒙、乌撒、东川诸土官与芒部为唇齿,芒部改流,自然引起“诸部内怀不安,以是反者数起”[79],芒部的反抗,目的只是希望陇胜能复职,保住陇氏的世袭地位。为今之计,在于“俯顺舆情,则不假兵而祸源自塞”。[80]唐凤仪的观点和主张得到了川、贵巡抚戴金、陈讲等人附和,于是嘉靖九年(1530年)四月,明朝政府“革镇雄流官知府,而

以陇胜为通判，署镇雄府事”，并承诺如果三年以后陇胜能够胜任，就“准复知府旧衔”[81]。

至此，明廷与芒部土司之间在围绕改流与复土之间的政治博弈最终以陇氏土司的胜利而收场。在这场长达四年的争斗中，既显示出乌撒、乌蒙、芒部等地土司之间互为唇齿，联合起事之威力，又进一步暴露出明初将三地割隶四川后给当地治理上带来的不顺畅，镇压一地之叛乱，非得动用“川、贵诸军会剿”方能奏效。

（二）东川“阿堂之乱”及明政府对东川管辖权的调整

东川元代属云南行省，明洪武十七年(1384 年)割隶四川布政府司，是为东川军民府。嘉靖年间，东川土知府禄庆死后，因儿子禄位年龄尚小，便由其妻子安氏摄领东川土知府事。此时，身为营长的阿得革企图谋夺其官，“乃纵火焚府治，走武定州，为土官所杀”。阿得革死后，其儿子阿堂投奔水西，并贿赂乌撒土官安泰回攻东川，抓住安氏，夺得了东川土知府大印，围绕争夺东川土官知府大印的“阿堂之乱”由此开始。

由于当地彝族土司“宗派一源，土境相连”，东川禄氏与贵州土宣慰安万铨世有联姻，因此，安万铨起兵攻打阿堂。阿堂被打败后，其妻阿聚携幼子奔沾益州土官安九鼎，被安万铨威胁安九鼎交出阿聚及幼子杀之。由是，阿堂与沾益土官安九鼎结怨，时相攻击，一场围绕东川土府大印的权力之争扩展到了东川、贵州及沾益三土司领地，波及了川、黔、滇三省。

鉴于“阿堂之乱”引发的骚乱波及三省，朝廷诏命云、贵、川三省的巡抚进行会勘。会勘结果，阿堂“具服罪，愿献所劫府印并沾益、罗雄人口牲畜及侵地，乞贷死”。[82]在东川土府的承袭问题上，由于禄氏可以承袭的人都已去世，政府问禄氏还有谁可以承袭，阿

堂将自己的幼子改名禄哲，谎称为禄氏后裔上报知府承袭，夺得东川土府的府印，同时攻击安九鼎，“九鼎诉之云南巡抚游居敬，谓堂怙乱，请致讨，且自诡当率所部为前锋，必擒堂以献”。[83]云南巡抚游居敬听信了安九鼎的建议，向明中央请求围剿阿堂，明世宗同意此方案，云、贵、川三省连动，派兵5万人进剿。

此次阿堂篡改幼子姓氏夺印谋官，虽法所必诛，然“四川之差税办纳以时，云、贵之邻坏未见侵越”，云南巡抚游居敬听信一面之辞，违会勘之明旨，上奏朝廷调动云、贵、川三省五万人进剿，大军达到东川时，阿堂等已逃匿深箐，“诸将分兵于新旧诸城，穷搜不获，地方民夷大遭屠掠”，[84]事态已经发展到了难以收拾的地步。

嘉靖四十年(1561年)，罗罗土官者阿易在嘎来矣石捕杀了祸乱一方的阿堂，并抓住了年方11岁的阿堂之子阿哲，“阿堂之乱”告一段落。然而，东川土知府印因经年战乱不知所终，于是水西土官安万铨取东川府的经历印，给禄位之妻宁著持有，将宁著之女嫁给罗雄土官者睿之子，三方建立了一种政治上的联姻关系。嘉靖四十一年(1562年)，政府重新铸发“四川东川府印”并找到了禄氏的嫡系传人阿采。由于阿采还是幼童，由宁著实际负责府事，未来阿采如能“抚辑其众”，再让他进袭知府。

在解决整个“阿堂之乱”的过程中，朝廷也意识到“蜀之东川逼处武定、寻甸诸郡，只隔一岭，出没无时，朝发夕至。其酋长禄寿、禄哲兄弟，安忍无亲，日寻干戈。其部落以劫杀为生，不事耕作。蜀辖辽远，法纪易疏。滇以非我属内，号令不行。以是骄蹇成习，目无汉法”所带来的弊端，因此，在解决叛乱时往往“诏下云、贵、四川抚按官会勘”，最终于嘉靖三十八年(1559年)“诏东川土司并听云南节制”，[85]也就是鉴于东川地近云南，为便于治理，将管辖权由原来的四川管理变更为四川和云南共同治理。

然而,面对当地“境土相连,世戚亲厚”的彝族土司,这样的微调显然起不到太大的作用。万历六年(1578年),朝廷诏令“照蛮俗罚牛例处分,务悔祸息争,以保境安民,然终不能靖也”。[86]

(三)乌撒土司继承纷争与明王朝的统治

万历元年(1573年),云南沾益女土官安素仪死后无嗣,按照沾益土司与乌撒土司“彼绝此继,通为一家”的惯例,请求以乌撒土知府禄墨的小儿子安绍庆继承沾益土官之职。不久,禄墨及长子安云龙和孙辈可继承的人全部死亡,所以安绍庆请求政府让他的儿子安效良承袭土知府。此事遭到安云龙的妻子(镇雄女土官者氏的女儿)陇氏的反对。她以“云龙虽故,尚有遗孤”为由,倚仗着镇雄娘家的兵力和安绍庆对峙。安绍庆也依仗沾益兵力,与陇氏为难,“彼此仇杀,流毒一方”,历十四年不结。[87]

万历四十一年(1613年),安效良与安云翔争夺土府统治权,朝廷以“效良为安云龙亲侄,云翔乃其堂弟”,按照立嫡的惯例,“亲疏判然,效良自当立”。然而,安云翔不甘心,起兵驱逐了安效良,焚掠乌撒,引起了地方很大的震动。对此,朝廷虽然认为安云翔扰害地方,罪原难赦,“但为奸人指使,情可原,故准复冠带”[88]。

经年不断的土司继承纷争,对当地经济社会造成了很大的破坏,“夷民无统,盗寇蜂起,堡屯焚毁,行贾梗绝者亦二十年”。为改变这一状况,加强政府对这一地区的统治,贵州巡按御史杨鹤曾上书朝廷说:“乌撒者,滇、蜀之咽喉要地。臣由普安入滇,七日始达乌撒。见效良之父安绍庆据沾益,当曲靖之门户。效良据乌撒,又扼滇、蜀之咽喉。父子各据一方,且坏地相接,无他郡县上司以隔绝钤制之,将来尾大不掉,实可寒心。盖黔有可制之势,而无其权;蜀有遥制之名,而无其实”,“是争官夺印者蜀之土官,而蹂践

糜烂者黔之赤子。诚改隶于黔，则弹压既便，干戈可戢”[89]，建议明朝廷将乌撒土府的管辖权由四川划归贵州。对此，明神宗曾命“所司速议”，可惜没有得到具体落实。

明末光宗、熹宗、思宗统治期间，川、滇、黔的土司到了“桀骜难制”的地步，加之乌撒、东川、乌蒙、镇雄诸府地界相错于川、滇、黔、楚之间，因明王朝区划设置的不合理，导致“统辖既分，事权不一，往往轶出为诸边害”[90]。封疆大吏们虽“冀安边隅”，但对于当地盘根错节的民族关系和权力争夺已经显得力不从心，出现了“卒无成画，以致疆事日坏”[91]的局面。在这样的背景下，安效良攻陆良，围罗平，陷沾益，虽然被云南巡抚闵洪学打败，但因为闵洪学兵力不济，只能“好语招之，令擒贼自赎”。对此，安效良佯装恭顺，却合永宁、水西诸部36营围困沾益五日，最终被朝廷征讨大军弹压，安效良败死。

安效良死后，其妻安氏无子。妾设白生有其爵、其禄，由此又埋下了内部纷争的祸根。崇祯元年（1628年），四川巡抚派人赏其爵母子，令他们管理乌撒，和安效良之妻安氏产生了矛盾。在攻击安效良妻安氏不成后，设白、其禄逃到东川，被东川拒绝，但得到四川巡抚差官的支持。安效良妻安氏大惧，便以嫁给沾益土官安边为由，联合安边共御其禄，安边亦有此意，两人成婚，“一时皇皇谓水西必纠沾、乌入犯”。[92]

崇祯二年（1629年），明军列营沾益，压乌撒境。安边、安氏出逃。明政府军退回后，安边、安氏表明顺从，“意实缓师”，但明政府军再次逐安边、安氏，将他们的根据地盐仓授给其爵。再后虽然又有反复，然其爵仍是胜者。而此时已是明朝末期，随着崇祯十七年（1644年）明朝的灭亡，云、贵、川三连接地区的乌蒙等部依然带着众多尚未得到解决的社会矛盾进入了清代。最终在清代这些矛

盾全面爆发，经过鄂尔泰的改土归流，乌蒙等部全部成为郡县统治的编民，发展为今天滇东北和黔西的彝族。[93]

三、明朝对乌蒙等部行政区划调整的尝试

如前所述，乌蒙、乌撒、东川、芒部明初因先平蜀，尚未对云南进行有效统治，于洪武十六年(1383 年)将原本隶属云南的乌撒、东川、乌蒙、芒部诸府改属四川省统辖，企图对当地土司分而治之。然而，这一调整造成明代中央政府对这一地区的统辖不力，叛乱不断。

有明一代，乌蒙、乌撒、东川、芒部在川、滇、黔三连接地区所产生的动乱，很大程度与政区划分有关，即诸土府“虽隶蜀，而相去甚远，虽不隶滇，而祸实震邻”。因此，伴随着平息当地土司叛乱和内部纷争，明王朝地方行政官员不止一次提出了调整行政区划的建议。嘉靖三十八年(1559 年)，巡按邓渼疏称：“蜀之东川通处武定、寻甸诸郡，只隔一岭，出没无时，朝发夕至。其酋长禄寿、禄哲兄弟，安忍无亲，日寻干戈。其部落以劫杀为生，不事耕作。蜀辖辽远，法纪易疏。滇以非我属内，号令不行。以是骄蹇成习，目无汉法。今惟改敕滇抚兼制东川”。万历四十三年(1615 年)，云南巡按使吴应琦、贵州巡按御使杨鹤都针对乌撒之地“黔有可制之势，而无其权；蜀有遥制之名，而无其实”[94]的情况，认为必须将乌撒划给贵州，方能进行有效管理。明光宗泰昌元年(1620 年)，云南巡按沈儆炌也提出对于东川土府的承袭问题，

> 务合两省会勘。蜀察其世次，滇亦按无侵犯，方许起送，亦羁縻绥静之要术也。

当然，对于各级官吏提出调整行政区划以便进行控制的建议，

明王朝也进行了局部的调整。万历三十年(1602年),为改变

> 蜀之东川通处武定、寻甸诸郡,只隔一岭,出没无时,朝发夕至。其酋长禄寿、禄哲兄弟,安忍无亲,日寻干戈。其部落以劫杀为生,不事耕作。蜀辖辽远,法纪易疏。滇以非我属内,号令不行,是以骄蹇成习,目无汉法[95]

的局面,命东川土司听云南节制。万历四十三年(1615年),为改变乌撒土府"黔有可制之势,而无其权;蜀有遥制之名,而无其实"的局面,曾采纳贵州巡按御史杨鹤之建议,下令相关部门速议。明嘉靖五年(1526年),甚至利用芒部陇氏土司无人承袭之机,将芒部改为镇雄府,设流官知府统之。

然而,面对乌撒、乌蒙、东川、芒部诸府"夷性犷悍,嗜利好杀,争相竞尚,焚烧劫掠,习以为恒"的罗罗诸部,以及他们之间"无事则互起争端,有事则相为救援"的政治联盟,明王朝调整行政区划的措施终没能得到贯彻落实。虽然如此,明王朝关于调整行政区划的奏折,以及为调整滇、川、黔交接地带的行政管辖权所做的尝试为清代的调整奠定了基础,最终于雍正五年(1727年)下诏以东川、乌蒙、镇雄三土府改隶云南,并在当地实施了改土归流。滇、川、黔三省交接地带的行政区划最终定格,划上了一个圆满的句号。

第三节 滇东地区行政区划的调整

明代,云南梁王势力对抗明中央王朝的统治长达15年之久。在中央王朝平定和治理云南过程中,元代云南、四川、湖广行省交会之地的贵州地区战略地位空前提高。"云南、湖广之间,惟恃贵

阳一线;有云南,不得不重贵阳”,[96]处于战略需要,明王朝在征讨云南前后加强了对贵州地区的治理,并最终于永乐十一年(1413年)按照内地各省的建制模式,于贵州设贵州等处承宣布政司,建立了省一级的行政管理机构。

贵州建立省级行政机构,是明代在滇东地区行政区划调整过程中的一次重大的战略举措,使元代以前隶属于四川、云南、湖广三个行省边隅之地成为一个单独的行政区域,对明代稳定和加强对西南民族地区的统治起了积极的作用,并对我国的政区设置产生了深远的影响,奠定了今天滇、川、黔三省行政区划的雏形。

一、滇东政区调整的背景

云南虽地处边陲,但历史上很多时期云南的政治走向都直接影响到中央王朝的统治和统一多民族国家的巩固与发展。

唐代,洱海周边的南诏政权在唐王朝的扶持之下逐渐崛起,并成为一个民族地方政权,不时联合吐蕃与唐王朝对抗。正如《新唐书·突厥传》所载:“唐兴,蛮夷更盛衰,尝与中国亢衡者有四:突厥、吐蕃、回纥、云南是也。”[97]矛盾突出时,三方于天宝年间连续进行了三次大规模的战争,唐王朝皆以失败而告终,并由此激化了阶级矛盾,导致“安史之乱”,成为唐王朝由盛而衰的转折点。咸通年间,南诏又发动了向唐朝边境的劫掠战争,唐朝调遣徐州兵至桂林防守南诏进攻。因士兵忍受不了疾苦,于咸通九年(868年)推庞勋为首起义反唐,并引发了大规模的唐末黄巢农民起义,最终推翻了唐王朝的统治。因此,《新唐书·南蛮传》在总结唐亡原因时,有“唐亡于黄巢,而祸基于桂林”[98]的论述。

两宋时期,云南地区受制于以段氏为首的大理国。早在北宋建国之初,大理国就向北宋遣使修好。但两宋时期,中央王朝没有

汉、唐那么强大,周边存在着辽、西夏、金等民族政权,始终没有建立起统一的多民族国家。此外,两宋王朝的统治者始终没有从"唐亡于黄巢,而祸基于林"的偏见中走出来,认为:

> "大理即唐之南诏",对大理国多次要求建立政治上的藩属关系屡次给予拒绝,只要求大理国"善育人民,谨奉正朔,等封之请,以俟治平"。[99]

甚至在是否在大渡河边设城邑,开互市等问题上,都有人提出"今若于大渡河外建立城邑,虏情携式,边隙渐开,非中国之福"[100]。正因为宋王朝在政治上消极推搪,没有处理好与云南地方民族政权的关系,以至于"滇将不得不并于元,而宋亦归于无可复之,惟有终于蹈海而已,亦势所必致也"[101]。蒙古宪宗三年(1253年)蒙古大军灭大理国后,对南宋形成了两路夹击之势,落得溃退海边,小皇帝跳海自杀的下场。

元代,中央王朝于至元十一年(1274年)设置了云南行中书省,下设路、府、州、县等行政机构,重新将云南纳入统一多民族国家的统治之下,并派宗王坐镇云南。同时,元代为加强对云南境内各少数民族地区的控制,设置了宣慰司、宣抚司、安抚司、招讨司等职,笼络地方势力进行"羁縻统治"。整个元代,云南在中央王朝控制西南及安南、缅国、八百媳妇等国当中扮演着重要的角色。

公元1368年,朱元璋建立明朝,改元洪武,以应天府为京城。随后派徐达、常遇春北伐,占领元大都,结束了元朝的统治。明朝初年,朱元璋十分清楚历史上云南对中央王朝统治的重要性,加之地理上云南与安南、缅甸、八百媳妇诸国山水相连。尤其是在明朝收复四川以后,云南仍为元梁王和土著各民族上层所把持,元朝逃亡到蒙古的"北元"政府经常派人经过乌斯藏潜入云南,元梁王也

暗中"岁遣使自塞外达元帝行在,执臣节如故"[102],南北勾结,企图颠覆新生的明中央政权。因此,无论是从巩固新兴的中央政权,完成全国的统一,还是加强对周边藩属国的控制,都必须加强对云南的统治。

然而,明朝建立后,统治云南的元梁王把匝剌瓦尔密自恃云南路遥地险,非但不肯投降,还多次杀害明朝诏谕云南的使臣。于是,武力平滇便成了朱元璋唯一的选择。但是,无论平滇大军取道湖广或是巴蜀,都必须以贵州为喉襟。

在这样的背景下,贵州作为进入云南的重要通道,其战略地位骤然上升,"云南、湖广之间,惟恃贵阳一线;有云南,不得不重贵阳"。[103]能否妥善处理贵州问题对解决云南分裂割据至关重要。正如清代学者顾祖禹《读史方舆纪要》所载:

> "常考贵州之地,虽然偏隅偏窄,然驿道所经,自平溪(今玉屏)、清浪(今镇远)以西,回环于西北凡千六百余里,贵阳犹人之胸腹也,东西诸府犹人之两臂然。守偏桥(今施秉)、铜鼓(今锦屏),以当沅、靖之冲,则沅、靖未敢争也。踞普安(今安龙)、乌撒(今威宁)以临滇、粤之郊,则滇、粤不能难也。扼平越(今福泉),永宁(今四川叙永),以扼川蜀之师,则川蜀未敢争也。所谓以守则固也。命一军出沾益,以压云南之口;而以一军东指辰、沅、声言下湖南而卷甲以趋湖北,武陵、澧阳不知其所守。膺击荆南,垂头襄阳,而天下之腰膂已为吾所制矣!一军北出思、黔,下重庆,敌疑我之有意成都,而不疑之飘弛葭萌也。问途沔北,顾盼长安,而天下之禁吭且为我所益矣!所谓以攻则强矣!如是而曰贵州蕞尔之地也,其然首哉?",
>
> "一旦披猖肆恶,结乌撒以攻沾益,而云南为之震惊;诱

诸苗以袭偏沅，而湖广为之奔命，帅其党类，围迫贵阳、龙里、新添以东，所在焚劫，而川粤之师，回翔而不敢进。其为患亦剧矣。"[104]

基于以上认识，明王朝为有效统治云南，从洪武年间开始就加强了对今天贵州地区的经营。洪武四年(1371 年)明朝设立了贵州卫，开始招抚播州等地的民族上层势力。洪武五年(1372 年)播州宣慰使杨铿、宣慰同知罗琛及播州总管何晏等入朝，交出元朝所授予的金牌、银印、铜印、宣敕。对此，明太祖以原官授之。此后，

"贵州宣慰霭翠与宋蒙古歹及普定府女总管适尔等先后来归，皆予以原官世袭……又田仁智等岁修职员，最恭顺，乃以卫指挥佥事顾成筑城以守"。[105]

明太祖"以原官世袭"的做法具有极好的政治效果。因为明朝刚刚建立，面对元代八番、顺元的各少数民族，如果在政治上作大的变动，将会引起动乱。此后，朱元璋为了使土司们相互钳制，便将水西、水东合并为贵州宣慰司，设司署于贵州(驻今贵阳)，与贵州卫同城。几大土司也先后朝贡，于是明太祖命令设置贵州等十一长官司属贵州宣慰司，将原八番九安府司改为长官司属贵州卫，又置金筑、都云等安府司及普定、普安等土府。洪武九年(1376 年)，明太祖命设立湖广布政司和四川布政司，将思州、思南两宣慰司划属湖广布政司，播州和贵州两宣慰司等属四川布政司。至此，今天的贵州省的大部分地区都纳入了明朝的统治。这为明朝积极经营西南边疆，进取云南，以及为今后滇东地区行政区划的调整打下了坚实的基础。

在此过程中，明王朝在湖广进入云南的交通要道遍立卫所，以数十万兵力控制各路驿道，建立了强大的军事控制网络，确保征伐

云南军事给养路线畅通无梗。明代最先于洪武四年(1371年)开设贵州卫(治今贵阳)和永宁卫(治今四川叙永),目的在于与成都卫和武昌卫形成犄角之势,控制西南地区。洪武十五年(1382年)正月,为使征云南大军后继有援,保证驿路畅通,明王朝建立了贵州都指挥使司,设置了14个卫,并于后来不断增设。从设置的情况看,贵州卫所基本上都分布在从湖南经贵州东、中、西部直达云南的交通沿线。有明一代,政府共计在贵州设置了24卫,比四川省的17卫23所和云南省的20卫20所还多,设置的密度为西南各省之冠。明朝之所以在从湖广到云南一线的交通要道广设卫所,进行军事屯戍,主要是考虑到征讨云南和稳定西南民族地区统治的需要。卫所存则道路通,卫所陷则道路塞。卫所成为王朝中央控制云南和贵州民族地区的支柱与屏障。正如朱元璋在洪武十五年(1382年)在敕谕颍川侯傅友德等南征将领时所言:"军士势排在路上,有事,会各卫官军勦捕。若分守各处,深入万山,蛮人生变顷刻,道路不通,好生不便"[106],在交通沿线及战略要地设置卫所,"如此分布守定,往来云南便益"[107]。贵州都司的设置,是贵州布政司及按察司辖区形成的基础。随着统治的进一步深入,在滇东地区政区调整已经水到渠成,贵州建省的条件和时机已经成熟。

二、贵州行省的设置

明代以前,贵州不是一个统一的政区,没有一个统辖贵州全境的行政机构。正如《贵州通志》所载,今贵州一带"唐宋仅有空名,羁縻而已。元虽设宣慰司,尚无流官"。在元代,中央政府在全国建十一个行省,今贵州之地分属于湖广、四川、云南三行省。虽然没有设置省级行政区,但贵州境内的民族势力依然强大,使得元朝廷不得不在当地设置土司土官,利用少数民族上层势力进行统治。

明初,朱元璋为维护贵州的政治安定,采取了"以原官世袭"的做法,在今贵州土地上设置了贵州、思南、思州、播州等四大宣慰司。但这些土司雄踞一方,互不统属,不利于明朝的统治。洪武十五年(1382年)正月,在傅友德、蓝玉、沐英平定云南以后,朱元璋遣使诏谕说,虽"知云南已克,然区划布置尚烦计虑","乌撒、乌蒙、东川、芒部、建昌之地,更宜约束其酋长,留兵守御,禁其民毋挟兵刃"。尤其是必须重视和加强对贵州等宣慰司的治理。否则,"霭翠辈不尽服之,虽有云南,亦难守也"。[108]因此,削弱地方民族上层的势力,加强中央集权的统治成了明王朝统治贵州的政治取向。永乐十一年(1413年)思南宣慰使田宗鼎与思州宣慰使田琛为了争夺土地,互相攻战酿成叛乱。这件事最终成为明王朝改土归流,设置贵州省的导火线。

永乐年间,思南宣慰使田宗鼎凶狠淫虐,与其副使黄禧相互结怨,并不时向朝廷奏言对方不是。明朝廷虽然不喜欢田宗鼎,但考虑到田氏世守思南土境,势力强大,只得曲意维护,将黄禧调任辰州知府。此时,思州宣慰使田琛也与田宗鼎有怨,于是"禧暗结琛使图宗鼎",导致思州、思南两大土司相攻杀。田琛自称天主,其妻为地主,以黄禧为大将连兵攻思南,"宗鼎携家走,琛杀其弟,发其宗祖坟墓而戮其母尸,尽掠其人畜资财,所过残害其民"[109]。田宗鼎兵败状告朝廷,明廷"屡敕田琛、黄禧赴阙自辩,皆拒命不至。自知不为朝廷所容,遂有逆谋"。于是,朝廷命蒋廷瓒往召之,并命镇远侯顾成以兵五万压其境。在大军压境的情况下,田琛等人终于束手就擒,被押解送往京师。

田琛妻冉氏为救其夫,遣人招诱台罗等寨蛮人苗普亮等为乱,希望朝廷不计前嫌,遣田琛进行招抚。明成祖闻之大怒,禁锢田琛等,赦免了田宗鼎,复其思南宣慰使之职。然而,田宗鼎非但不谢

皇恩，反而上奏朝廷"必得报怨家以绝祸根"，方就任原职，即想以此为筹码，趁机除掉田琛。"上以其素凶恶，幸今免祸，犹不自惩，而欲逞忿"，遂留之京师，月给俸禄。这时，其祖母亦告发田宗鼎缢杀亲母，渎乱人伦等事。于是，明成祖诏谕户部尚书夏原吉等曰：

> 朝廷初命田琛、田宗鼎分治思州、思南，其欲安其土人，乃今为土人之害，琛悖逆不道，构扇旁州，妄开边衅，屠戮善良，抗拒朝命，已正其罪。宗鼎尤为凶骜，绝灭伦理，罪不可宥。其思州、思南三十九长官司，宜更置府州县而立布政司总辖之，其原设长官司及差税，悉仍旧。所当行之事，卿等详议以闻。[110]

在平定了田琛、田宗鼎两个土司头目为争夺地盘，互相攻杀的战乱后，为了不让田琛、田宗鼎的党羽继续危害地方，永乐十一年(1413 年)，明王朝下令按照内地各省的建制模式，废除思州、思南两个宣慰司，以思州 22 个长官司，分设思州、新化、黎平、石阡 4 府；思南 17 个长官司，分设思南、镇远、铜仁、乌罗 4 府。于贵州设贵州等处承宣布政司以总管 8 府，布政司官属俱用流官，以行人蒋廷瓒、河南左参政孟骥为右布政使，改河南右参政陈俊名为右参政，山西左参议王理、河南按察司副使张翥、江英为左参议，副使邹锐、佥事丘陵、进士周宗宝为右参议，授进士崔彦俊、王恭等为府州官。

至此，明王朝彻底结束了田氏土司统治黔东地区几百年的历史，把原来分属云南、四川、湖广的一些州县统一划归贵州管理。次年，又设置贵州提刑按察使司，以顾成为贵州按察使。这样，连同洪武十五年(1382 年)设置的贵州都指挥使司，健全了掌管行

政、司法、军事的三司机构，贵州正式成为明王朝13个行省之一。

永乐十一年(1413年)贵州建省，一开始只管辖8个府、3个州、1个县、1个宣慰司、39个长官司。随着明朝对贵州各少数民族地区统治的深入，制度建设也随之加强，政区设置增加到10个府、9个州、14个县、1个宣慰司、76个长官司，省境北至铜仁与湖广、四川接界，南至镇宁与广西、云南接界，东至黎平与湖广、广西接界，西至普安与云南、四川接界。

三、贵州行省设置的历史意义

明王朝从加强中央集权、统一云南和巩固在西南地区统治的目的出发，对滇东地区的行政区划进行了重大的调整，并由此建立了贵州省。贵州省的建立，不仅是贵州政治、经济、文化和社会发展的重要里程碑，对明朝在西南统治民族地区的统治，乃至今天西南地区行政区划的变革均产生了深远的影响。

首先，贵州布政司的建立标志着明朝在西南地区统治的进一步加强。贵州省级统治机构的设置，不仅结束了过去贵州分属云南、四川、湖广时期政令不一，相互肘制的局面，而且随着大量驿道和铺哨的设置，极大地改善了贵州特殊地理条件下的交通状况，不仅有利于国家更为有效地把贵州纳入中央王朝的统治体系，还把贵州进一步纳入了全国的交通网络，密切了四川、湖广、广西、云南的联系，进一步提升了贵州在西南及全国的战略地位。

其次，贵州设省奠定了今天西南各省区行政区划的基础。贵州作为省一级建置之后，省界逐步扩展，府州县不断增多，不仅奠定了贵州省行政建制的基础，而且为今天四川、云南、贵州三省行政区划的形成奠定了基础。贵州建省之初，幅员狭小，仅有1宣慰司、8府、3州，即贵州宣慰司并思州、镇远、铜仁、乌罗(后并入铜

仁)、思南、石叶、黎平、新化(后并入黎平)8府及安顺、镇宁、永宁3州,大致相当于今贵州省境的1/3。建省之后,其辖区逐渐扩大,成化十二年(1476年)增设程番府(后改贵阳府),弘治七年(1494年)开设都匀府,万历二十九年(1601年)分播州地置平越民府,次年升安顺州为安顺府。终明之世,贵州有10府、9州、14县,约相当于今贵州面积的2/3。[111]贵州辖区逐渐扩大,不仅为今天四川、云南、贵州三省行政区划的形成奠定了基础,还为贵州地域文化的形成奠定了基础。

其三,推进了贵州与中原内地政治统治一体化进程。贵州自古也是民族聚居区,明代以前,各地土司林立,自思州、思南两宣慰司改设八府并建立贵州等处承宣布政使司以来,贵州便走上了"改土归流"的历史进程。较大规模的有,成化十二年(1476年),以元代的八番地置程番府;隆庆二年(1568年),移程番府入省城,次年改为贵阳府;弘治七年(1494年),开设都匀府,将都匀、丰宁等七长官司拨属都匀府;万历二十九年(1601年),分播州宣慰司地设遵义、平越两军民府,改真州长官司为真安州,改播州长官司为遵义县,改草圹、瓮水两司为湄潭县,改余庆长官司为余庆县,改黄平安抚司为黄平州,等。[112]随着"改土归流"的进行,土司管辖的地方和势力在不断减少或削弱,而流官管辖的地方在不断扩大和加强。中央政府的统治在"改土归流"过程中不断深入,推动了流官统治向基层发展,促进了贵州民族地区与中原内地政治统治的一体化进程。

其四,独立建省促进了贵州社会经济发展及文化教育的变革。随着中央王朝统治不断深入,大量汉族移民进入贵州,这些移民不仅改变了贵州的人口地域分布状态和文化结构,促使大量城镇兴起,还带来了中原、江南及四川、湖广地区先进的科学、技术和生产

方式，尤其是水利兴修和苞谷、洋芋等农作物新品种的引进，极大地促进了贵州广大山区农业生产方式和经济结构的变革，推动了贵州的开发。正如新编《贵州通史》第五卷《明代的贵州》所言：

> 大量屯军进入贵州，无异把长期存在于内地的地主式生产关系搬进贵州，建立起一种新的生产模式，为地主经济的发展打开了一个巨大的缺口，客观上起着示范作用。

同时，随着卫所设置和明王朝统治不断深入，各府、州、县及卫所均办起了官学，各地书院、社学和义学等文化教育机构相继成立，儒家文化逐渐深入贵州民族地区。为了强化对土司子弟的文化教育，明统治者多次下诏，明令土司子弟都必须送入各级儒学读书习礼，未经儒学教化者不准承袭土司职位。贵州明代儒学教育的发展，提高了贵州民族地区的汉文化水平，读书好学的社会风气日渐形成，对贵州社会发展带来了深远影响。据民国《贵州通志·选举志》记载，明代贵州共考中进士 137 名（武进士 32 名），考中举人 1759 名（武举 20 名）。到明代中期以后，贵州出现了以孙应鳌、李渭、马廷锡、陈尚象、杨师孔、蒋宗鲁等一大批“大雅复作、声闻特达”的学术人才群体。

第四节　新行政区划格局下云南各民族的分布

明代云南省布政司下设有云南、大理、临安、楚雄、澄江、广西、广南、镇沅、蒙化、景东、永宁、顺宁等 12 个常府，曲靖、姚安、鹤庆、武定、寻甸、丽江、元江等 7 个军民府，北胜、新化等州，其他还有宣慰司、宣抚司、长官司等。如果用现代的地理行政区划做为参照，可以将当时的民族分布格局作这样的大致表达：滇中地区有云南

府、曲靖府、楚雄府、澄江府、寻甸府、武定府、姚安府，各府的民族除汉族外，以罗罗各部（今彝族先民）、僰人（今白族先民）为主，今天滇中地区常见的苗族、回族还不多见；滇西北的丽江府、永宁府、北胜州，各府的汉族数量远远少于滇中地区，民族以么些族为主，也有西番、罗罗和僰人；洱海周边地区的大理府、蒙化府、鹤庆府、景东府有众多的汉族，但以僰人、罗罗为主；滇西南的永昌府、顺宁府汉族数量还不多，以百夷为主，还有峨昌、景颇和朴子蛮等，是一个多民族大杂居小聚居的地区；滇东南的临安府、广西府以百越后裔僚族和罗罗为主，回、苗、瑶进入，当在更晚一点的时间。

明代云南府州的设置，充分考虑和尊重了云南民族传统的分布状况。新政区下云南各民族的分布状况基本上奠定了今天云南民族分布的格局。值得说明的是，因为四川先被明军占领，设立行省时便将在地理上更接近四川的滇东北地区归入四川省，所以天启《滇志》中没有关于滇东北的相关情况。

一、罗罗的分布

在明代史书中，今天彝族的先民概称为“罗罗”。由于分布广泛，内部差异较大，因此除“罗罗”外，见诸史籍的族称还有“撒摩都”、“爨蛮”、“罗婺”、“鲁屋”、“母鸡”、“扯苏”、“仆剌”、“普特”等。族称的日益复杂化是明代彝族先民经济文化发展不平衡的直观反映。

（一）云南府的罗罗

云南府是罗罗分布的一个主要地区，云南府与元代的中庆路相当，下辖晋宁州、安宁州、昆阳州、昆明县、富民县、宜良县、罗次县、归化县、呈贡县、禄丰县、三泊县、易门县、嵩明州。据《元史》

所载,嵩明州、晋宁是罗罗的核心区,而呈贡、归化、三泊、易门等县也有罗罗分布。据景泰《云南图经志书》载:

> 云南土著之民,不独僰人而已,有曰白罗罗、曰达达、曰色目,及四方之为商贾军旅移徙曰汉人者,杂处焉。[113]

另据正德《云南志》也载,云南府:

> "诸夷种类非一,曰僰人、曰爨人,即罗罗,有黑白二种,曰么些渥、曰秃老、月些渥门、月蒲人、曰和泥蛮……曰罗武、曰撒摩都、月摩擦……大抵滇南之夷皆此数种,其习俗各不相同"。[114]

但在明代文献中,没有明确云南府的罗罗分布情况,只说晋宁州、罗次县、禄丰县、易门县历史上有乌蛮分布。晋宁州:

> "诸夷杂处于州者有白罗罗,有些门,种类非一",[115]"罗次县,乌蛮罗部所居……禄丰县,乌蛮杂居……易门县,乌蛮所居。晋宁州,为乌蛮阳城堡部"。[116]

这并不说明云南府内罗罗减少或消亡,而是因为:其一,明代汉族大量进入滇池区域,罗罗中的绝大多数开始往山区移动;其二,明初的史家还未注意到对云南历史发展有影响的罗罗。

(二)临安府的罗罗

临安府元代为临安路,这里是罗罗重要的分布区。元代的临安路就是在乌蛮阿僰万户府的基础上设立的,所以明代临安府仍然是罗罗的分布区。据正德《云南志》载,临安府"土俗质野,民性愚傲,爨、僰二种为最盛"。[117]景泰《云南图经志书》也载临安府宁州境内"居于山林村落之间者,多夷罗之民"。[118]

但景泰《云南图经志书》和天启《滇志》均没有明确指出境内有罗罗居住。天启《滇志》只指出建水州、石屏州、阿迷州、宁州、新化州、河西县、蒙自县、新平县历史上有乌蛮。

> 建水州，唐为乌么蛮地。……宋为些么蛮所据，元初内附，置建水千户所，属阿僰万户。石屏州，唐乌么蛮居其地，宋阿僰蛮夺居之。……新化州，阿僰诸部蛮所据。……河西县，元宪宗初内附，即阿僰部立万户。……蒙自县，宋段氏时，为阿僰所有。[119]

元明朝代相接，其间又无民族迁徙的记录，故罗罗仍在当地，他们是今天上述各地彝族的先民。

临安府南部的蒙自县等地自古就是百越民族和氐羌民族的交错杂居区，所以天启《滇志·旅途志》载：

> 普安州达新兴驿，……出城有狗场坡，民无编户，土酋号十二营长。其部落有罗罗、仲家、仡佬、僰人，言语各不相谙，以僰人译之。夷俗有火炬二节，丑未月之念四月是其辰也。是节击鲜以祭，小儿各持火喧于市，若中州上元然。[120]

从文中所记来看，当地居民显然以罗罗为主，此外还有百越后裔仲家和仡佬，而僰人是较为了解罗罗和仲家文化的，故才能作为罗罗和仲家之间的翻译。

阿迷州仍以罗罗部众作为民族人口的主体。据天启《滇志·旅途志》载：

> 阿迷东逾桥至东山关，……山巅为马者哨，土酋普氏据其地，重栅守之。居者百余家，夷多于汉。……自阿迷东入夷巢，无亭缴止宿，天明行，至日中而税，多野处。[121]

在此附近也多为罗罗普氏的势力范围："马者东历矣马驿……罗夷居之"。[122]又"矣马，罗台旧有驿，今俱废。驿记藏之广西府，地俱为普氏夷寨，杂以四方流移汉人数家"。[123]又有"罗台驿逾山而南，经倒马坝……其地隶普氏，而沙、侬溷处，夷患时有，普氏设哨所守之"。[124]显然已经到了罗罗和百越后裔的交错杂居区，故又载："(倒马坝)经陇希南至新哨，侬、普二氏分疆之所，常为母鸡所焚。"[125]看来元代所立的驿站到明代时已经大多废弃不用，因而政府的治理也就难以深入，民族间的矛盾冲突主要集中在罗罗与僚族之间，这大约仍是由文化冲突所致。

从天启《滇志》的记载来看，明代滇东南的罗罗中尚未出现大的政治集团，绝大多数情况下都是在一个相对封闭的环境中缓慢地发展着，由一些民族上层统治着，如弥勒州内的竹园村一带"地隶土酋普世隆，其疆止于大百户。渡江上坡，亦崎岖。历大百户，有普世隆寨。又历怀远哨至阿小寨，隶普国桢"。[126]上述情况除政治的因素外，更多还是与地理环境过于封闭有关。

(三)楚雄府的罗罗

明代的楚雄府由元代威楚路改置，领有镇南州、南安州、楚雄县、定远县、广通县、定边县等，其中南安州、楚雄县、定远县、广通县有罗罗分布。据景泰《云南图经志书》载，境内"有曰罗舞蛮者，又名罗胡，居山林高阜处，以牧养为业"，定远县"有曰撒摩都者，即白罗罗之类"。[127]在天启《滇志》中将罗罗称为"爨蛮"、"黑爨蛮"。"楚雄县，……为爨蛮所据。……南安州，为黑爨蛮所居地"。[128]除"爨蛮"、"黑爨蛮"等称呼外，楚雄府内也有称为"罗婺"的罗罗别种。据《滇略》载：

> 楚雄之夷为罗婺，居山林高阜，以牧养为业。男子髻束高

顶，戴笠披毡，妇人方领黑衣，长裙，披发跣足。[129]

可见，在明代的史籍记载中，楚雄府境内的罗罗就有为数不少的种类，发展成今天楚雄境内的彝族众多支系。正因为楚雄府有大量的罗罗分布，所以今天的楚雄州才成为彝族自治州，是全国仅有的两个彝族自治州之一。

（四）曲靖军民府的罗罗

曲靖军民府由元代的曲靖路宣抚司改置，下辖马龙州、罗平州、南宁县、亦佐县、沾益县、陆凉县。曲靖府所辖各州县唐宋时期为乌蛮三十七部的核心区域，南宁县“元初置千户所，隶磨弥部万户”，亦佐县有夜苴部，沾益县有磨弥部，“天宝末没于蛮，后为乌蛮磨弥部所据”。陆凉州有落温部、马龙州有撒匡部，罗平州有夜苴部。[130]因此，明代曲靖府及其所辖州县均有罗罗分布。据景泰《云南图经志书》载，曲靖府的罗罗“一名爨，而有黑、白之分。黑爨贵，白爨贱，讹为寸”，“散居村落，或至城市买卖”。所辖沾益州境内“罗罗以黑白分贵贱，其婚娶论门第”，陆凉州境内“夷、汉杂处，而罗罗乃其土著之民也”，马龙州“僰、罗罗杂处，而罗罗尤多”，罗雄州“多夷罗，凡有病，不信医药，惟祭鬼”。[131]

在曲靖军民府北部罗罗首领安氏的势力最大，天启《滇志·旅途志》载：

炎方八亭而达沾益州，与乌撒后所同城，始食蜀盐。西有崇山，连亘数十里，曰不龙山，土酋安氏所居。有水箐坡，马鞍哨，土兵守之，皆隶安氏。[132]

曲靖军民府北部与四川乌撒府相连，同是安氏的势力范围。同书又载：“可度九亭而达乌撒卫，有四川乌撒府，与卫同城，乌酋

所居曰盐仓，去城一舍。”[133]

（五）澄江府与鹤庆军民府的罗罗

澄江府由元代的澄江路改置，下辖新兴州、路南州、河阳县、江川县、阳宗县。澄江府内有罗罗分布，“近郡之夷名罗罗，性虽顽狠，然敬其长上”。[134]各州县都有罗罗分布，河阳县有罗伽部，江川县有步雄部，阳宗县有强宗部，新兴州有徙么些部，路南州有落蒙部。[135]都为东爨乌蛮的后裔。随着明朝统治的深入，到了明代后期，对澄江府境内的罗罗记载逐渐详细起来。据天启《滇志》载，澄江府内有白罗罗分布，由于居住在汉夷杂居区，所以“渐习王化，同于编氓”。同时，澄江府境内还有黑罗罗，“能为乳酪，杂樵苏鬻于市，腥秽侏离，若鹿豕然”。[136]

鹤庆军民府有罗罗分布，其下的剑川“境内多罗罗，皆黑爨之种”，[137]罗罗就是唐代浪穹诏的后裔。而顺州则“境内多罗罗，皆黑爨之种，披毡、跣足、髳头，而椎鲁尤甚”。[138]到了明朝后期，相关史籍对罗罗的记载更加细致。据天启《滇志》载，鹤庆府境内有黑罗罗，“鹤庆四十八村，又号海西子，亦其种，多暴”。又有名妙罗罗者主要分布在顺州，“又称愣落蛮，男鹊帽襞积衣，妇三尖冠，以樵采耕艺为事。”[139]

（六）广西府的罗罗

广西府由元代的广西路改置，下辖师宗州、弥勒州、维摩州。师宗州因有乌蛮师宗部得名，弥勒州因为有乌蛮弥勒部得名。“隋……为东爨乌蛮，弥鹿等部所居……后师宗、弥勒一部浸盛，蒙氏、段氏俱不能制”。师宗州“有乌蛮师宗者据匿弄甸，号师宗部”。弥勒州“宋些莫徙蛮之裔弥勒，得部甸、巴甸、部笼而居，故

其部曰弥勒”。[140]可见,这一带是传统的罗罗分布区。

明代,广西府仍然有罗罗居住。据景泰《云南图经志书》及正德《云南志》载,广西府“郡中夷罗杂处,有曰广西蛮者,乌蛮之别部,其性犷悍,据险以居”。[141]由于广西府境内罗罗与土僚、沙蛮等种杂居,在长期的交往过程中,民族习俗不断融合。

(七)寻甸军民府的罗罗

寻甸军民府由元代的仁德府改置,为乌蛮仁德部的分布区。因为罗罗内部矛盾冲突,于明成化十二年(1476年)改流,设寻甸军民府。[142]改流后,罗罗仍然分布在府内,“近郡者曰黑㑩㑩、白㑩㑩,畜牧为生,好勇斗狠。史称卢鹿,又曰罗落,今讹为㑩㑩,又作倮倮,其人即爨也,种多名异”。[143]

随着汉族移民进入,尤其是改土归流后,由于汉族人口大量增加,同时还有部分白族,所以汉文化开始占主导地位。如天启《滇志》所载:“(寻甸府)诸夷杂处,习尚顽梗,白人与居,颇知向善。置流建学以来,其俗渐改,人文可睹。”[144]

(八)武定府的罗罗

武定府由元代的武定路改置,下辖有和曲州、禄劝州、元谋县,是罗婺部的核心分布区。“(武定府)昔卢鹿等蛮居之,后附蒙氏……以远祖罗婺部为名。元宪宗时内附,置罗婺万户府,隶威楚。”[145]整个明代,虽然汉文化大量进入,但由于武定是罗婺部的核心分布区,所以其自身的文化传统保存较多。天启《滇志》载,其境内罗婺“俗尚强悍难治。松皮覆屋,蓑毡蔽身,交易用盐。近建学校之后,旧习渐迁。俗尚朴鲁,士民勤业”。[146]

罗婺部的分布区是较大的,在金沙江北的姜驿也有分布,而且

由于地理位置在川滇两省结合部，川滇两省对其管理都不到位，再加上地理位置险要，令人过而生畏。天启《滇志》载：

> 渡金沙江北五亭达姜驿。初行谷中，沿溪而止，十里有火焰山。其高三十里，峰回路转，陡绝之处，翼以木栈。至山巅三里许，即姜驿。驿久颓圮，近署茅屋三四家。后有夷寨，罗婺居之，昔从克酋叛，今虽就靡，尚凶狞可畏。江外地皆逼东川土州，蜀令不行，滇棱莫震，中辟通道，亦峰腰之势也。[147]

当然，除罗婺之外，武定府境内尚有其他罗罗分布。如黑罗罗"在武定、养甸尤为凶顽"，摩察"在武定一曰木察，稍习柔善，巢居深山，捕狐狸、松鼠而食之"。此外，还有干罗罗，在武定凤氏叛乱期间，"为乡导者，皆此曹也"。[148]

（九）姚安军民府的罗罗

姚安军民府由元代姚安路军民总管府改置，领姚州和大姚县。明代，姚安军民府境内"土人有四种，曰僰人、曰罗罗、曰百夷、曰散摩都"，[149]已经是汉、罗罗和百夷等民族杂居的一个地区。据景泰《云南图经志书》载，姚安"郡中多夷罗，其近城郭而居者皆汉、僰及四方移徙之人"。[150]

到了明代后期，对于姚安境内的罗罗记载更加详细。据天启《滇志》载，姚安府境内有白罗罗，又称撒马都，寡弱易治；有妙罗罗，"性狡悍，好为盗贼"；有罗婺，"楚雄、姚安、永宁、罗次皆有之"。[151]由于种类众多，姚安、大姚一带直到今天仍是彝族分布的核心区域之一。

（十）元江军民府的罗罗

元江军民府由元代的元江路改置，是乌蛮阿僰部的分布区。

“宋侬智高之党窜于此，寻为些么徒蛮阿僰部所有”。[152]明代，元江军民府虽然“地多百夷”，但也有罗罗分布。据《滇略》载：“寻甸、武定、景东、元江、蒙化、顺宁诸郡，皆夷汉杂处，然夷虽悍而朴直不欺，其黠而作伪者，皆汉人也。”[153]

（十一）大理府的罗罗

大理府由元代大理路改设，辖赵州、邓川、宾川、云龙四州，太和、云南、浪穹三县。明代，大理府虽然是汉文化发展程度较高的府州之一，但境内除了汉人、僰人等主要民族外，“各州县山箐间多罗舞、撒摩都、摩擦，皆为乌蛮之种。其性生拗，一语不合，则持刀相向。所谓喜则人，怒则兽者也”。[154]

到了明代后期，大理府境内的罗罗记载更为详细。据天启《滇志》载，大理府境内有白罗罗，又称撒马都，寡弱易治；有摩察，“在大理、蒙化。执木弓药矢，遇鸟兽，射无不获”；在宾川州赤石崖一带有黑罗罗，旧称渊薮；又有阿者罗罗，“往东偏则江川、通海诸邑有之，西则宾川有之”。[155]

（十二）蒙化府的罗罗

蒙化府为南诏国的发源地，明初属大理府，正统年间升为府，是隋唐时期乌蛮的聚居区。明初，蒙化府近城居者虽多汉、僰人。但

> 境内有曰摩察者，乃黑爨之别种也。传云昔从蒙化细奴逻来，徙于此。平常执木弓药矢，遇有鸟兽则射之，鲜不获者。[156]

另据天启《滇志》载，蒙化府境内有妙罗罗，“其在蒙化、丽江、

鹤庆、腾越、楚雄、姚安、亦佐、新兴、北胜、王弄山者，不著其种汇，止曰㑩㑩”；又有摩察，“黑㑩之别类，在大理、蒙化。执木弓药矢，遇鸟兽，射无不获”。[157]由于蒙化一带是传统的罗罗分布区域，所以直到今天，虽然巍山隶属于大理白族自治州，但由于当地彝族众多，成立了巍山彝族回族自治县。

（十三）丽江军民府的罗罗

丽江军民府境内除么些蛮外，还有罗罗分布。据天启《滇志》载：“兰州，东汉为博南县，属永昌郡。唐属南诏，为卢蛮所居。”[158]卢蛮即罗罗中的一部分。同书载丽江府有妙罗罗，“所居茅舍，中堂作火炉，父子妇姑围炉而卧。惧捶挞，而不畏死。祭以羊豕，捶死不杀”。[159]

（十四）北胜州的罗罗

北胜州是罗罗的主要分布区之一，处在与吐蕃的交接地界，

> “战国、两汉属白国，时铁桥西北为施蛮所据，异牟寻始开其地……徙昆弥河白人及罗罗、么些蛮实之，号剑羌。”[160]

文中提到的施蛮为当时乌蛮中的一支，这在《蛮书》中有记录，而罗罗则是乌蛮中的一部分（后来才成为泛称）。此外，由于白人、罗罗、么些蛮都是氐羌系统的民族，在文化上有许多共同点，所以才被称为“剑羌”。

北胜州又辖蒗蕖州，是罗罗和么些蛮的传统分布区，今天也仍是滇西北彝族、纳西族的主要分布区。

二、僰人的分布

明代白族称为“僰人”，其分布区域较之元代没有发生太大的

变化，主要分布在云南府、大理府、蒙化府、鹤庆府、永昌府、楚雄府、武定府、姚安府、澄江府、曲靖府、临安府。此外，四川之东川府、乌蒙府、乌撒诸府，贵州之普安州等地也有僰人杂居于其他民族当中。

（一）洱海周边的僰人

洱海周边向来便是僰人的主要聚居区，明代大理府、蒙化府、鹤庆府及其所辖州县境内都有僰人分布。由于长期以来受汉文化影响，明代僰人“习俗与华人不甚远，上者能读书，其他力田务本，或服役公府，庶几一变至道者矣”。[161]

大理府是云南僰人分布最多的地区。明代，大理府“郡中汉僰人，少工商而多士类”[162]；赵州境内“汉、僰、夷、罗杂处，其服食语言尚未尽变其旧”。[163]另据谢肇淛《滇略》载：“大理诸属邓川亦有僰，微弱不敢为盗。”[164]

鹤庆府“近府治而居者，皆汉、僰人，今乐育教化，渐被华风”，又剑川州“居州治之近者多汉、僰人，知向学，而其俗与山后人及罗罗、么些不同”。[165]

蒙化府“近城居者多汉、僰人，男女勤于耕织”。由于受汉文化影响，“闻礼义之教，且近于大理”。[166]

（二）滇中地区的僰人

滇中地区，僰人主要分布在云南府、澄江府、楚雄府、武定府、姚安府及临安府一带。滇中地区的僰人主要与汉人、罗罗杂居。

据景泰《云南图经志书》载，云南府境内“土著之民，不独僰人而已，有曰白罗罗、曰达达、曰色目，及四方之为商贾军旅移徙曰汉人者，杂处焉”；[167]晋宁州“诸夷杂处于州者有白罗罗，有些门，种

类非一,不事诗书,不晓礼义,惟僰人知读书,易于化导";昆阳州"其杂处者僰人为多,而俗语府同"。[168]

除云南府外,澄江府"郡多僰人,而汉人杂处其间";[169]楚雄府"府治之近,多旧汉人,乃元时移徙者,与僰人杂处,而服食器用及婚姻丧葬、燕会馈饷之俗,大抵同风";[170]姚安军民府"本州土人有四种,曰僰人、曰罗罗、曰百夷、曰散摩都。僰与汉同风,散摩都类罗罗,百夷皆强悍好斗";[171]武定军民府境内"土人有黑爨罗或白爨罗、曰木察、百夷、僰人,种类不一";[172]临安府嶍峨县(今玉溪峨山县)"境内夷民僰人、罗罗、百夷、普葛、和泥,其类不一"。[173]

(三)滇西地区的僰人

滇西地区也有僰人分布,据天启《滇志》载,僰人在"滇郡及迤西诸郡,强半有之"。[174]具体来说,主要在永昌府及金齿军民指挥使司境内。

永昌府有关僰人的记载见于《明实录英宗正统实录》卷九十二:"洪武时,(金齿)屯守汉军不下二万余,僰人土军不下千余。"又正德《云南志》载金齿军民指挥使司(今保山)"司境土人有三种,曰僰人,曰阿昌,曰蒲蛮。僰人与汉人同风,阿昌初无人礼,蒲蛮据险为恶"[175]。

(四)滇东地区的僰人

滇东地区,曲靖府"郡中夷汉杂处,列屋于府、卫、州、县之近者,大抵多汉、僰"[176]。又马龙州"其州僰、罗杂处,而罗罗尤多"[177]。

(五)四川和贵州境内的僰人

此外,明代白族还分布在四川之乌撒、乌蒙、东川、芒部(镇

雄)等地。嘉靖《四川总志》卷十三《东川军民府·风俗》载:“《府志》:夷有二种,其一曰僰人……好贸易为业;其一曰罗罗,即爨蛮也”;又其《乌蒙军民府·风俗》条记载:“《郡志》,民有三种,曰罗罗、土僚、夷人……出入佩刀以相随,相见去帽为礼”,这里所载之夷人即今天的白族先民。

明代,贵州之普安州也有僰人分布的记载。弘治《贵州图经新志》卷十普安州风俗载:“部夷有罗罗、仲家、仡僚、僰人,言语不相通,常以僰人为通事译之。”

三、么些的分布

(一)丽江军民府的么些

关于丽江军民府的设置及境内的民族情况,天启《滇志》载:“(丽江)古荒服地,与吐蕃接壤,汉属越嶲、益州二郡,东汉属永昌,隋属嶲州。唐因之。太和以后没于蛮(乌蛮),为越析诏。贞元中属南诏,置丽江节度。宋为么些蛮酋所据,段氏不能制。元宪宗四年讨平之,置茶罕章宣慰司。至元中,改置丽江路军民总管府。”[178]明朝改为丽江军民府,境内的民族以么些蛮为主,是氐羌系统的民族之一。

丽江军民府下有通安州、宝山州、兰州、巨津州、临西县。

通安州是么些的传统居住区,为么些叶部落分布,元宪宗时内附,叶部落的首领麦良被元朝封为察罕章管民官。

宝山州是么些的传统分布区,元时内附,蒙古语称其分布地为察罕忽鲁罕,至元年间改为宝山州。

兰州在东汉时属于永昌郡的博南县,是卢蛮的分布区(卢蛮即乌蛮),也有么些分布,大理国时在兰州设兰沧郡,元代改为

兰州。

巨津州在唐代为乌蛮分布区,后么些蛮进入:

> “巨津州,……濮、卢二蛮所居。后么些蛮夺其地,南诏并之,属丽江节度。元内附,至元间置州”。[179]

临西县是一个多民族杂居区:

> “临西县,唐为么些诏之地。元至元间,以其地西邻吐蕃境,置临西县,隶巨津州。本朝仍之。正统二年(1437 年)为番人(今普米族先民)所据。”[180]

境内居民有么些、吐蕃、番人等。

丽江府境内的么些内部发展不平衡,虽然从明代开始就有大量汉文化渗透,但传统文化仍占主导地位。据天启《滇志》载:“(丽江府)衣同汉制,板屋不陶,焚骨不葬,带刀为饰。”[181]与么些杂居在一起的古宗(今藏族先民)常有矛盾冲突,天启《滇志》载:“境内夷么些、古宗负险立寨,相仇杀以为常。”[182]

(二)永宁府的么些

永宁府(今宁蒗永宁乡)元代内附,置茶蓝管民官,明永乐四年(1406 年)设永宁府,领有革甸长官司、剌次和长官司、香罗长官司、瓦鲁之长官司。境内“么些蛮祖泥月乌遂出吐蕃,遂据其地。唐属南诏,后为么些蛮所据”。[183]这一带为吐蕃与么些交错之地,么些与吐蕃争夺较为频繁。

据景泰《云南图经志书》载,永宁府“居于境内者多摩些蛮,常披毡衫,富者加至二三领,虽盛暑亦然”,其:

> “所辖四长官司多西番,民性最暴悍,佩刀披毡,无室屋,夏则

山巅，冬则平野以居，而畜多牛马，有草则住，无草则移，初无定所”。[184]

可见，永宁府是一个么些蛮、西番等民族为主的多民族聚居区。

（三）鹤庆府及北胜、蒗蕖一带的么些

除丽江、永宁府之外，在鹤庆府、蒗蕖州、北胜州一带仍有么些居住。据景泰《云南图经志书》载，鹤庆府“境内多摩些蛮，依江附险，酋寨星列，无所统摄，少不如意，辄相攻杀”。[185]蒗蕖州“境内居民惟摩些为盛，髻头披毡”。[186]北胜州“境内多百夷，与摩些稍异”[187]。

另据天启《滇志》载，么些在“北胜、顺州、禄丰亦皆有其类”。[188]明代史书所载么些之分布，大致与今天纳西族的分布区域相同。

四、和泥的分布

明代和泥分布与今天哈尼族较为相似，主要分布在临安、元江一带，并在景东、楚雄和车里境内也有分布。

（一）临安府的和泥

明代临安府境内和泥主要分布在纳楼茶甸长官司、教化三部长官司、王弄山长官司、亏容甸长官司、溪处甸长官司、思陀甸长官司、左能寨长官司、落恐甸长官司境内。

纳楼茶甸长官司（在今建水县境内）：

“唐蒙氏为茶甸，元初置千户，隶阿宁万户。至元中改隶善阐宣慰司。后分为二千户，隶云南行省。寻改隶临安宣慰

司,又改纳楼茶甸。本朝(明朝)置长官司,仍其名”。[189]

其辖内以哈尼先民为多。

教化三部长官司(在今文山县境内)“唐时蛮名强现,汉讹为教化部,强现、牙车三部酋也。元为强现三部,隶临安等处宣慰司。后属强现四部”。[190]明朝始设长官司。王弄山长官司(在今红河县境内)“元兀良吉歹征交趾,路经阿宁,立大小二部”[191],明朝改为长官司。亏容甸长官司(在今红河县境内)“汉旧铁容甸部,元至元中归附,拨隶元江路”,[192]明朝改设长官司。溪处甸长官司(在今红河县境内)“旧七溪溪处甸部……汉讹为‘和泥’……元置军民副万户,隶云南行省,后罢副万户,属元江路”,[193]明朝改置长官司。思陀甸长官司(在今红河县境内)“旧为官桂思陀部。元置和泥路,隶云南行省,后属元江路”,[194]明朝改设长官司。左能寨长官司(在今红河县境内)“唐前为思陀寨甸,后为左能寨”[195],明朝改置长官司。落恐甸长官司(在今红河县境内)“唐前为伴溪落恐部,属思陀甸,后自为酋长。元置军民万户,隶云南行省。后属元江路”,[196]明朝改设长官司。

这些地区元代置和泥路,证明当地曾有大量和泥居住。另据天启《滇志》载:“临安郡属县及左能寨、思陀、溪处、落恐诸长官司,景东、越州,皆有之。”[197]也证明明代临安府境内有大量和泥居住。

(二)元江军民府的和泥

元江军民府是和泥分布的一个重要地区,虽史书记载不甚明了,但也可窥其一二。据景泰《云南图经志书》载,元江军民府“在临安之西南,接百夷、和泥,旧名惠笼甸,又谓之因远部”。[198]可见,当地应有和泥居住。

另据天启《滇志》载，元江军民府为“古西南极边之地。唐蒙氏属银生节度，……后和泥蛮据其地”。[199]其境内的和泥多分布在因远罗必甸长官司。

（三）景东府的和泥

景东府古时为百越后裔分布区，“古缴外荒僻之地，名曰柘南，蛮名猛谷，又云景黄，昔为朴、和泥二蛮所居”。[200]大约在唐代和泥开始进入其地，并接受农耕文化。

（四）楚雄府的和泥

据景泰《云南图经志书》及正德《云南志》载：

> （楚雄府）南安州（今今牟定、双柏一带）西南有和泥蛮者，男子剪发齐眉，头戴笋捧笠，跣足，以布为行缠，衣不掩胫，而凡妇女服饰皆其所办。[201]

又天启《滇志》载：

> 碍嘉县（今楚雄南部之碍嘉）又曰和泥，男子剪发齐眉，衣不掩胫。

则在今云南楚雄州境内靠近内地的地区，当属明代哈尼族分布的北部区域。

除以上府州之外，明代和泥还在车里宣慰司境内有分布。据正德《云南志》载，车里“境内百夷，髡发文身，又曰和泥、蒲刺习俗大抵多同”。[202]

五、西番及古宗的分布

(一)西番的分布

明代的西番分布很广,川滇两省都有,云南境内主要集中分布在永宁、北胜、蒗蕖,而且金沙江以北靠近四川之地也不少。据景泰《云南图经志书》载,永宁府:

> 所辖四长官司多西番,民性最暴悍,佩刀披毡,无室屋,夏则山巅,冬则平野以居,而畜多牛马,有草则住,无草则移,初无定所。妇人以松膏泽发搓之成缕下垂,若马鬃然。又有所谓野西番者,则长往而不可制。[203]

蒗蕖州境内"侨居于州之山谷曰西番者,即所谓西戎也,亦以毡为衣,而领无襞积"。[204]

另据天启《滇志·羁縻志》载:"永宁、北胜、蒗蕖,凡在金沙江北者皆是"。[205]明代分布于永宁、北胜、蒗蕖一带被成为"西番"者,当属今天普米族的先民。

(二)古宗的分布

据谢肇淛《滇略》载:"吐蕃,在丽江铁桥之北,一名古宗,一名西蕃,一名细腰蕃"。[206]以此推断,明代史书中所载的"古宗",即为今天藏族的先民。

明代,滇西北迪庆藏族分布区尚未划归云南,但由于"滇之西北与吐蕃接壤",因此古宗"流入境内,丽江、鹤庆皆间有之"[207]。具体来说,在丽江境内,明代古宗主要分布在巨津州一带。据景泰《云南图经志书》载,丽江府巨津州"境内有古宗蛮,即西番之别种

也。气习悍暴,言语缺舌”。[208]

所以在丽江、鹤庆地区仍然有少量藏族先民,史书中称之为古宗,被认为是“西番之别种”。

六、峨昌、力些、怒人、野人的分布

(一)峨昌的分布

峨昌也载为“阿昌”、“俄昌”,是今天阿昌族和景颇族中载瓦支系的先民。据景泰《云南图经志书》载,云龙州:

“境内多峨昌蛮,即寻传蛮,似蒲而别种,散居山壑间”。[209]

腾冲军民指挥使司:

“境内峨昌蛮,即寻传蛮也。似蒲而别种,居山野间,形状颇类汉人,性懦弱”。[210]

又正德《云南志》载金齿军民指挥使司:

“司境土人有三种,曰僰人,曰阿昌,曰蒲蛮”。[211]

另外,谢肇淛《滇略·夷略》也载:

“今永昌有罗古、罗板、罗明三寨,皆阿昌夷也。其俗,父、兄死则妻其母、嫂。”[212]

又北胜州“夷有数种,曰僰僰、磨些、冬门、寻丁、俄昌”,[213]

麻里长官司:

“与茶山接壤,旧亦属孟养,土酋刀姓,亦以拒贼功授官。所辖皆峨昌夷……”。[214]

明代峨昌主要分布在云龙州（今云龙）、北胜州（今永胜、华坪）、永昌府（保山、腾冲一带）、腾冲军民指挥使司（今保山）、金齿军民指挥使司（今德宏），及里麻长官司（在恩梅开江和迈立开江之间）境内，与百夷、罗罗、么些等杂居在一起。

（二）力些的分布

明代史书中，力些又记为"栗些"，是为今天傈僳族的先民。力些在明代尚未大量进入怒江峡谷。景泰《云南图经志书》及正德《云南志》均载北胜州境内：

> "有名栗些者，亦罗罗之别种也，居山林，无室屋，不事产业，常带药箭弓弩，猎取禽兽"[215]。

另据天启《滇志》所载：

> "力些惟云龙州有之。男囚首跣足，衣麻布直撒衣，被以毡衫，以毳为带束其腰。妇女裹白麻布衣。善用弩，发无虚矢"。[216]

然查景泰《云南图经志书》，云龙州"境内多蛾昌蛮"，并不见力些之记载。由此推之，明代力些正处于由北胜、丽江一带向澜沧江西岸和怒江流域迁徙的过程中，主要分布在澜沧江上游东西两岸各州县。

（三）怒人的分布

关于怒人的记载始见于明代，怒人与今天的怒族有直接的渊源关系。天启《滇志》载：

> "怒人男子发用绳束，高七八寸，妇人结布于发。其俗大

抵刚狠好杀，余与磨些同。惟丽江有之。”[217]

《南诏野史》也载：

“怒人，居永昌怒江内外。其江深险，四序皆，赤地生烟，每二月瘴气腾空，两堤草头交结不开，名交头瘴，男子面多黄瘦……射猎或采黄连为生，鲜及中寿，妇女披发，红藤勒首。”[218]

则明代怒族已经分布在怒江东、西两岸的维西、兰坪、碧江、福贡、贡山一带。

（四）野人的分布

“野人”是史书中对景颇族先民中经济社会发展极为缓慢部分的称呼。据谢肇淛《滇略》载：

“茶山、里麻之外，又有一种野人，赤发黄睛，以树皮为衣，首戴骨圈，插雉尾，缠红藤，丑恶凶悍，登高涉险如飞。”[219]

他们分布在茶山、里麻两个长官司的外边，距离腾越千余里。由于无法对他们进行约束，所以常对茶山、里麻长官司有侵扰，“二长官为所戕贼，避之滇滩关内”。[220]

七、百夷的分布

明代对百夷的认识较之前代更加具体，使我们清楚地看到百夷在空间分布上呈现出的特征，即由南向北可以分为聚居区、杂居区、散居区。明朝中后期，由于缅甸洞吾王朝的崛起，百夷聚居区内的民族情况发生了较大变化，一方面是随着缅甸洞吾王朝的兴起及对中国土地的侵占，明代百夷聚居区的许多土地连同土地上

的百夷都从明王朝的版图中分割出去，导致许多百夷归入洞吾王朝，成了跨境民族；另一方面，依然生活在中国境内的百夷逐渐产生了强烈而明晰的国家认同，例如百夷的土兵积极参加平定麓川之乱，参加平定罗罗叛乱。他们把为国家立功受奖作为世代的荣誉。

永昌府、景东府、元江府等行政区则属于百夷的杂居区，与同区域内的罗罗、蒲人生活在一起。此外，因为调动百夷土兵参战或调动他们到异地种田，所以明代在金沙江中游出现了百夷的散居区，使百夷的分布区向北推至北纬27°，形成了今天金沙江中下游川、滇两省交界地区有傣族分布的格局。

由于上述种种原因，百夷的文化也开始产生了分化和变异，在保存共同文化的基础上，聚居区、杂居区、散居区的百夷文化开始出现了区域性的差别，而且还呈现出由聚居区、杂居区、散居区百夷人口和传统文化逐渐递减的趋势。这种趋势一直延续到现代。

（一）聚居区的百夷

明朝在百夷分布地所设的羁縻性质的行政机构有车里军民宣慰使司、木邦军民宣慰使司、八百大甸军民宣慰使司、老挝军民宣慰使司、孟养军民宣慰使司、缅甸军民府宣慰使司、孟定府、孟艮府、南甸宣抚司、陇川宣抚司、耿马宣抚司、孟密宣抚司、蛮莫宣抚司、威远州、湾甸州、镇康州、潞江安抚司、芒市长官司、孟琏长官司。以上各土司之地都与中南半岛的老挝、缅甸相接，是百夷的核心分布区，百夷的主体都分布在这些地区，多信南传上座部佛教。

车里宣慰司元代为彻里军总管府，明洪武十七年（1384年）改

置车里军民府，洪武十九年(1386年)改宣慰使司。明代车里军民宣慰司境内百夷“民皆僰夷，性颇淳，额上刺一旗为号”。[221]较有标志性的文化器物是象脚鼓，“作乐，以手拍羊皮长鼓，而间以铜铙铜鼓拍板。其次饮宴，则击大鼓，吹芦笙，舞牌为乐”。[222]

木邦旧名孟邦，元至元二十六年(1289年)立木邦军总管府，明改置木邦军民宣慰使司，永乐年间宣慰使司罕宾随明军征缅，正统年间宣慰罕盖从征麓川，因此遭到缅甸的忌恨。万历十年(1582年)，“缅诱罕拔陷死，袭取木邦，拔子进忠内奔”。[223]此后，木邦一直被缅侵扰。木邦军民宣慰司的居民以百夷为主，且种类较多，“以金裹两齿曰金齿蛮，漆其齿者曰黑齿蛮，纹其面者曰绣面蛮，绣其足者曰花脚蛮”。[224]百夷男子“皆衣白，文身髡发，摘髭须，修眉睫”。妇人则“白衣桶裙，耳带金圈，手象镯”。[225]

八百大甸百夷称之为景迈，传说其首领有妻八百，并让这些妻子各领一寨，因此得名八百媳妇国。元代曾置八百等处宣慰司，明洪武二十四年(1391年)，八百媳妇国主动与明朝接触，乃立八百大甸军民府宣慰使司。八百大甸境内民众都是百夷，有纹身习俗“刺花样于眉间”，性格柔弱，“见客则把手为礼”。笃信南传上座部佛教，“恶杀，一村一寺，每寺一塔，殆以万计。有敌人侵之，不得已一举兵，得所仇而旵”。[226]所以世人又把这一地区称为慈悲国。嘉靖年间，八百媳妇国为缅甸兼并，首领刀氏避居景线，人称小八百。

老挝军民宣慰使司所属的民众仍为百夷，他们的远祖即先秦时期古文献中说的越裳氏，俗称为“挝家”。明永乐三年(1405年)“其酋备文物入贡”，始置老挝军民宣慰使司，但仅羁縻而已。老挝军民府宣慰使司“其民皆百夷，衣服饮食类木邦”。[227]但性格较为强悍，身及眉目皆黥绣花，酋长一代：

“止存一子承袭,绝不育女。居高楼,见人不下。部属见之,所至有定地,名曰等限。使客亦然,设通事引之,以至其地”。[228]

孟养军民宣慰使司“其民皆百夷,性颇淳,额上刺一旗为号”。[229]孟养境内的百夷主要分布在今伊洛瓦底江上游,“滨江为竹楼以居,一日数浴”。[230]元代在这一带设立了云远路军民总管府,明洪武十五年(1382年)改为云远路,洪武十七年(1384年)又改为孟养军民府宣慰使司。因为麓川百夷思氏的反叛,这一带的百夷在明代曾饱受战乱之苦。

缅甸军民宣慰使司是明王朝在元朝邦牙等处宣慰使司的基础上设立的,其境内除百夷外,还有其他民族,但百夷中的思氏贵族势力最大。明正统年间,“宣慰莽剌札系叛夷思任、思机,献于京师,益以地”。[231]境内百夷大多“事佛敬僧,有大事,则抱佛说誓,质之僧然后决”。[232]佛经是写在贝叶上,今称之为贝叶经。服饰方面,男子“善浮水,绾髻顶前,用青白布缠之”,妇人则“绾髻顶后,不施脂粉”。

孟定旧名景麻,元代开始设立具有羁縻性质的孟定路军民总管府,隶属于大理金齿等处宣慰使司。明洪武十五年(1382年)改之为孟定府。府内“民多白夷,男子光头、赤脚、黑齿、著白布衣”。[233]男子“髡跣黑齿,衣白布,戴细竹丝帽,以金玉等宝饰其顶,遍插翠花翎毛之类,后垂红缨”。妇人“出外戴大藤笠,状类团牌而顶尖,身衣文绣,饰以珂贝”。[234]

孟艮于明永乐四年(1406年)与明朝建立羁縻关系,因每年仅象征性地上缴十六两黄金,所以在左右强大的政治势力间摇摆不定,后“为木邦兼并。嘉靖年间(1522至1566年)附于缅,与景迈

莽应龙相表里,然亦未敢背汉云”。[235]孟艮是百夷的主要聚居区之一,酋长叫怕诏,“有妻数百人”,与汉民族皇帝后宫的情况类似,(妻子们)晡候乘象出浴于江,浴毕㞡服罗拜,酋解约臂金镯,授者当夕。[236]怕招手下的官员叫司禄、刀猛,士兵叫皆些,士兵出入乘象,“名曰象马,兵革犀利,男女俱警捷”。[237]孟艮地方较为富庶,沃野千里,农民们在树梢上建草屋护稻。云南知府赵浑曾经作为抚夷使到过孟艮,但当地酋长“不以使命礼遇之”。[238]所以,以后很少有汉族人到孟艮。

南甸宣抚司元代为南甸路军民总管府,明洪武十五年(1382年)改南甸府。这里的居民大部分是百夷,正统八年(1443 年)百夷首领刀氏因为参加平定麓川之乱有功,升为南甸宣抚司,下辖罗布司庄与小陇川两个百夫长地。南甸宣抚司境内“其民皆百夷,俗与木邦同”。[239]因为同是百夷,所以各种习俗与木邦相同,即“男子皆衣白,文身髡发,摘髭须,修眉睫。妇人则白衣桶裙,耳带金圈,手象镯”。[240]属于南甸百夷自己的地方性民俗文化为“结亲,用谷茶二长筒,鸡卵五七笼为聘。客至,以谷茶供奉,手拈而食之”。[241]

陇川宣抚司辖地初为麓川地,这一带元中统时(1260 至 1264年)归附,至元十三年(1276 年)设麓川路,隶属于金齿等处宣抚司。明洪武十七年(1384 年)归附明朝,设置了麓川平缅宣慰司。居民以百夷为主,即“皆僰夷所居”。[242]

(二)杂居区的百夷

明代百夷的分布情况大致与现代相同,主要聚居在滇南、滇西南地势“旷远缅平”,“滨海多湿”的环境之中。这些地区相当于今天以西双版纳傣自治州、德宏傣族景颇族自治州为核心的云南南

部和西南部,这些地区是百夷的聚居区。

除此之外,有百夷分布的地区还有禄丰、罗次、元谋、越州卫、江川、路南、临安、元江、蒙自、顺宁、剑川、腾越、镇南、姚安、武定、元江等地,相当于明代楚雄、广西、景东、镇沅、武定、临安等府所辖地区。这些地区当是明代百夷的散居区。[243]

楚雄府传统上是罗罗的分布区,但其南部也有少量百越后裔分布,如碍嘉县在唐代就有僚族分布。[244]另据天启《滇志》载,楚雄府镇南州(今牟定、双柏一带)有百夷分布,这一带的百夷"所居在山之巅","男子短衣,妇桶裙跣足。婚礼,夷歌侑饮。人死,令亲者捉刀尸傍,昼夜守之,亲朋以絮酒祭,捉刀人呼死者之名,灌诸口中,如是者三日而葬"。[245]

姚安军民府的姚州(今大姚县)有"黑齿白夷居于大姚县苴却乡",由于当地属金沙江干热河谷地带,四时热毒,所以当地的黑齿百夷"多于水边构楼以居。自晨至夕,频浴于水中","器皿用藤,坐藤鼓,无尊卑,夜寝同一楼,枕若银锭状,略以毡席相隔而已"。[246]从今天民俗学的角度看,当地的百夷保持了较为传统的傣族民族习俗。

武定府的元谋县一带,明代之时还有众多的百夷。据天启《滇志·旅途志》载:"元谋北六亭达黄瓜园。旧有环州驿,今废。历马街子,龙海落。地皆平原而荒,人皆僰夷。"[247]

景东府原是百越民族的分布区,这从地名上可以看出,天启《滇志》景东府条载:"(景东府)蛮名猛谷,又云景董。"[248]文中的猛今傣语译为"勐",意为平坝,"景董"也是百越系统民族语言,今译写为景东,有城镇之意。罗罗南下后,这里成了多民族杂居区,"景东府……为昔朴、和泥二蛮所居。汉以来未见,至唐,蒙氏立银生府。后金齿、白蛮侵其地,移府治于威楚,遂为生蛮所据,段氏

不能制。”[249]具体来说景东府的民族以百夷（摆夷、或记为僰夷，今傣族先民）为主，天启《滇志》地理志之三载：“（景东府）民多百夷，性本驯朴。田旧种秫，今皆为禾稻。昔惟缅字，今渐习书史，民风地宜，日改而月化。”[250]到明代，景东府的百夷在文化上发生了细致的变化。

元江府也是百夷的聚居区。据景泰《云南图经志书》载，元江府内“地多百夷，天气常热”。因这一带山谷产槟榔，因此，当地百夷在明代就有“旦暮以蒌叶蛤灰纳其中而食之，谓可以食御瘴。凡遇亲友及往来宾客，辄奉啖之，以礼之敬”[251]的习俗。

广西府的师宗州是百越后裔僚族的分布区，广西府“师宗州，宋爨蛮逐僚、僰等居之。其后有师宗者据匿弄甸，号师宗部。”[252]则这种情况已经持续了很长时间。

同是百夷，镇沅府的百夷又有不同：“郡多僰夷，信巫鬼，轻医药。妇勤耕蚕无少暇，产子浴于江。”[253]看来镇沅府的百夷传统文化保存得还较好。

除以上州县外，据天启《滇志》载，明代百夷还分布在江川、路南、临安、蒙自、阿迷、顺宁、剑川、腾越等地。由于杂居于其他民族中，受当地地域文化影响，其习俗相距甚殊。如在江川、路南一带的百夷“构竹楼，临水而居，楼之下以畜牛马”；在临安一带的百夷“男青白帨缠头，着革履，衣有襞积，妇人白帨束发，缠叠如仰螺。好鬼喜浴，极寒犹然。山居构草楼，家人押处，稍以帷帐间其卧具”，且“妻不更嫁，名曰‘鬼妻’。其食糯黍、蜻蜓”；在腾越一带的百夷“火炙肉食，不求其熟，或取蜂槽而食之。习缅字”；在顺宁一带的百夷“冠玄而锐其顶，珥环踏屦，好衣素。婚聘用牛，贫不能具者，佣女家三年”。[254]从记载推测，这些地区的百夷较好地保持着百夷传统的文化习俗。但居住在蒙自和十八寨的百夷，则在保

持传统习俗的同时，其习俗已经有所不同。如在蒙自的百夷“插鸡尾笠端，出则捕猎，居则纺绩”，在十八寨的百夷则“性俭好杀，畜蛊饵毒，捕鱼食鼠，焚骨而葬”。[255]

八、土僚、侬人、沙人的分布

（一）土僚的分布

土僚原来分布在川、黔、桂相连地区，“流入滇，亦处处有之，而石屏、嶍峨、路南较多”[256]，即因为三省交界，故在与上述地区毗邻的云南也有分布，以石屏、嶍峨、路南为多。

此外，谢肇淛《滇略·夷略》也载广西府“有黑爨、土僚、沙蛮等种，杂居割据”[257]。景泰《云南图经志书》也在广西府师宗州“州之夷民有曰土僚者，以犬为珍味，不得犬则不敢以祭”，[258]弥勒州也有“土僚之服，与罗罗无异，惟其妇人以黑线绣布裹头缠腰，则与罗罗之妇异也”[259]的记载，则今师宗、弥勒、邱北等地也有土僚居住。

（二）侬人的分布

侬人主要分布在广南府。据景泰《云南图经志书》载：

> “其地多侬人，世传以为侬智高之后。男子束发于顶，多服青衣，下裙曳地，贱者掩胫而已。妇人散绾丝髻，跣足，裙带垂后，皆戴尖顶大笠。习俗俭约，大率与百夷同”。[260]

由于同样都是百越后裔，所以生产生活习俗都与百夷相同，是侬智高的后裔。

其余则散居于临安府东南部的教化三部长官司辖境（今文

山、马关)、阿迷州(今开远)、蒙自县及思陀甸、左能寨长官司境内(今红河县)、元江府、师宗州的一部分地区。[261]天启《滇志》亦载,侬人在"王弄山、教化三部亦有之,盖广南之流也"。[262]

(三)沙人的分布

明代,沙人主要分布在广西府、富州、罗平等地。据正德《云南志》载:"土僚与百夷性颇柔弱,沙人善治田,又有一种名野仆,亦犷悍。"[263]又谢肇淛《滇略》亦载:

> "广南之夷曰侬人、沙人,男女同事犁锄,构楼而居,男服青衣曳地,贱者掩胫,妇人绾发跣足,取虫、鼠而食,病惟祭鬼,不知医药。"[264]

此外,天启《滇志》也载:

> "罗平州亦有沙人,器用木,昏丧以牛为礼。"[265]

从明代史籍记载看,沙人与侬人在很多方面几乎相同,但性格更为剽悍。明代沙人分别受本民族土司龙氏、李氏、沈氏统治,相互之间经常为水源、土地发生矛盾冲突。

九、蒲人的分布

明代,孟高棉语系的蒲人分布区比今天还要广,滇西永昌、景东府,滇中楚雄、寻甸,滇南临安等府州均有蒲人分布的记载。

永昌府(今保山、腾冲一带)是蒲人分布的主要地区。据谢肇淛《滇略》载,蒲人"散居山谷,无定所,永昌凤溪、施甸二长官司及十五喧三十八寨皆其种也"。[266]天启《滇志》也载,蒲人"本在永昌西南徼外,讹濮为'蒲',有因以名其地者,若蒲缥、蒲干之类是也"。[267]

楚雄府南边是古代百越民族的分布区,其间又有闽濮等分布,故楚雄府南是一个多民族杂居区,府南的镇南州、定远县、碍嘉县、定边县都有孟高棉民族的先民分布:[268]

“镇南州,汉为朴落所居,有城曰鸡和”。

此处的“朴落”当为“朴剌”,是今孟高棉民族的先民;滇中地区的寻甸军民府历史上也有过“朴剌”,“寻甸军民府,古滇地,昔仆剌蛮居之,号仲札溢源”。[269]

“定远县,汉为越嶲郡地,唐置西濮州,后没于蛮”。

则因为此地有濮族,故称西濮州,而罗罗则是后来到的。

临安府虽是一个汉、罗罗、僰人等为主的民族杂居区,但境内仍有部分蒲人居住。据景泰《云南图经志书》载,临安府境内:

“居村落者名为蒲剌,形丑而性悍,短衣跣足,首插雉尾,身佩甲兵,以采猎为生”[270]。

此处所载“蒲剌”,当为蒲人的别称。此外,天启《滇志》亦载蒲人:

“流入新兴、禄丰、阿迷、镇南者,形质纯黑,椎结跣足,套头短衣,手铜镯,耳铜圈,带刀弩长牌,饰以丝漆,上插孔雀尾”。

又在“蒙自及教化三部、十八寨,皆号野蒲,桀骜甚诸夷”。[271]

景东府在古代被认为荒僻之地:

“名曰柘南,蛮名猛谷,又云景董,为昔朴、和泥二蛮所据”。[272]

此处的“朴”,当为“朴子蛮”的简称,是孟高棉民族的先民。在顺宁府澜沧江一带的蒲人:

> “号普蛮,亦曰朴子蛮,性尤悍恶,专为盗贼,不鞍而骑,徒跣短甲,不蔽颈膝,驰突迅疾,善用枪弩”。

今天,临沧、凤庆、云县等地仍然有德昂族、布朗族等民族居住,他们都是明代蒲人的后裔。

注　释

1 明代方志中,对于百夷的称呼不尽相同。景泰《云南图经志书》载为“百夷”,万历《云南通志》载为“百夷”、“僰夷”,正德《云南志》载为“百夷”、“白夷”,天启《滇志》则载为“僰夷”且载僰夷“种在黑水之外,今称百夷”。本文综合诸本记载,除引用原文外,统一将其载为“百夷”,下同。

2 《明实录·明太祖实录》卷六十八。中央研究院历史语言研究所出版,国立北平图书馆红格钞本微卷1962年影印版,第1277页。

3 《新唐书·南蛮传上》,中华书局标点本,1975年版,第6267页。

4 《元史·地理志》,中华书局标点本,1976年版,第1457页。

5 《明史·地理七》,中华书局标点本,1974年版,第1171页。

6 《明实录·明太祖实录》卷九十二。中央研究院历史语言研究所出版,国立北平图书馆红格钞本微卷1962年影印版,第1609页。

7 《明史·云南土司一》,中华书局标点本,1974年版,第8064页。

8 《明实录·明太祖实录》卷一百三十九。中央研究院历史语言研究所出版,国立北平图书馆红格钞本微卷1962年影印版,第2185页。

9 《明实录·明太祖实录》卷一百四十。中央研究院历史语言研究所出版,国立北平图书馆红格钞本微卷1962年影印版,第2216页。

10 《明实录·明太祖实录》卷一百四十。中央研究院历史语言研究所出版,国立北平图书馆红格钞本微卷1962年影印版,第2214页。

11 《明实录·明太祖实录》卷一百四十一。中央研究院历史语言研究所出版,国立北平图书馆红格钞本微卷1962年影印版,第2222页。

12 倪蜕辑,李埏校点:《滇云历年传》,云南大学出版社,1992年6月版,第250—251页。

13 《明实录·明太祖实录》卷一百四十三。中央研究院历史语言研究所出版,国立北

平图书馆红格钞本微卷 1962 年影印版,第 2247 页。

14 《明史·职官志四》,中华书局标点本,1974 年版,第 1840 页。

15 《明史·职官志四》,中华书局标点本,1974 年版,第 1171 页。

16 《明史·地理志七》,中华书局标点本,1974 年版,第 1172 页至 1197 页。古今地名对照参考尤中《云南地方沿革史》云南人民出版社,1990 年版,第 264—304 页。下同。

17 《木氏宦谱》,云南美术出版社,2001 年 12 月版,第 7 页。

18 《木氏宦谱》,云南美术出版社,2001 年 12 月版,第 8 页。

19、20 《明史·云南土司传》,中华书局标点本,1974 年版,第 8158 页。

21 《明史·云南土司传》,中华书局标点本,1974 年版,第 8160 页。

22 尤中:《云南地方沿革史》,云南人民出版社,1990 年版,第 294 页。

23 《明史·地理志七》,中华书局标点本,1974 年版,第 1196 页。

24 《明史·云南土司传》,中华书局标点本,1974 年版,第 8133 页。

25 尤中:《云南地方沿革史》,云南人民出版社,1990 年版,第 301 页。

26 尤中:《云南地方沿革史》,云南人民出版社,1990 年版,第 303 页。

27 天启《滇志·地理志》,云南教育出版社,1991 年版,第 67—68 页。

28 万历《云南通志》卷之一《地理志第一》。1934 年昭通龙氏灵源别墅铅印本,第 30 页。

29 景泰《云南图经志书》卷之一《云南布政司》,云南民族出版社,2002 年 8 月版,第 1 页。

30 《寰宇通志》卷一百一十一《云南等处承宣布政使司》。转引自《云南史料丛刊》第七卷,云南大学出版社,2000 年 5 月版,第 133 页。

31 正德《云南志》卷一《云南等处承宣布政使司》。转引自《云南史料丛刊》第 6 卷,云南大学出版社,2000 年 1 月版,第 108 页。

32 《明史·云南土司传》,中华书局标点本,1974 年版,第 8063 页。

33 尤中:《云南地方沿革史》,云南人民出版社,1990 年版,第 304 页。

34 林超民:《源远流长　辉煌灿烂——云南民族历史》,云南教育出版社,2000 年 12 月版,第 17 页。

35 常璩撰,缪鸾和校注:《华阳国志·南中志校注稿》,云南大学西南古籍研究所印,第 164 页。

36 倪蜕辑,李埏校点:《滇云历年传》,云南大学出版社,1992 年 6 月版,第 109 页。

37 王文光、段红云:《元代云南行省的政区设置及乌蛮的发展》,《中南民族大学学报(人文社会科学版)》,2007 年第 5 期,第 56 页。

38 倪蜕辑,李埏校点:《滇云历年传》,云南大学出版社,1992 年 6 月版,第 187—189 页。

39 倪蜕辑,李埏校点:《滇云历年传》,云南大学出版社,1992 年 6 月版,第 231 页。

40 倪蜕辑,李埏校点:《滇云历年传》,云南大学出版社,1992 年 6 月版,第 230 页。

41 [民国]张培爵等:《大理县志稿》卷之九《武备部二》,中国方志丛书华南地方第二五五号,成文出版社,据民国五年铅字重印本印行。

42 倪蜕辑,李埏校点:《滇云历年传》,云南大学出版社,1992 年 6 月版,第 251 页。

43 《明史·云南土司传》,中华书局标点本,1974 年版,第 8068 页。

44 尤中:《云南民族史》,云南大学出版社,2004 年 9 月版,第 340 页。

45 万历《云南通志》卷之六《赋役志第三》。1934 年昭通龙氏灵源别墅铅印本,第 5、8 页。

46 方国瑜著:《方国瑜文集》第 3 辑,云南教育出版社,2003 年 3 月版,第 165—169 页。

47 万历《云南通志》卷之六《赋役志第三》。1934 年昭通龙氏灵源别墅铅印本,第 5、8 页。

48 方国瑜著:《方国瑜文集》第 3 辑,云南教育出版社,2003 年 3 月版,第 270—271 页。

49 万历《云南通志》卷之六《赋役志第三》。1934 年昭通龙氏灵源别墅铅印本,第 5、9 页。

50 天启《滇志·地理志》,云南教育出版社,1991 年版,第 110 页。

51 天启《滇志·学教志》,云南教育出版社,1991 年版,第 285—295 页。

52 古永继:《明清时期云南文人的地理分布及其思考》,载《云南学术探索》,1993 年第 2 期,第 37—38 页。

53 天启《滇志·地理志》,云南教育出版社,1991 年版,第 110 页。

54 《明史·四川土司传》,中华书局标点本,1974 年版,第 8003 页。

55 《明史·四川土司一》,中华书局标点本,1974 年版,第 8004 页。

56 (清)魏源:《雍正西南夷改流记》。转引自《云南史料丛刊》第八卷,云南大学出版

社,2001年5月版,第460页。

57　《明史·四川土司一》,中华书局标点本,1974年版,第8013页。

58　《明史·四川土司传》,中华书局标点本,1974年版,第8001页。

59　雍正《朱批谕旨》之《鄂尔泰雍正四年七月初九日奏言》,转引自《云南史料丛刊》第九卷,云南大学出版社,2001年5月版,第462页。

60　(清)魏源:《雍正西南夷改流记》。转引自《云南史料丛刊》第八卷,云南大学出版社,2001年5月版,第460页。

61　《明实录·明太祖实录》卷一百三十八。中央研究院历史语言研究所出版,国立北平图书馆红格钞本微卷1962年影印版,第2179页。

62　《明史·四川土司传》,中华书局标点本,1974年版,第8002页。

63、64、65　《明史·四川土司传》,中华书局标点本,1974年版,第8003页。

66　(清)魏源:《雍正西南夷改流记》。转引自《云南史料丛刊》第八卷,云南大学出版社,2001年5月版,第460页。

67　正德《云南志》卷一《云南等处承宣布政使司》。转引自《云南史料丛刊》第六卷,云南大学出版社,2000年1月版,第108页。

68　《明史·四川土司传》,中华书局标点本,1974年版,第8004页。

69　王文光、段丽波:《试论明朝对西南边疆乌蒙等部的治理及其政治搏弈关系》,载《云南师范大学学报(哲学社会科学版)》,2008年第3期,第58页。

70　《明史·四川土司传》,中华书局标点本,1974年版,第8005页。

71　《明史·四川土司传》,中华书局标点本,1974年版,第8006页。

72　《明史·四川土司传》,中华书局标点本,1974年版,第8001页。

73、74、75　《明史·四川土司传》,中华书局标点本,1974年版,第8007页。

76、77、78、79、80、81　《明史·四川土司传》,中华书局标点本,1974年版,第8008页。

82、83、84、85、86　《明史·四川土司传》,中华书局标点本,1974年版,第8009页。

87　《明史·四川土司传》,中华书局标点本,1974年版,第8011页。

88、89　《明史·四川土司传》,中华书局标点本,1974年版,第8012页。

90、91　《明史·四川土司传》,中华书局标点本,1974年版,第8013页。

92　《明史·四川土司传》,中华书局标点本,1974年版,第8014页。

93　王文光、段丽波:《试论明朝对西南边疆乌蒙等部的治理及其政治博弈关系》,载《云南师范大学学报(哲学社会科学版)》,2008年第3期,第61页。

94 《明史·四川土司传》,中华书局标点本,1974年版,第8012页。

95 《明史·四川土司传》,中华书局标点本,1974年版,第8010页。

96 (清)顾祖禹:《读史方舆纪要》卷一百二十《贵州一》,上海书店出版社,1998年1月版,第744页。

97 《新唐书·突厥传》,中华书局标点本,1975年版,第6295页。

98 《新唐书·南诏下》,中华书局标点本,1975年版,第6023页。

99 王禹称:《小畜集》卷二十七《批答南诏王某请东封表》。

100 《宋史·宇文常传》列传卷第一百十二。中华学术院华冈版新刊本,第3856页。

101 (清)倪蜕:《滇云历年传》卷五,李埏点校,云南大学出版社,1992年6月版,第184页。

102 《明史·把匝剌瓦尔密传》,中华书局标点本,1974年版,第3719页。

103 (清)顾祖禹:《读史方舆纪要》卷一百二十《贵州一》,上海书店出版社,1998年1月版,第744页。

104 顾祖禹:《读史方舆纪要》卷一百二十《贵州一》,上海书店出版社,1998年1月版,第741页。

105 《明史·贵州土司传》,中华书局标点本,1974年版,第8167页。

106 天启《滇志·艺文志》,云南教育出版社,1991年版,第590页。

107 天启《滇志·艺文志》,云南教育出版社,1991年版,第591页。

108 《明实录·明太祖实录》卷一百四十一。中央研究院历史语言研究所出版,国立北平图书馆红格钞本微卷1962年影印版,第2225页。

109、110 《太宗永乐实录》卷八十七。

111 史继忠:《贵州置省的历史意义》,《贵州民族研究》,1997年第3期,第61页。

112 余宏模:《略论明代贵州建省与改土设流——纪念贵州建省590周年》,《贵州民族研究》,2003年第4期,第134页。

113 景泰《云南图经志书》卷之一《云南府·风俗》,云南民族出版社,2002年8月版,第4页。

114 正德《云南志》卷二《云南府》,转引自《云南史料丛刊》卷六,云南大学出版社,2000年1月版,第127页。

115 景泰《云南图经志书》卷之一《晋宁州·风俗》,云南民族出版社,2002年8月版,第46页。

116　天启《滇志·羁縻志》,云南教育出版社,1991年12月版,第54页。

117　正德《云南志》卷四《临安府》,转引自《云南史料丛刊》卷六,云南大学出版社,2000年1月版,第148页。

118　景泰《云南图经志书》卷之三《宁州·风俗》,云南民族出版社,2002年8月版,第171页。

119　天启《滇志》,云南教育出版社,1991年版,第55—56页。

120　天启《滇志》,云南教育出版社,1991年版,第163页。

121、122、123、124、125　天启《滇志》,云南教育出版社,1991年版,第170页。

126　天启《滇志》,云南教育出版社,1991年版,第172页。

127　景泰《云南图经志书》卷之四《楚雄府·风俗》,云南民族出版社,2002年8月版,第206页。

128　天启《滇志》,云南教育出版社,1991年版,第58页。

129　谢肇淛:《滇略·夷略》卷九,《云南史料丛刊》第六卷,云南大学出版社,2000年1月版,第780—781页。

130　天启《滇志》,云南教育出版社,1991年版,第58页。

131　景泰《云南图经志书》卷之二《曲靖军民府·风俗》,云南民族出版社,2002年8月版,第120—132页。

132、133　天启《滇志》,云南教育出版社,1991年版,第165页。

134　万历《云南通志》卷之三《地理志》。1934年昭通龙氏灵源别墅铅印本,第21页。

135　天启《滇志》,云南教育出版社,1991年版,第59页。

136　天启《滇志》,云南教育出版社,1991年版,第995页。

137　正德《云南志》卷十《鹤庆军民府》,《云南史料丛刊》第六卷,云南大学出版社,2000年1月版,第195页。

138　景泰《云南图经志书》卷之五《鹤庆军民府·风俗》,云南民族出版社,2002年8月版,第310页。

139　天启《滇志》,云南教育出版社,1991年版,第995—996页。

140　天启《滇志》,云南教育出版社,1991年版,第60页。

141　景泰《云南图经志书》卷之三《广西府·风俗》,云南民族出版社,2002年8月版,第181页。

142　天启《滇志》,云南教育出版社,1991年版,第60页。

143 谢肇淛:《滇略·夷略》卷九,转引自《云南史料丛刊》第六卷,云南大学出版社,2000年1月版,第780页。

144 天启《滇志》,云南教育出版社,1991年版,第111页。

145 天启《滇志》,云南教育出版社,1991年版,第60页。

146 天启《滇志》,云南教育出版社,1991年版,第111页。

147 天启《滇志》,云南教育出版社,1991年版,第167页。

148 天启《滇志》,云南教育出版社,1991年版,第995—996页。

149 正德《云南志》卷九《姚安军民府》,转引自《云南史料丛刊》第6卷,云南大学出版社,2000年1月版,189页。

150 景泰《云南图经志书》卷之三《姚安府·风俗》,云南民族出版社,2002年8月版,第225页。

151 天启《滇志》,云南教育出版社,1991年版,第995—996页。

152 天启《滇志》,云南教育出版社,1991年版,第61页。

153 谢肇淛:《滇略·俗略》卷四,转引自《云南史料丛刊》第6卷,云南大学出版社,2000年1月版,第700页。

154 正德《云南志》卷三《大理府志》,转引自《云南史料丛刊》第6卷,云南大学出版社,2000年1月版,第139页。

155 天启《滇志》,云南教育出版社,1991年版,第995—996页。

156 景泰《云南图经志书》卷之五《蒙化府·风俗》,云南民族出版社,2002年8月版,第298页。

157 天启《滇志》,云南教育出版社,1991年版,第996页。

158 天启《滇志》,云南教育出版社,1991年版,第61页。

159 天启《滇志》,云南教育出版社,1991年版,第996页。

160 天启《滇志》,云南教育出版社,1991年版,第92页。

161 天启《滇志》,云南教育出版社,1991年版,第998页。

162 正德《云南志》卷三《大理府·风俗》。转引自《云南史料丛刊》第六卷,云南大学出版社,2000年1月版,第138页。

163 景泰《云南图经志书》卷之五《大理府·风俗》,云南民族出版社,2002年8月版,第274页。

164 谢肇淛:《滇略·夷略》卷九,《云南史料丛刊》第六卷,云南大学出版社,2000年1

月版,第781页。

165 景泰《云南图经志书》卷之五《鹤庆军民府·风俗》,云南民族出版社,2002年8月版,第303页。

166 景泰《云南图经志书》卷之五《蒙化府·风俗》,云南民族出版社,2002年8月版,第298页。

167 景泰《云南图经志书》卷之一《云南府·风俗》,云南民族出版社,2002年8月版,第4页。

168 景泰《云南图经志书》卷之一《云南府·风俗》,云南民族出版社,2002年8月版,第46—57页。

169 景泰《云南图经志书》卷之二《澄江府·风俗》,云南民族出版社,2002年8月版,第106页。

170 景泰《云南图经志书》卷之四《楚雄府·风俗》,云南民族出版社,2002年8月版,第206页。

171 正德《云南志》卷九《姚安军民府》。转引自《云南史料丛刊》第六卷,云南大学出版社,2000年1月版,第189页。

172 正德《云南志》卷十《武定军民府》。转引自《云南史料丛刊》第6卷,云南大学出版社,2000年1月版,第199页。

173 《明实录·成组永乐实录》卷九十一。

174 天启《滇志》,云南教育出版社,1991年版,第998页。

175 正德《云南志》卷十三《金齿军民指挥使司》。转引自《云南史料丛刊》第6卷,云南大学出版社,2000年1月版,第219—220页。

176 景泰《云南图经志书》卷二《曲靖军民府·风俗》,云南民族出版社,2002年8月版,第120页。

177 景泰《云南图经志书》卷二《马龙州·风俗》,云南民族出版社,2002年8月版,第132页。

178、179 天启《滇志》,云南教育出版社,1991年版,第61页。

180 天启《滇志》,云南教育出版社,1991年版,第62页。

181、182 天启《滇志》,云南教育出版社,1991年版,第111页。

183 天启《滇志》,云南教育出版社,1991年版,第62页。

184 景泰《云南图经志书》卷之四《永宁府·风俗》,云南民族出版社,2002年8月版,

第245页。

185 景泰《云南图经志书》卷之五《鹤庆府·风俗》,云南民族出版社,2002年8月版,第303页。

186 景泰《云南图经志书》卷之四《蒗蕖州·风俗》,云南民族出版社,2002年8月版,第249页。

187 景泰《云南图经志书》卷之四《北胜州·风俗》,云南民族出版社,2002年8月版,第252页。

188 天启《滇志》,云南教育出版社,1991年版,第999页。

189、190、191、192 天启《滇志》,云南教育出版社,1991年版,第56页。

193 正德《云南志》卷四《临安府》。转引自《云南史料丛刊》第六卷,云南大学出版社,2000年1月版,第145页。

194、195、196 天启《滇志》,云南教育出版社,1991年版,第56页。

197 天启《滇志》,云南教育出版社,1991年版,第999页。

198 景泰《云南图经志书》卷之三《元江军民府·风俗》,云南民族出版社,2002年8月版,第195页。

199、200 天启《滇志》,云南教育出版社,1991年版,第61页。

201 正德《云南志》卷五《楚雄府》。转引自《云南史料丛刊》第6卷,云南大学出版社,2000年1月版,第158页。

202 正德《云南志》卷十四《车里军民宣慰使司》,《云南史料丛刊》第六卷,云南大学出版社,2000年1月版,第226页。

203 景泰《云南图经志书》卷之四《永宁府·风俗》,云南民族出版社,2002年8月版,第245页。

204 景泰《云南图经志书》卷之四《蒗蕖州·风俗》,云南民族出版社,2002年8月版,第249页。

205 天启《滇志·羁縻志》,云南教育出版社,1991年版,第999页、1000页。

206 谢肇淛:《滇略·夷略》卷九,《云南史料丛刊》第6卷,云南大学出版社,2000年1月版,第782页。

207 天启《滇志·羁縻志》,云南教育出版社,1991年版,第999页、1000页。

208 景泰《云南图经志书》卷之五《丽江军民府·风俗》,云南民族出版社,2002年8月版,第321页。

209　景泰《云南图经志书》卷之五《大理府·风俗》,云南民族出版社,2002 年 8 月版,第 283 页。

210　景泰《云南图经志书》卷之六《腾冲军民指挥使司·风俗》,云南民族出版社,2002 年 8 月版,第 341 页。

211　正德《云南志》卷十三《金齿军民指挥使司》,《云南史料丛刊》第六卷,云南大学出版社,2000 年 1 月版,第 220 页。

212　谢肇淛:《滇略·夷略》卷九,《云南史料丛刊》第六卷,云南大学出版社,2000 年 1 月版,第 778 页。

213　谢肇淛:《滇略·夷略》卷九,《云南史料丛刊》第六卷,云南大学出版社,2000 年 1 月版,第 780 页。

214　谢肇淛:《滇略·夷略》卷九,《云南史料丛刊》第六卷,云南大学出版社,2000 年 1 月版,第 785 页。

215　景泰《云南图经志书》卷之四《北胜州·风俗》,云南民族出版社,2002 年 8 月版,第 253 页。

216　天启《滇志·羁縻志》,云南教育出版社,1991 年版,第 999 页。

217　天启《滇志》,云南教育出版社,1991 年版,第 1000 页。

218　《南诏野史》。转引自杨绍猷、莫俊卿《明代民族史》,四川民族出版社,1996 年 8 月版,第 490 页。

219　谢肇淛:《滇略·夷略》卷九,《云南史料丛刊》第六卷,云南大学出版社,2000 年 1 月版,第 779 页。

220　天启《滇志》,云南教育出版社,1991 年版,第 1002 页。

221、222、223　天启《滇志》,云南教育出版社,1991 年版,第 986 页。

224　景泰《云南图经志书》卷之六《外夷衙门》,云南民族出版社,2002 年 8 月版,第 345 页、347 页。

225　天启《滇志》,云南教育出版社,1991 年版,第 986 页。

226　天启《滇志》,云南教育出版社,1991 年版,第 987 页。

227　景泰《云南图经志书》卷之六《外夷衙门》,云南民族出版社,2002 年 8 月版,第 346 页。

228　天启《滇志》,云南教育出版社,1991 年版,第 987 页。

229　景泰《云南图经志书》卷之六《外夷衙门》,云南民族出版社,2002 年 8 月版,第

346 页。

230、231 天启《滇志》,云南教育出版社,1991 年版,第 987 页。

232 天启《滇志》,云南教育出版社,1991 年版,第 988 页。

233 正德《云南志》卷十四《孟定府》,《云南史料丛刊》第六卷,云南大学出版社,2000 年 1 月版,第 228 页。

234、235、236、237、238 天启《滇志》,云南教育出版社,1991 年版,第 988 页。

239 景泰《云南图经志书》卷之六《外夷衙门》,云南民族出版社,2002 年 8 月版,第 347 页。

240 天启《滇志》,云南教育出版社,1991 年版,第 986 页。

241、242 天启《滇志》,云南教育出版社,1991 年版,第 989 页。

243 现在上述地区的傣族有些已不存在,或迁徙、或融合到其他民族之中,但元谋、姚安等金沙江河谷地区至今还有傣族存在。

244 天启《滇志》,云南教育出版社,1991 年版,第 58 页。

245 天启《滇志》,云南教育出版社,1991 年版,第 998 页。

246 景泰《云南图经志书》卷之四《姚安军民府·风俗》,云南民族出版社,2002 年 8 月版,第 228 页。

247 天启《滇志》,云南教育出版社,1991 年版,第 168 页。

248、249 天启《滇志》,云南教育出版社,1991 年版,第 61 页。

250 天启《滇志》,云南教育出版社,1991 年版,第 111 页。

251 景泰《云南图经志书》卷之三《元江军民府·风俗》,云南民族出版社,2002 年 8 月版,第 196 页。

252 天启《滇志》,云南教育出版社,1991 年版,第 60 页。

253 天启《滇志》,云南教育出版社,1991 年版,第 112 页。

254 天启《滇志》,云南教育出版社,1991 年版,第 997—998 页。

255 天启《滇志》,云南教育出版社,1991 年版,第 998 页。

256 天启《滇志·羁縻志》,云南教育出版社,1991 年版,第 1000 页。

257 谢肇淛:《滇略》卷九《夷略》。转引自《云南史料丛刊》第六卷,云南大学出版社,2000 年 1 月版,第 781 页。

258 景泰《云南图经志书》卷之三《广西府·风俗》,云南民族出版社,2002 年 8 月版,第 183 页。

259　景泰《云南图经志书》卷之三《广西府・风俗》,云南民族出版社,2002 年 8 月版,第 185 页。

260　景泰《云南图经志书》卷之三《广西府・风俗》,云南民族出版社,2002 年 8 月版,第 190 页。

261　尤中:《云南民族史》,云南大学出版社,2004 年 9 月版,第 397 页。

262　天启《滇志》,云南教育出版社,1991 年版,第 1001 页。

263　正德《云南志》卷七《广西府》,《云南史料丛刊》第六卷,云南大学出版社,2000 年 1 月版,第 176 页。

264　谢肇淛:《滇略》卷九《夷略》。转引自《云南史料丛刊》第 6 卷,云南大学出版社,2000 年 1 月版,第 780 页。

265　天启《滇志》,云南教育出版社,1991 年版,第 1001 页。

266　谢肇淛:《滇略》卷九《夷略》。转引自《云南史料丛刊》第 6 卷,云南大学出版社,2000 年 1 月版,第 778 页。

267　天启《滇志》,云南教育出版社,1991 年版,第 1000 页。

268　天启《滇志》,云南教育出版社,1991 年版,第 58 页。

269　天启《滇志》,云南教育出版社,1991 年版,第 60 页。

270　景泰《云南图经志书》卷之五《临安府・风俗》,云南民族出版社,2002 年 8 月版,第 156 页。

271　天启《滇志》,云南教育出版社,1991 年版,第 1000 页。

272　天启《滇志》,云南教育出版社,1991 年版,第 61 页。

第　二　章

土司制度下中央政府与云南少数民族上层势力的政治博弈

纵观封建王朝对云南少数民族的统治，大致可以分为两个时期：自汉迄宋施行的是羁縻统治；元、明、清王朝实行的是土司制度。[1] 明洪武十四年(1381年)，明军入滇，梁王投滇池而死，明王朝按中原内地统治模式在云南设置了承宣布政使司、提刑按察使司、都指挥使司等机构。但因云南社会、经济、文化与内地发展不平衡，不能完全照搬内地的统治模式，于是明中央政府便在元代土司制度的基础上，施行了一套"施羁縻于夷狄"的统治政策。即按云南各民族发展的具体情况，分别作了相应的制度安排。在靠内地区基本上设流官，"大理、临安以下，元江、永昌以上，皆府治也"，实施与内地一样的府、州、县制；在"新化、北胜等处则为州，或设流官，或仍土职"，推行土流兼治的政策；在南部边远地区的"孟艮、孟定等处则为司"，[2] 设置宣慰司、宣抚司、安抚司等，任命当地民族上层为土司进行统治。其目的是通过"受之爵赏，被之章服，俾自为治，而用夏之变与焉"的手段，达到"遂使深山荒服，崩兽角以奉版章"[3] 的效果。

土司制度的推行，使得明中央王朝和云南地方各民族上层在

政治互利的基础上结成了政治同盟。明王朝通过土司制度笼络各地民族上层为其"谨守疆土,修职贡,供征调",[4] 使其统治在元代的基础上"大为恢拓"。而各民族上层则通过中央政府的封赐取得对当地统治的合法地位,维护自己的既得利益。可以说,土司制度是明王朝治理云南民族地区的重要手段,也是明代云南民族地区社会历史发展一大时代特征。有明一代,中央王朝通过不断完善土司制度对云南民族地区进行有效控制,使得云南成为当时全国设置土司最多的省区。

当然,明王朝通过土司制度对云南各民族进行治理的前提是云南经济社会发展与内地不平衡,内地的统治策略在云南民族地区无法施行。在整个土司制度推行的过程中,都贯穿着中央王朝与地方民族上层势力的政治、经济博弈。明代中央王朝与云南各民族土司之间的封赐、承袭、朝贡、反叛、镇压,以及明朝中后期对鹤庆、寻甸、武定、元江等府的改土归流便是政治、经济博弈的直接反映。由于封建史家在对边疆民族进行记述时往往站在维护中央政府统治的角度,所以只重点强调中央与地方、中央对边疆少数民族的控制,重在政治关系,对各民族的经济文化记录较少。因此,在《明史》等相关史籍中我们大多看到的是这种政治关系,具体为中央对边疆的少数民族的封赐,以及各少数民族上层贵族的"反叛"和中央政府的"平叛"。这些历史事件背后反映的是各少数民族上层贵族与中央政府的政治、经济博弈关系。

第一节 明朝在云南少数民族地区推行土司制度

一、明代云南推行土司制度的背景

按照学术界普遍的说法，土司制度肇始于元代，明代延续并完善了这一制度。蒙古宪宗三年（1253 年），忽必烈率兵击灭大理政权后，由于云南民族地区生产方式和生活习俗不同，不可能照搬内地的统治方式，于是便在云南各民族地区设置万户府、千户所和百户所，任命当地民族上层进行统治。至元十一年（1274 年）建立云南行省之后，改元初所设的万户府、千户所和百户所为路、府、州、县。同时，“以蛮夷未附者尚多，命宣慰司兼行元帅府事，并听行省节制，置郡县，尹长选廉能者任之”。[5] 即在行省之下设置宣慰司，“掌军民之务，分道以总郡县，行省有政令则布于下，郡县有请则为达于省。有边陲军旅之事，则兼都元帅府，其次则止为元帅府。其在远服，又有招讨、安抚、宣抚等使，品秩员数，各有差等”。[6] 于是，元代便在云南设置了云南诸路宣慰司、大理金齿等处宣慰司、平缅路宣慰司、临安广西元江等处宣慰司、曲靖等路宣慰司、乌蒙乌撒等处宣慰司、罗罗斯等处宣慰司、亦溪不薛宣慰司、邦牙等处宣慰司、八百等处宣慰司等统治机构。虽然元代的宣慰司不像明、清土司制度下作为一个常设机构，只是“一时因事而设，初非兵官，亦非守土吏，事定即罢”，[7] 但宣慰司、宣抚司的设置使得元代对云南的统治不断扩大、深入和巩固。

朱元璋建立明朝以后的一段时期内，云南之地仍处于元梁王的统治之下，“今元之遗孽把匝拉瓦尔密等自恃险远，桀骜梗化，遣使诏谕，辄为所害”，[8] 但鉴于明初战乱之后经济凋敝，民生疾

苦,为稳定统治,朱元璋放弃了兴兵攻打云南的计划。经过十余年的休养生息,洪武十四年(1381 年),朱元璋派傅友德、蓝玉、沐英率三十万大军征讨云南,分兵攻打乌撒、乌蒙、东川诸部,在乌撒斩首三千级,获马六百匹。于是"东川、乌蒙、芒部诸蛮震慑,皆望风降附"。[9] 洪武十五年(1382 年),元曲靖宣慰司征行、元帅张麟、行省平章刘辉、枢密院同知怯烈该、传尉高仁、廉访司副使孛罗海牙及中庆、澄江、武定、嵩明、晋宁、昆阳、安宁、新兴、路南、建水、昆明、富民、宜良等路、州、县的达鲁花赤"诣征南左副将军永昌侯蓝玉、右副将军西平侯沐英降,献金、银、铜印七十四,金符七,马一万二千五百六十匹"。[10] 尔后,征南大军攻破大理,生擒段世,分兵取鹤庆,略丽江,下金齿,一路势如破竹,"于是么些、和泥、车里、平缅皆相率来降,得府、州、县、宣慰司、长官司一百八,民七万四千六百余户。"[11] 洪武二十三年(1390 年),麓川平缅宣慰使思伦发也遣使奉表贡方物。

然而,伴随各地民族上层归附和朝贡的是各地民族势力此起彼伏的反叛。仅洪武年间见诸记载的土酋叛乱就有:

洪武十五年(1382 年)九月,云南诸夷复叛,右副将军西平侯沐英等讨平之。

洪武十六年(1383 年)五月,云南普舍县伪右丞燕海雅作乱。

洪武十六年(1383 年)八月,姚安土官自久作乱,都督陈桓率兵讨之。

洪武十七年(1384 年)十月,曲靖亦佐县土酋安伯作乱,为西平侯沐英发兵讨平之。

洪武十八年(1385 年)十二月,平缅宣慰使思伦发反,率百夷之众寇景东。

洪武十九年(1386年)二月,云南臻洞、西浦、摆金、摆榜诸蛮叛乱,颍国公傅友德讨平之。

洪武十九年(1386年)十二月,巨津州土酋阿奴聪叛,袭劫石门关。吉安侯陆仲亨讨之。

洪武二十年(1387年)十月,剑川州土酋杨奴叛,大理卫指挥使郑祥率兵讨之,斩其党八十余人。同年,浪穹蛮叛,沐英讨平之。

洪武二十一年(1388年)九月,越州土酋阿资与罗雄州营长发束等叛,西平侯沐英会征南将军傅友德将兵讨之。同年,百夷据险作乱,又东川蛮反,而越州、龙海、广西等山寨亦据险作乱。

洪武二十二年(1389年),思伦发复寇定边,众号三十万。

洪武二十三年(1390年)十二月,蒙化高天惠叛,大理卫指挥使郑祥捕斩之,传首云南。

此起彼伏的民族叛乱使明王朝意识到"云南诸夷杂处,威则易以怨,宽则易以纵","为今之计,非惟制其不叛,重在使其无叛耳"。[12]面对云南众多梗化难驯的土酋,如何才能达到"使其无叛"的效果,朱元璋在洪武十五年(1382年)给征南将军傅友德等的诏谕中曾多次示谕"云南士卒艰食,措置军事,贵乎得宜,不则大军一回,诸夷复叛,力莫能制",[13]因此,治理云南众多土酋,"莫如顺而抚之,示以恩信,久则自当来朝"[14]。正如《明史·土司列传》所载:"彼大姓相擅,世积威约,而必假我爵禄,宠之名号,乃易为统摄,故奔走惟命。然调遣日繁,急而生变,恃功怙过,侵扰益深,故历朝征发,利害各半。其要在于抚绥得人,恩威兼济,则得其死力而不足为患。"[15]

于是,明王朝便在汉晋以来的羁縻统治及元代设置宣慰司、宣

抚司等统治策略的基础上，对“西南夷来归者”，“即用原官授之”，“置藩、臬、郡、县，吏、赋役、学校一与诸藩等，复虑夷情反侧，有司迁转不常，莫能得其要领，仍以土官世守之。其在内地者，与流官杂处，专主盗贼，不时生发，抚驭诸夷；在夷地者，赋役、讼狱悉以委之，量编差发，羁縻而已，虽有流官，但寄空名，随牒听委，不得有为于其国”。[16]这样，封建王朝希望利用土司在少数民族中的传统势力和影响，建立和巩固对少数民族地区的统治秩序，而各少数民族上层则企图借重封建王朝的封号，提高自己的声望，震慑他人，进一步巩固自己的地位。双方在各自的利益趋势下选择了土司制度作为合作的途径。于是，明中央王朝便继承了元代的土司制度，任命当地归附的少数民族上层势力进行治理，对民族地区实行间接统治。

二、明代云南的土司制度

明代将全国分为十三个行省，其中有四川、云南、贵州、广西、广东、湖广和陕西七个行省设置有土司。据统计，明代在云南设有土宣慰使 14 家，土宣抚使 2 家，土宣抚同知 2 家，土宣抚副使 3 家，土宣抚司知事 1 家，土安抚使 8 家，土长官 33 家，土副长官 17 家，土指挥使 1 家，土指挥佥事 1 家，土千户 14 家，土副千户 11 家，土百户 43 家，这是武职土司总计 159 家。文职土司有土知府 22 家，土府同知 5 家，土府经历 3 家，土府知事 3 家，土府照磨 3 家，土知州 29 家，土州同知 7 家，土州判官 6 家，土知县 5 家，土县丞 9 家，土主簿 5 家，土典史 1 家，土驿丞 25 家，土巡检 95 家，土相加课司副使 1 家，土盐井司副使 2 家，土巡捕 4 家，土巡缉 1 家，土舍 19 家，土通事 1 家，土把事 7 家，土通把 2 家，总计 255 家。[17]

明代的土司分文职和武职两个系列。一般而言，土知府、土知

州、土同知、土知县、土通判、土官、土经历、土知事、土县丞、土主簿等为文职土官，在省一级由布政使司管理，上则隶属于吏部验封司；宣慰司、宣抚司、招讨司、安抚司、长官司等则为武职土司，在省一级由都指挥使司管理，上则隶属于兵部武选司。

明中央政府对云南政区设置的基本指导思想仍是从云南地处边疆、少数民族众多的特殊性着眼，在永昌府以东，景东府以北，政府能直接控制、汉族人口较多，军户、民户较集中的地方设置府、州、县，而在边境地区、少数民族聚居的边远山区则设置宣慰司、宣抚司、招讨司、安抚司、长官司。具体来说，"大理、临安以下，元江、永昌以上，皆府治也。孟艮、孟定等处则为司，新化、北胜等处则为州，或设流官，或仍土职。今以诸府州概列之土司者，从其始也。盖滇省所属，多蛮夷杂处，即正印为流官，亦必以土司佐之"。[18]也就是说，明代在西起永昌(今保山)东至元江这一线以北的民族杂居地区，主要设置土府、土州、土县，仅个别地区设置土司，设置有楚雄、姚安、鹤庆、寻甸、武定、丽江等土府，罗雄、赵州、路南、剑川、弥勒、师宗、安宁、阿迷、陆凉、居益等土州，罗次、云南、元谋等土目；在西起永昌东至元江这一线以南的民族聚居地区，主要设置土司，设置有车里、八百、麓川等宣慰司，南甸、干崖、陇川等宣抚司，潞江、耿马、猛卯等安抚司，茶山、孟连、教化、思陀甸、凤溪、大侯、八寨等长官司；在南部边境地带称为"御夷"地区，设置有"御夷府、州"或"御夷长官司"，即孟定等御夷府，湾甸、镇康等御夷州，芒市等御夷长官司。[19]

明代的土司制度较之元代有较大的完善，在土司的品秩、俸禄、刑律、袭替、朝贡、赋役等方面作出了一系列规定。

首先，明朝对土司的等级及俸禄有了明确的规定。据《明史·职官五》所载，明代军民府、土州、土县的土知府、土知州、土

同知、土知县、土通判、土官、土经历、土知事、土县丞、土主簿等文职土官，其“设官如府州县”，“其品秩一如流官”。而宣慰司、宣抚司、招讨司、安抚司、长官司等武职土司的品级也有明确的规定。具体如下：

宣慰司：宣慰使为从三品，同知为正四品，副使为从四品，佥事为正五品，经历为从七品，都事为正八品；

宣抚司：宣抚使为从四品，同知为正五品，副使为从五品，佥事为正六品，经历为从八品，知事为正九品，照磨为从九品；

安抚司：安抚使为从五品，同知为正六品，副使为从六品，佥事为正七品，吏目为从九品；

招讨司：招讨使为从五品，副招讨为正六品，吏目为从九品；

长官司：长官为正六品，副长官为从七品，吏目则未入流，无品级；

蛮夷长官司：长官为正六品，副长官为从七品。[20]

其次，对于土司的俸禄，明初曾规定，因文职土官分世袭和选用者，“世袭者世居本土，素有储蓄，不资俸禄养廉，可也；选用者，多因流寓本土，为众所服，故一时用之，非给俸禄，无以养廉”。[21]又《明史·职官一》对武职土官的俸禄有明确的规定：“凡土司之官九级，自从三品至从七品，皆无岁禄。”

其三，关于土司的承袭，元代的管理并不严格，只是规定“云南土官病故，子侄兄弟继之，无则妻承夫职。远方蛮夷顽犷难制，必任土人可以集事，今或阙员，宜从本俗权职以行”[22]。明代则在体制上更加完备，明初曾规定土司土官“袭替必奉朝命，虽在万里外，皆赴阙受职”[23]。后来，考虑到各地土司赴阙受职的诸多不便，于是天顺八年(1464年)“令土官告袭，勘明会奏，就彼冠带”。[24]具体操作规程是：“土官承袭，务要验封司委官体勘，别无争袭之人，

明白取具宗枝图本,并官吏等人结状,呈部具奏,照例承袭。移附选部附选,司勋贴黄,考功附写行止,类行到任。见到者,关给札付,颁给诰敕。"[25]至于承袭的范围及秩序,"其子弟、族属、妻女、若婿及甥之袭替,胥从其俗"。[26]同时,明代为了加强对各地土官土司的文化统治,曾于弘治十六年(1503年)下令"土官应袭子弟,悉令入学,渐染风化,以格顽冥。如不入学者,不准承袭"。[27]

其四,关于土司的奖惩,明朝初年政府就明确规定:"凡土官选用者,有犯,依流官律定罪;世袭者,所司不许值问,先以干证之人,推得其实,定议奏闻;杖以下则纪录在职,徒、流则徒之北平。"[28]明代对于忠于职守、有军功和向朝廷进献等土司,往往给予升品秩、授虚衔等奖励措施。相反,对于叛乱或触犯刑律的土司,则往往给予降职、流徙,甚至处死等处分。

明代土司制度的完善,将元明清时期中国土司制度的发展推向了巅峰。在完备的土司制度下,中央王朝和地方民族上层在政治、经济博弈中找到了短暂的平衡和维护各自利益的支点,为明王朝稳定和巩固西南民族地区的政治统治,维护统一多民族国家的安定团结起到了非常重要的作用。同时,明代土司制度下中央政府治理云南的成功经验和错误决策等也为今天民族区域自治和边疆治理提供了有益的借鉴。

第二节　明朝对云南少数民族地区的治理

云南自古就是一个"所属多蛮夷杂处"的多民族聚居区,因此,明王朝平定云南后,鉴于云南地处边疆,民族众多且社会发展极不平衡的历史现状,所以仍然袭元故事,在一些民族地区保留少数民族上层的土官,即使是"正印为流官,亦必以土司佐之",[29]将

元代初创的土司制度发展到了巅峰。

土司制度的推行和完善使得云南大多土司都与中央王朝保持了一种良好的政治同盟关系。也正因如此,明王朝在云南的统治不仅局限于云南的靠内地区,而是深入到了广大不能完全适应直接统治的云南边疆民族地区,并通过土司制度与云南境内一些少数民族建立了和谐的民族关系,促进了云南边疆民族地区的经济、社会和文化的发展。正如毛奇龄《云南蛮司志》所载,云南之地"自汉、唐迄元,但以兵力羁縻之,入明南征,竟版籍其地,辟箐落而加以经画,仿佛神农开地至日月之表者,创置云南、楚雄、临安、大理诸府为内地。而更以元江、永昌之外麓川、车里诸地为西南夷,一如旧时成都之视滇池。其南以元江为关,车里为蔽,而达于八百,其西经永昌为关,麓川为蔽,而达于木邦,其西南则通缅甸而底于南海,其东南则通宁远而竟于安南,其西北则拓丽江而达于吐蕃,幅员广大,至是已极"[30]。土司制度的推行对于明王朝加强对云南的统治,可谓意义非凡。

现将明王朝推行土司制度后部分民族地区的治理情况概述如下,以说明明代土司制度推行后中央政府在与地方民族势力在政治、经济博弈中对云南民族地区政治、经济和文化等方面的促进作用。

一、明朝对大理府的治理

洪武十四年(1382年),征南将军傅德友攻下云南后,遥授段明为宣慰使。与明军以武力攻下云南府不同,大理段氏表面上主动归附明朝,但实际上仍然希望踵元朝故事,保持相对独立的局面,所以段明修书一封,派都使张元亨送给傅友德,信中说"大理乃唐交绥之外国,鄯阐实宋斧划之余邦,难列营屯,徒劳兵甲"。

委婉地表达了仍想独立割据的意愿，请求明王朝“依唐、宋故事，宽我蒙、段，奉正溯，佩华篆，比年一小贡，三年一大贡”。[31]傅友德对此大怒，“辱其使”，拔军进伐大理。段明又再致信傅友德说：“汉武习战，仅置益州，元祖亲征，只缘鄯阐。乞赐班师。”[32]傅友德回信认为段氏天数已尽，明军灭梁王，已替段氏报了世仇，应真心实意地投降。

在招降无果的情况下，洪武十五年（1382 年），征南左将军蓝玉、右将军沐英率师攻大理。段氏以苍山、洱海为天险，固守下关。蓝玉派定远侯王弼带兵由洱海东迂回至上关，自己抵下关，又派都督胡海洋由石门小道登上苍山“立旗帜”。随之沐英身先士卒，策马渡河，“遂斩入关，蛮兵溃，拔其城，酋长段氏就擒”。[33]之后，段世和段明都被押解到京城，明太祖想到当初段宝曾表示过归附，便没有杀段明和段世，赐段明名为段归仁，授永昌卫镇抚之职；赐段世名为段归义，授雁门镇抚之职。明太祖以安抚为主的政策没有激化矛盾，使整个大理僰人从心理上得到安慰，人心思明恩，不再有动乱之心，因此大理全境悉定，明政府乘势在大理改土归流，“改大理路（宣慰使司）为大理府，置卫，设指挥使司”。[34]

由于大理府下属的行政区仍然是多民族地区，汉族人口少，可耕地还多，于是政府有针对性地制定了一系列的统治政策。

首先，在僰人集中的地方设了一些级别较低的土司，并整齐划一地全部改流。具体设置的土司有：洪武十六年（1383 年），命品甸（今祥云境内）土酋杜惠担任千夫长；洪武十七年（1385 年）命阿这为邓川土知州，阿散为太和府正千夫长，李朱为副千夫长，杨奴为云南县土县丞。这种做法稳定了政府一时难于控制的地区，对于明政府巩固其在大理的统治起到了积极的作用。

其次，在大理地区进行公共设施建设。任命六安侯王志、安庆

侯仇成、凤翔侯张龙督兵在大理城修城池、立屯堡、置邮传。洪武十九年(1387 年)设置云南洱海卫(今祥云县)指挥使司,以赖镇担任指挥佥事,"镇至,复城池,建樵楼,治庐舍市里,修屯堡、堤防、斥堠,又开白盐井,民始安辑"。[35]公共设施的建设对于恢复大理地区正常的生活秩序起到了重要的作用。

再次,专门调集军队到大理坝子实施军屯。洪武二十年(1388 年),"诏景川侯曹震及四川都司选精兵二万五千人,给军器农具,即云南品甸屯种"。[36]通过以上这些措施,大理很快安定下来,社会经济发展很快,成为云南仅次于滇池地区的发达地区。同时,随着卫所屯田的推行,大量汉族移民进入大理地区,为汉、僰之间经济文化交流提供了更为广阔的舞台。

最后,积极推行儒学教育。明代,在元代大理府学的基础上,政府重新修建了大理府学,并先后置办学田二百九亩七分。不仅如此,明朝政府还在云龙州、宾川州、邓川州、赵州及太和县、云南县、浪穹县等建立了州、县儒学,并兴建了苍山书院、玉泉书院、青华书院等一大批教育机构。大批儒学教育机构的兴起,有力地提高了大理府汉、僰等居民的文化水平。据正德《云南志》载,大理府境内汉、僰人"悦其经史,隆重师友。开科之年,举子恒胜他郡"。[37]良好的历史和文化积淀,为今天白族成为云南汉文化程度最高的少数民族奠定了坚实的基础。

二、明朝对丽江府的治理

洪武十五年(1382 年)明军攻克大理,时任丽江宣抚司副使的阿甲阿得把握历史发展的脉搏,"率众首先归附,总兵官征南将军太子太师颍国公傅友德等处奏闻,钦赐以木姓"。[38]归顺明朝后,明王朝于洪武十五年(1382 年)年设丽江府。洪武三十年(1397 年)

十一月升为丽江军民府，领通安、宝山、兰州、巨津四州。

有明一代，丽江木氏共经历了木得、木初、木土、木森、木嶔、木泰、木定、木公、木高、木东、木旺、木青、木增、木懿共 14 代土司，278 年。木氏在整个明代通过朝贡、捐输金银、承担差发及平定地方叛乱，抵御藏族势力南下等政治活动对明王朝尽忠职守，与中央王朝保持一种良好的臣属关系。如明朝中后期，丽江木氏曾多次向朝廷捐输金银。分别是嘉靖三十九年(1560 年)，木高“进助殿工银二千八百两，诏加文职三品服色，给诰命。四十年又进木植银二千八百两，诏进一级，授亚中大夫，给诰命”[39]；万历十一年(1583 年)因“西寇叛乱，助饷银一千”；万历十二年(1584 年)，知府木旺因“本年征缅，再助饷银二千”；[40]万历二十五年(1597 年)，知府木青因“顺宁大侯州逆叛，助饷银四千”[41]；万历三十八年(1559 年)，木增以“征蛮军兴，助饷银二万余两，乞比北胜土舍高光裕例”[42]；万历四十七年(1619 年)，“增输银一万两，助充辽饷”；[43]按《木氏宦谱》载：“本年(即万历四十六年)，辽阳大惊，饷银一万解京”，年代相差一年。疑为木氏四十六年启程，到京时已是四十七年，故有此差耳。万历四十八年(1620 年)，木增又“助银一千二百解京军前买马，蒙钦赐忠义”；天启二年(1622 年)木增助征四川奢酋作叛饷银，并“差人赴阙陈言十事，捐银一千助国”。[44]

另一方面，明中央王朝出于维护多民族国家统一和边疆民族地区稳定和发展的需要，对木氏采取笼络和羁縻的政策。对丽江木氏宠渥优厚，除多次赏赐金银、绸缎、珍珠等物品外，还封予木氏高官以示恩宠。如封木森为太中大夫资治少尹，云南布政使司参政职事；封木增为云南布政使司右参政、广西布政使右布政、四川布政司左布政等职。此外，还给予木嶔“世居南徼，恭事中廷，忠效诚久而弗替”，木泰“益笃忠诚，慎终如始”，木定“克世阙官，展

布忠诚，辑宁边境，眷惟劳勋”，木公“修职有加，效力输忠，辑宁边境，眷惟劳勋良足嘉尚”，木高“诚心报国，割股奉亲，华行边徼，威镇北番，以德其名，忠孝两尽，因材而誉，文武兼全”，木东“栋梁之质，经纬之才，奉命专城能用文济武，诚心报国，克移孝以摅忠”，木旺“缵承世职，恪守官常，修尔戈矛，克笃从王之义，保兹氓庶，尤征驭众之才”，木青“夙抱忠贞，克荷世美，习闻韬略，不愧家声芳誉以著乎夜郎，英风复驰于炎徼”，木增“益笃忠贞，为诸土司风”[45]等很高的评价。并钦赐给木氏“辑宁边境”（1543 年，木公）、“乔木世家”（1560 年，木高）、“西北藩篱”（1574 年，木东）、“忠义”（1620 年，木增）等匾联。

除了笼络当地民族上层为其统治服务外，明代政府还在丽江新修了一批水利工程，据《徐霞客游记》载，丽江府内沟河纵横，水利资源丰富，当地居民经常栏河造坝，引水灌田。东园里“即有一水，西自文笔峰环坞而至。有石梁跨其上，曰三生桥。过桥……于是西北行平畴间矣”；七河一带“坞盘水曲，田畴环焉”；十河一带“今引水东行坞脊，无涓滴下流涧中，仅石梁跨其上。度梁之东，即南随引水行，四里，望十河村落在西，甚盛”[46]。经过各族人民的不断经营，丽江纳西族地区社会经济进入了一个全新的发展时期。这一时期，丽江纳西族社会经济在元代和明初的基础上继续发展，人民懂得了休耕和牛耕的生产技术，懂得根据节气的变化来进行农事活动，农作物的种类也比前代大大增加，甚至出现土官家设宴时“大肴八十品，罗列甚遥，不能辨其孰为异味也”[47]的奢华铺张场面；手工业和商业贸易也进一步发展，所制作的“红毡丽锁”工艺精良，远近闻名；所做的琵琶猪、豆粉、荞糕、油线、酥饼、油饼等食品就连见多识广的徐霞客也称赞不已。此外，采矿业也比以前发展，“且产矿独盛，宜其富冠诸土郡云”[48]，木氏“尝贮金数十库，馈

人每馈以千计”[49]，向朝廷捐输饷银动则成千上万。

此外，明代随着卫所等军事制度的推行，大量的汉族移民也进入了丽江地区。因此，丽江木氏要对辖区进行有效的控制，除了依托中央王朝和强大的军事实力外，还采取了一种积极、开放的政治、宗教和民族政策，使得滇西北地区继续保持了一种相对安定和宽松的环境，整个纳西社会进入到一个新的发展时期。木氏为了巩固对辖区各族人民地统治，不断吸收汉文化的精髓以提高自身的文化素养和统治能力，使得木氏文学盛极一时，就连后人修史也赞其“云南诸土官，知诗书好礼守义，以丽江木氏为首云”[50]。同时，木氏采取了一种兼容并蓄的宗教策略，不但大力提倡本民族的东巴文化，还积极扶持道教、汉传佛教和藏传佛教在当地的发展，广建寺庙道观，并向这些寺庙布施金银佛像等物，这不仅符合当时历史发展的客观要求，也为后世乃至今日纳西社会和滇西北地区多元文化的形成奠定了基础，为今天纳西族成为多元文化的综合体，成就“小民族创造大文化”的民族发展史作出了重要的贡献。

三、明朝对楚雄府的治理

楚雄府在元代为威楚万户府，是罗罗和僰人的主要居住区。洪武十五年（1382 年），南雄侯赵庸攻下威楚。洪武十七年（1385 年），明以僰人土官高政担任楚雄府同知，高政死后无子，妻袭其职，妻子死后其女承袭土同知。

由于当时楚雄坝区主要为僰人，汉化程度较高，所以在永乐元年（1402 年）楚雄府认为“（府内）所属蛮民，不知礼义。惟僰种赋性温良，有读书认字者。府州已尝设学教养，其县学未设。县所辖六里，僰人过半，请立学置官训诲”。[51]这一请求得到同意，于是楚雄地成了汉文化传播较广的地区。

楚雄之下的南安州没有设置过土官，但州内民族较多，内部矛盾复杂，而流官又不能进行有效的管理，所以当地土人进言说："本州倮罗舞、和泥、乌蛮杂类，禀性顽犷，以无土官管束，多致流移，差役赋税，俱难理办。众尝推（李）保署州事，抚绥得宜，民皆向服，流移复归。乞授本州本官"。[52]虽然吏部认为从来南安州都没有设置土官，"难从其请"，但明宣宗认为政治在于顺应民情，所以同意此请求，于宣德八年（1433年）升安南州土巡检李保担任州判官。从这件事可以看出，土官、流官的设置与废除不能一概而设，要以社会稳定，民情向背而定，才能取得有效治理的目的。

有明一代，楚雄府的治安较平稳，只有两次动乱。一次是宣德九年（1434年）楚雄府所属所黑石江及泥坎村银矿被大肆盗取，发展到"千百为群，执兵攘夺"，后被平定；另一次是嘉靖四十三年（1564年），楚雄阿方反叛，攻打易门所，流窜于昆阳、新化各州县，并邀约土官王一心、王行道为后援。其间王一心后悔，"诣军门请讨贼自效"，巡抚吕光洵率众击杀阿方，此后楚雄再没有大的动乱。

四、明朝对景东府的治理

景东府是百越系统民族和氐羌系统民族的交错分布区，南诏国在这里设置了银生府，大约在大理国时被北上的金齿占据，元代设立了开南州。明朝攻下云南后，景东府的百夷土官陶俄率先归附，献给政府"马六十匹、银三千一百两、驯象二"，明王朝在其地设置景东府，任命陶俄担任土知府，"赐以文绮袭衣"。[53]

景东府离云南滇池区域和洱海区域最近，这两大区域是云南十分重要的政治、经济、文化中心区，历来备受重视。洪武十八年（1385年），百夷（或称白夷）思伦发反叛，率十万之众进攻景东的

北吉寨,土知府陶俄率众抵抗,为思氏所败,“率其民千余家避于大理府之白崖川”。[54]明太祖对此十分赞赏,派人赐“白金绮文”。洪武二十三年(1390年),沐英讨平思伦发,收复景东,认为景东府是百夷分布区的要冲,应该在那儿设卫,命锦衣卫佥事胡常守之,让陶俄仍旧担任土知府。与此同时,还调白崖川军士、洱海卫指挥同知赖镇防守景东,由此可见政府对景东的重视。

景东府所辖之地较广,其中的孟缅、孟梳因离景东很远,屡被外寇侵扰,所以明王朝在宣德五年(1430年)把孟缅和孟梳合在一起设立了孟缅长官司,以加强对景东边远地区的治理。

在明政府的大力支持下,陶氏家族势力日益强盛,凡政府军有大的军事行动都参加。正统年间(1436至1499年),思任发叛乱,官军征麓川,土知府陶瓒参加战斗立下大功,被晋升为大中大夫。

景东的百夷性情淳朴,善于弩射,象战是他们的特长,在征讨铁索、米鲁、那鉴、安铨、凤继祖的战斗中,都有象兵参战。除此之外,陶氏还参加天启六年(1626年)征讨水西反叛的军事活动,当时贵州水西安邦彦造反,率众二十万攻入云南,“至马龙后山,去会城十五里”,总兵官调景东土舍陶明卿率兵伏击于左侧,在官军与安氏土兵战斗时,陶明卿“乃以象阵从左翼冲出横击,贼溃,追奔十余里”。[55]事后巡抚报功,陶明卿为第一。

有明一代,景东陶氏不仅为明王朝守土安民,恪尽职守,还多次出兵协助明王朝平定其他地方民族势力的叛乱。而且调兵参加作战时,并不全部要政府支付费用,“每调兵二千,必自效千余,饷士之费,未尝仰给公家,土司中最称恭顺。”[56]从维护统一多民族国家稳定和团结的角度看,景东百夷陶氏家族确实为国家立过大功,值得充分肯定。

五、明朝对姚安府的治理

姚安是汉代的弄栋、蜻蛉两县，唐代因为这里姓姚的人多，便设置了姚州都督府，元在此设立了统矢千户所，元文宗天历年间（1328至1330年）升为姚安路。洪武十五年（1382年）改路为府。

洪武年间，姚安土官自久叛乱，攻击平甸，沐英奏请让土官高保担任姚安府同知、高惠担任姚安州同知。高保、高惠参加了平定自久的军事行动。平定姚安自久之乱后，政府调集军户在姚安、定边"立营屯种"。其后姚安高氏土官多次让土兵随政府军参加军事行动，也多次入京朝贡：

> 洪武二十六年（1393年）高保承袭同知后，派遣"其弟贡马谢恩"。
>
> 宣德九年（1434年），姚安土知府高贤"遣使贡马"。
>
> 弘治年间（1488至1505年）土官高栋与普安大战，战死于板桥驿。
>
> 嘉靖三十年（1552年），土官高鹄在元江为救布政司官员徐樾时遇害。
>
> 万历中（1573至1620年），同知高金因为征缅有功，被授予了四品官服。

从以上记载可见，明代姚安土官高氏与政府在土司制度下保持了一种良好的政治关系，这对明王朝巩固其在滇中地区的统治起到了重要的作用。

姚安除白人外，还有罗罗，一度"依山险，以剽掠为业，旁郡皆受其害。……万历元年（1573年）巡抚邹应龙与总兵官沐昌祚讨平之，诸郡乃安"。[57]

六、明朝对广南府的治理

广南府在宋代叫特磨道。分布着百越系统的后裔侬人，元代曾于此地设广南西路宣抚司。洪武十五年(1382 年)归附明朝后改为广南府，任命土官侬郎金担任同知。洪武二十八年(1395 年)政府命令都指挥同知王俊率云南后卫军队到广南“筑城建卫”，由此引发了侬郎金之父侬贞佑的不满，“结众据山寨拒守”，王俊派人招抚，“不服，时伏草莽中劫掠”。[58]对此，王俊乃指挥军队分兵攻取各寨，大胜，侬贞佑被捕，押送京师，同时将侬郎金降为土通判。

正统六年(1441 年)，广南侬人阿罗、阿思等四处打劫，严重影响社会稳定，明王朝命总兵官沐昂进行招抚，同时还对富州土官沈政和侬郎举为争地而产生的冲突进行调解，明英宗特降旨认为“蛮人当宥之”，这样的处置可以安抚人心，避免激化矛盾，其意义是积极的。

侬郎金被降为通判后，侬郎举因参加征麓川有功，升为同知，他死后无嗣，由四门土舍目推举侬文举署事，侬文举也因屡建战功，在万历七年(1579 年)，“实授同知”。在后来的征三乡、征播州、征寻甸等战役中皆派兵参战，“皆有功，赐四品服”。自从侬文举依靠四门土舍目推拥得以复职，从此之后侬氏的承袭也多由四门推举。于“土官之政出于四门，租税仅取十之一”。[59]

明朝晚期，侬氏内部因印信的掌管和承袭产生了争斗。因为广南道险多瘴，流官知府一般不住在那里，印信由临安指挥掌管，指挥外出，“印封一室，入取。必有瘟疠死亡”。万历四十八年(1620 年)，流官知府避瘴临安，把印信交给同知侬添寿，表示由侬添寿执掌政务。侬添寿死后，“家奴窃印并经历司印以逃，既而归印于其叔侬仕祥”。[60]其后经过政府出面协调，才和平解决此事。

七、明朝对永昌府的治理

永昌府是古代哀牢国之地，西汉武帝时置不韦县，东汉设永昌郡，元置永昌州，后又升为永昌府。洪武十五年(1382 年)平定云南后，明朝为加强对当地的统治，在设置永昌府的同时，设立了金齿卫，移驻大量汉族移民进行屯戍。在进行军事控制的同时，明朝也考虑到当地民族地区经济社会发展实际，于洪武十六年(1383 年)诏赐永昌州土官申保“锦二匹、织金文绮二匹、衣一袭及钑花银带、靴袜”，[61]后又封申保为永昌府土同知，多次朝贡，受赏赐颇多。

洪武二十三年(1390 年)，西平侯沐英认为永昌府居民不多，应该将府卫合二为一成为军民指挥使司，于是署永昌府，改金齿卫为军民指挥使司，并设置了凤溪长官司，以永昌府通判阿凤为长官。次年，明朝政府为进一步加强对这一地区的统治，又设置了永平卫。

由于永昌府及其腾冲等地路通麓川、缅甸诸处，具有重要的军事战略地位。加上麓川思氏的不断扩展和叛乱，以及明朝中后期缅甸、木邦、孟养等土司的纷争不断，导致明朝西南边疆的危机。为加强对边疆的治理，明朝政府不断加强对永昌府的军事移民，并根据形势发展需要，不断地进行统治机构的设置和调整。宣德五年(1430 年)，在金齿军民指挥使司之下设立了腾冲卫，腾冲卫守御所土官副千户张铭说因为腾冲卫在边地，麓川宣慰使任发不断侵扰，请求设立州治，明宣宗同意此请，任命张铭担任腾冲卫土知州。

其后，处于统治的需要，明朝政府又于嘉靖元年(1522 年)复设永昌军民府。领腾越州，保山、永平二县，潞江安抚司及施甸、凤

溪二长官司。

八、明朝对镇沅、永宁、蒙化各府的治理

镇沅是一个多民族杂居区，南诏国时设银生府，后来“金齿、僰蛮据之”，成为百夷的主要聚居区之一。元代开始设威远蛮棚府，隶元江路。洪武十五年（1382 年），总管刀平及其兄那直归附明朝，被授予千户长。建文四年（1402 年）设置了镇沅州，任命刀平担任知州，其后刀平率子朝贡，对政府表示了极为顺服的态度。此后，刀平多次率土兵参加政府的军事行动，“从征八百，又从攻石崖、者达寨外部”。由于刀氏征讨有功，并多次朝贡表示忠心，于是朝廷升镇沅州为镇沅府，“以刀平为知府，置经历、知事各一员，贡物皆如例”。[62]嘉靖六年（1527 年），寻甸府土酋安铨率众反叛，并得到武定府土知府凤氏的积极响应，发展成为震动滇中的彝族叛乱。在镇压叛乱的过程中，明朝政府调镇沅土兵千人，由刀宁息率领征讨安铨。嘉靖二十五年（1546 年），元江府土舍那鉴杀死其侄子土知府那宪，夺走知府印，纵兵攻掠村寨，祸及镇沅府，知府大印被那鉴夺走。在征那鉴的过程中，明朝政府“复调（刀宁息）其子刀仁，亦率兵千人，征那鉴，克鱼复寨”，并夺回了被劫的知府大印。

永宁府（驻今云南宁蒗县永宁乡），西北与土蕃相接，唐以后么些蛮迁入，元设永宁州。明平定云南后将永宁州划属鹤庆府，后又改属澜沧卫。永乐四年（1406 年）于永宁州下设刺次和、瓦鲁之、革甸、香罗甸四个长官司，以土酋张首等为长官，“各给印章，赐冠带绮币”。因为永宁的地理位置重要，不久便升为永宁府，直属布政司管辖，升土知州各吉八合为土知府，命他捍卫滇西北与吐蕃相接之地。宣德四年（1429 年），永宁矢不剌非纠集四川盐井卫

土官马剌非攻杀各吉八合,被政府军平判后,任命卜撒承袭土知府,但不久又被失不剌非所杀。之后,明王朝命卜撒弟南八承袭,“马剌非又据永宁节卜、上、下三村,逐南八,大掠夜白、尖住、促卜瓦诸寨。”[63]势态大为紧张,明成祖命令都督同知沐昂“勒兵谕以祸福,并移檄四川行都司下盐井卫谕马剌非还所据村寨。”[64]由于政府的干预,南八占了上风,攻下马剌非的乌节等寨,最后令“各归侵地”,平息了这场永宁府内部的冲突。

蒙化府(驻今云南巍山县),是南诏蒙氏的起源地,乌蛮的主要聚居区之一,元设蒙化州,洪武十七年(1384 年)命蒙化首领左禾担任蒙化州判官,施生担任正千户长。洪武二十三年(1390 年),沐英因为蒙化州下编的火头字青等“梗化不服”,请求设卫,命指挥佥事李聚守蒙化,但土司不废。永乐九年(1411 年),土知州左禾、正千户长阿束入贡,与政府建立了良好的关系。左氏土兵在参加征伐麓川的战斗中,英勇善战,“功第一”,所以得“进秩临安知府,掌州事”,明英宗时升蒙化州为府,任命左伽担任世袭知府,同时还考虑到地方不宁,免除他们的朝贡。由于政府抚恤得当,恩威并重,蒙化左氏有明一代没有与政府发生过矛盾冲突。

九、明朝对新化州、威远州、北胜州、湾甸州、镇康州、大侯长官司、澜沧卫的治理

新化州洪武初为马龙他郎甸长官司,后升为新化州。宣德八年(1433 年)黔国公上奏,说摩沙勒寨万夫长刀雍及其弟刀眷纠集土兵侵占马龙他郎甸长官司衙门,杀掠民众,请求派都督同知木昂讨伐。但明宪宗认为只要抚谕刀氏兄弟就行了,不必兴师扰民。正统二年(1437 年)木昂上奏说刀雍不服招抚,请调兵围剿,而明宪宗仍然认为“群蛮仇杀乃其本性,可仍抚谕之”。[65]所以事情没有

一个最后的结果,不了了之。

威远州本来是乌蛮的分布地,在大理国时百夷进入并占据之。洪武十五年(1382 年),改威远蛮栅府为威远州,百夷土官刀算党担任威远州土知州。永乐二年(1404 年),刀算党被车里百夷抓住,并占据了威远州地,后经政府出面调解才释放了刀算党并还回其领地。永乐三年(1405 年),刀算党携象马及众多方物入京朝谢,明成祖"颁降赐谕金字红牌,赐之金带,织金文绮、袭衣及银钞、锦币"。[66]永乐二十二年(1424 年),威远州土官刀庆罕又派人朝贡,两次都得丰厚的回赐,其中最重要的是"信符、勘合底簿",表明他们是明朝的臣民,在政治上是合法的,是为政府守卫着边疆。因此在平定麓川的军事行动中,威远州的土知府刀盖罕立了大功。正统六年(1441 年),明英宗专门下了诏褒奖刀盖罕,敕曰:

> "叛寇思任发侵尔境土,胁尔从逆。尔毋招曩猛能秉大义,效忠朝廷,悉出金资,分赍头目。尔母子躬擐甲胄,贾勇杀贼,斩其头目派罕,追逐余贼过江,溺死数千,斩首数百,得其战舰、战象,仍留兵守贼所据江口地。忠义桌然,深足嘉尚。今特升尔正五品,授奉政大夫、修正庶尹,封尔母为太宜人,俱锡诰命、银带及绮币表里,酬母子勋劳。陶孟、刀孟经等亦赐赉有差。尔宜益勉忠义,以副朕怀。"[67]

皇帝能为一个地方土知府专门下旨褒奖,说明他们在守卫边境中确实是战功卓著的,而且还"悉出金资",为国家分担了经济压力,都属难能可贵之举。

北胜州是唐代开始由异牟寻开拓的,居民白蛮、罗落、么些都是从外地迁入的,南诏国时曾叫善巨郡,元设北胜州,后又改为府。洪武十五年(1382 年)改为州,隶鹤庆府,又属澜沧卫。州内的民

族以僰人居多,以大姓杨氏、高氏为代表。从永乐五年(1407年)开始,土百夫长杨克、土判官高琳、土知府高瑛等相继朝贡,得赐物甚众。万历四十八年(1620年),高氏土官内部因争夺权力发生了冲突。北胜州土同知高也懋死后,其同父异母弟高世昌承袭。但族中高兰妄称高世昌不具有合法性,向政府上诉,未得到回复。高世昌在威逼下逃到丽江,"寻还至澜沧,宿客舍,兰围而纵火,杀其家七十余人,发其祖父墓,自称钦授把总,大掠。"对于这种不仁不义的做法,丽江知府木增请求讨伐高兰,"上官嘉其义,调增率其部进剿,获兰枭之"。[68]永胜州得以平定,但已时至明朝末年。

湾甸州最早是洪武十七年(1385年)设的湾甸县,后来因为湾甸与麓川相接近,具有重要的军事地位,所以在永乐元年(1403年)由西平侯沐晟建议设立了湾甸长官司,但不久又改为湾甸州,任命土官刀景发担任知州,颁发了印信、金牌,同时还设流官吏员一人。自此湾甸百夷土官每年朝贡。永乐四年(1406年)明成祖下旨:"湾甸道里险远,每岁朝贡,令自今三年一贡,著为令。如庆贺、谢恩之类,不拘此例。"[69]中央能体恤民情,关注民众的负担,对于增强边疆民族的国家认同感和政治向心力是有积极意义的。万历十一年(1583年),土官景宗真率其弟景宗材引导木邦叛贼罕虔入寇姚关,景宗真被杀于阵,宗材被擒而斩之。景宗真的儿子被乞死罪,但降为土州判,让他戴罪立功,后在讨伐猛廷瑞时立了大功,又复土知州职。

镇康州本为黑僰(当为今云南孟高棉民族的先民)的分布区,百夷是后来迁入的,所以镇康州是一个多民族杂居区。元至元十三年(1276年)设镇康路军民总管府。洪武十五年(1382年)改为府,后又改为州。永乐二年(1404年),明中央派官颁发印信及金字红牌,命湾甸同知曩光兼任土知州。以后镇康州的上层贵族多

次朝贡，地方与中央建立了紧密的联系。由于镇康州与木邦相邻，所以经常遭到木邦的侵扰，并引诱归附缅甸，但镇康以刀氏为首的各民族一直坚持自己的中国立场，维护着国家的领土完整和边疆的稳定。

大侯长官司是百夷的主要分布区，元属麓川路，洪武二十四年（1391 年）设大侯长官司。永乐二年（1404 年）颁发了印信、红字金牌，其后在永乐三年、六年长官刀氏都到京朝贡。宣德四年（1429 年）升为大侯州，任命土官刀奉汉担任知州，同年刀奉汉请求减免岁纳，得到允许。大侯长官司刀氏所辖的土兵是一支能在湿热之地战斗的队伍，曾多次表达参加平定麓川战斗的愿望，“上嘉之”。万历年间，大侯因内乱被政府改流官，设立了云州（今云县）。

澜沧卫为元代北胜州之地，洪武二十八年（1395 年）析为澜沧卫，先辖北胜、蒗蕖、永宁三州，后只领有蒗蕖州。澜沧卫与北胜州同驻一城，与四川建昌西番相连。由于常被西番侵扰，“动辄杀人，州官无兵不能禁止”，“又姚安府、大罗卫、宾川州地方有贼穴六七，军民受害”，[70]于是政府在弘治年间（1488 至 1505 年）又在澜沧卫增设了兵备副使一员，目的是加强川滇两省结合部的治安稳定，避免发生民族间的矛盾冲突。

从以上明王朝对几个少数民族府州的治理可以看出，明代云南推行土司制度后，中央政府通过“受之爵赏，被之章服，俾自为治”等手段达到了利用少数民族上层势力“谨守疆土，修职贡，供征调”的目的。在土司制度下，中央政府和地方民族势力在政治、经济利益博弈中构建了一种和谐双赢的合作关系。在这种政治同盟下，各民族土司谨守疆土，并多次出兵参加明王朝平定叛乱的军事行动，不仅为民族地区的发展提供了一个安定的政治环境，还有

力地促进了中央王朝在边疆民族地区的统治和统一多民族国家的发展。

在土司制度的实施过程中,也不时发生因土司承袭和争夺地盘及资源而引发的骚乱。但总体上讲,明王朝大多能进行有效的调控和治理,从而维护了土司制度的有效运行。

第三节　明中央王朝对云南部分民族地区的改土归流

土司制度作为中国古代中央王朝控制边疆少数民族地区的一种特殊政治制度,是中央王朝在边疆民族地区利用地方民族势力达到巩固和维护中央集权统治目的一种手段。随着中央集权的进一步加强和统治势力的进一步深入,中央王朝必然采取直接统治的策略。可见,土司制度的设立只不过是中央王朝维护统治的一种过渡政策,时机成熟之际,统治者必然实行改土归流。

如前所述,明代汉族移民和卫所屯田等制度推行使得云南靠近“内地”的平坝区和交通沿线成为汉夷杂处的民族杂居区。在长期的民族交往中,汉族的生产技术、文化习俗、思想观念等对当地少数民族产生了潜移默化的影响,为明王朝推行与内地一样的统治制度创造了有利的条件。因此,从正统八年(1443 年)鹤庆府改土归流开始,明王朝便对云南“内地”大大小小各级土官进行了改流。

继鹤庆府改流后,云南靠内地区先后被改流的土府有:成化十三年(1447 年)寻甸土府改流,成化十七年(1481 年)广西土府改流,嘉靖五年(1526 年)芒部土府改流,嘉靖三十二年(1553 年)元江土府改流,隆庆元年(1567 年)武定军民府改流,万历二十七年(1599 年)顺宁土府改流。终明之世,云南一共改流了县级以上土

司26家。[71]限于篇幅，本书只将府一级的改流情况进行了概述，众多州、县及其以下一级的土司改流情况恕不赘述。

一、明朝对鹤庆府的改土归流

鹤庆府，唐代称为鹤川，南诏时设谋统郡，元至元年间（1264至1294年）升为鹤庆府，不久又改为路。明军进入云南后，分兵攻下三营等地，抓住了元朝的官员宝山帖木儿等67人，设置了鹤庆府，任命僰人土官高隆为土知府。

洪武十七年（1385年），明中央任命僰人董赐为土知府，僰人高仲为土同知，任命董赐的儿子董节担任安宁土知州，僰人杨奴担任剑川土知州。对此，董赐率人贡马及方物，得到朝廷厚赐。洪武十八年（1386年），朝廷又让董赐担任云南前卫世袭指挥佥事。董赐之所以如此受重视，是他在明军入滇时率众降明，“从军讨贼有功”之故。

洪武二十年（1388年），剑川僰人土官杨奴反叛，大理卫指挥郑祥平之，斩八十余人，但杨奴逃走，等政府军一撤走，杨奴又返回剑川，聚众再叛，最终被郑祥捕杀。针对这些情况，并考虑到鹤庆是通往滇西北的重要通道，明朝政府于此地设置了鹤庆卫，其后又将鹤庆府改为军民府以加强对这一地区的军事布防力量。

继剑川杨奴叛乱之后，鹤庆僰人土知府高伦与其弟高纯“屡逞凶恶，屠戮士庶，与母杨氏并叔宣互相贼害”，[72]引发了地区的动荡。对此，明英宗命黔国公沐昂首先安抚，喻之以理，如果还不服再考虑军事镇压。在安抚无果的情况下明英宗于正统五年（1440年）命沐昂：“比闻土知府高伦妻刘氏同伦弟高昌的等，纠集罗罗、么些人众，肆行凶暴。事发，不从逮迅。敕至，即委官至彼勘实，量调官军擒捕首恶，并逮千户王蕙及高宣等至京质问。”[73]

正统八年(1443年),鹤庆僰人杨仕洁之妻阿夜珠状告土知府高伦谋杀她的儿子,政府下令查办。不久,大理卫千户又报高伦擅自造兵器,对母不孝,杀戮军民。对此,高伦反复申诉,认为是因为高伦的叔叔高宣和他争夺土知府职,千户王蕙和他争娶妾,所以挟私诬陷,而他所杀的人,都是病重或拒捕的盗贼。高伦之母杨氏也认为高伦没有不孝的行为。于是让沐昂再次确认,但此时高伦已被诛杀。至是,"高氏族人无可继者,帝命于流官中择人,以绥远蛮",便顺势对鹤庆府进行了改土归流,废除了僰人土官在当地的统治权力,任命泸州知府林遒节担任流官知府。

二、明朝对寻甸府的改土归流

寻甸府在先秦时期是滇国之地,秦汉以后乌蛮进入,由于乌蛮首领叫斯丁,所以将分布在寻甸的乌蛮叫乌蛮斯丁部,元代于当地置仁德万户府。洪武十五年(1382年)仁德土官阿孔归附并贡方物,改为寻甸军民府。

洪武十七年(1384年),明朝任命寻甸土官沙琛担任土知府,随后又在寻甸易龙驿设木密关守御千户所,在甸头里果马里设屯田所,耕种粮食,以为边用。在此后的很长一段时间里,寻甸都较为平稳地发展着。

成化十二年(1476年),兵部上奏土官舍人安宣聚众杀掠,命"镇守官相机抚捕",到成化十四年(1478年),寻甸土知府安晟死,兄弟之间为承袭问题引发争斗,政府乘机改设归流官知府。

改土归流后,寻甸安氏贵族仍有反叛,嘉靖六年(1526年),安铨作乱,攻陷了嵩明、木密、杨林等地,还与武定土官凤朝文相呼应,最后随着武定凤氏的失败而被平定。

三、明朝对广西府的改土归流

广西府是氐羌系统民族和百越系统民族的交错分布区，到宋元时势力最大的是乌蛮的师宗部和弥勒部，至元十二年(1275年)元朝于当地设置了广西路。洪武十四年(1382年)广西路归附明朝后，置广西土府，任命土官普德“署府事”。洪武二十年(1388年)，普德携同弥勒土知府赤善、师宗州土知州阿的贡马，得赐“文绮钞锭”，与明中央王朝保持了良好的隶属关系。

然而，明朝任命的土知府普德原本是弥勒州罗罗中的一股民族势力，自身没有多大力量，在广西府境内的罗罗中没有威信，难以为当地其他罗罗贵族势力所信服。所以，普德刚上任不久便发生了者满叛乱，并杀死了土知府普德。正统六年(1441年)，广西府又发生了师宗州及广南府的少数民族上层贵族阿罗、阿思纠合为乱，明英宗命总兵官沐昂抚谕，较为平稳地解决了此事。

随着明朝对广西府治理的深入，成化十七年(1481年)，明政府利用土知府普昂贵犯罪之机，革除土官之职，“安置弥勒州，仍置流官，始筑土城”[74]，完成了对广西土府的改流。

改土归流后，明王朝于嘉靖元年(1522年)设置弥勒州十八寨守御千户所，对府内土官普氏家族的土兵加强了控制。

四、明朝对元江府的改土归流

元江府在明以前称惠笼甸或因远部，元代设元江路，洪武十五年(1382年)，改为元江府，府内的和泥是隋唐时进入的，除和泥外，境内还有么些、徙蛮、阿僰蛮等；百夷是较早生活在这一地区的，所以元江府是罗罗和百夷的杂居区。

洪武十七年(1384年)，百夷土官那直贡象，被任命为元江土

知府，赐给衣冠。洪武十八年(1385年)明朝在元江府之下设因远罗必甸长官司，任命和泥白文玉为副长官。因此，到宣德初年(1426年)元江府与中央政府的关系都十分友好，政府在元江府设立了儒学，土知府那氏和长官白氏都定期朝贡。对此，明成祖将元江府升为元江军民府，颁发了印信，那氏也积极参加政府的各种军事行动，“帝嘉劳之”，“厚加赐予”。所以当元江府那氏有困难时政府也给予大力帮助，如宣德五年(1430年)，元江土知府那忠被刀正、刀龙等攻击，烧毁了房屋、印信。政府马上抓捕刀正、刀龙流放辽东，命礼部重新铸府印发给那氏。由于政府主持公道，很得人心，元江府土司朝贡不断。

嘉靖年间(1522至1566年)，元江府发生了那氏叔侄之间争夺土知府印的那鉴之乱。嘉靖二十五年(1546年)土舍那鉴杀死其侄子土知府那宪，夺走知府印。嘉靖二十九年(1551年)，那鉴害怕政府军围剿，便密约武文渊谋乱，纵兵攻掠村寨。总兵官沐朝弼与巡抚石简调集武定、北胜、亦佐等地的土兵和官军，兵分五路进攻木笼寨，那鉴诈降。而左布政徐樾不听左右的劝告亲自受降，“鉴纵象马夷兵突出冲之，樾及左右皆死”。[75]沐朝弼、石简因犯失事罪，戴罪行事，围住元江，其间久围不下，而由于元江瘴毒大起，政府军只好撤退。

嘉靖三十二年(1553年)，新上任的抚臣鲍象贤，调集土、汉兵七万人，进剿元江。面对征讨大军，那鉴畏罪服毒自杀。那鉴之乱平定后，鲍象贤为了更好地营造元江和平的环境，让众人推出那端的重孙那从仁担任土知府。之后，明王朝对元江府“改设流官知府，以弭后患”，实施了改土归流。

然而，由于当地属于百夷聚居区，百夷地方民族势力十分强大，汉族流官不可能在当地实施有效控制。因此，到万历十三年

(1585 年),明朝政府不得不将元江改为土知府,恢复当地百夷土官的统治地位。

五、明朝对武定府的改土归流

武定府是罗罗的主要分布区,唐时为南诏三十七部之一罗武部之地,元初设北部土官总管,至元七年改为武定路。洪武十四年(1382 年)明军占领云南府后,武定女土官商胜首先归附,所以将之改为武定军民府。洪武十六年(1383 年)商胜朝贡,表示自己的政治态度,被明廷"赐诰命、朝服及锦币、钞锭",此后政府与武定罗罗贵族建立了良好的政治关系。正德三年(1508 年)武定土知府凤英从征有功,晋升为右参政,还特赐金带。

随着明代卫所屯田制度的推行及大量汉族移民的纷至沓来,武定罗武社会经济和文化得到了不同程度的发展。然而,武定凤氏农奴制的统治严重阻碍了经济社会的发展,对地方的巧取豪夺已经使民众畏之如虎,社会矛盾逐渐尖锐,出现了动乱。面对上不能悦王,下不能服众的尴尬,凤氏的统治已经走到了山雨欲来风满楼的境地。

凤朝明任职期间,曾因有叛伏而被弹劾革职,派人向太监钱宁使了金银珠宝方才勉强留住了头上的乌纱。凤昭袭职时,其叔父凤朝文利用寻甸土酋安铨叛乱之机于嘉靖七年(1528 年)拥兵响应安铨,攻陷禄劝、武定,杀死同知袁倖、知州秦健等十三人。并勾结安铨挥军二万直指省城,屯兵于城西北门外,焚烧房屋,震惊云南。明世宗以右都督御史伍文定为兵部尚书,总管云、贵、川、湖几省军务,调集土汉官军讨伐凤朝文。一开始,凤朝文谎造舆论说政府军杀死了武定知府凤昭母子,而且还要进一步剿杀武定罗罗,以此激怒民众,和他一起造反。但是凤昭却和他的母亲来到凤朝文

处，“蛮民相顾错愕，咸投凤诏降”。[76]凤朝文无计可施，渡普渡河逃跑，被追来的政府军队打败，只好带着几个家奴取道沾益州，逃到东川的汤郎箐，最后被追兵所杀。

凤朝文死后，寻甸土司安铨潜回寻甸老巢，“列寨数十”与官兵对抗，政府军采取各个击破的战术攻下诸寨，最后全力进攻安铨驻守的必古寨。安铨大败奔逃东川，再入芒部，被土舍禄庆抓到，“铨、朝文皆枭示，籍其产，家属戍边”，[77]凤朝文叛乱至此结束。凤朝文叛乱之时，土舍凤昭及其母瞿氏协助明朝参与了镇压凤朝文的战争。事后，凤昭以平朝文有功得复土府职。在这场地方民族势力与中央政府统治集团之间得争斗中，凤氏家族内部已经出现了严重的分歧。

嘉靖十一年（1532 年），凤昭辞世，其母瞿氏袭土官知府，其妻索林佐之。嘉靖四十二年（1564 年），武定瞿氏年老，便主动提出举荐儿媳索林承袭土知府，不久得到政府的同意。索林承袭土知府后没有处理好婆媳关系，瞿氏大怒，于是“收异姓儿继祖入凤氏宗，挟其甥婿贵州水西土舍安国亨、四川建昌土官凤氏兵力，欲废索林，以继祖嗣”。[78]但久攻不下索林，便上疏假称自己被索林囚禁，让继祖到京城控告。继祖返回“诈称受朝命袭职”，带兵去夺索林手中的府印，而索林却携印逃云南府，由抚按官作了调解，索林回到武定后，仍署府事，对于婆婆瞿氏留住继祖的事耿耿于怀，婆媳关系更加恶化，就开始谋杀继祖，“事泄，继祖遂大发兵围府，行劫和曲、禄劝等州县，杀伤调至土官王心一等兵”。[79]索林又抱印奔逃云南府，巡抚下令收回印信，并逮捕了索林身边的郑竑等人，命令瞿氏代行府事，责命凤继祖悔过自新。武定因权力之争的危机暂时得到调解，但没有从根本上解决问题，所以才有了继祖再次叛乱和政府下决心对武定实施改土归流。

嘉靖四十五年(1566 年),修筑武定新城,巡抚吕光洵派郑竑回武定。由于索林曾派郑竑去谋杀过凤继祖,所以郑竑一回到武定就被凤继祖捕杀,并聚众进攻新城。临安通判胡文显督百户李鳌、土舍王德隆前去增援,但在鸡溪子关遭到伏击,李鳌、王德隆都被杀。佥事张泽又督寻甸土兵二千驰援,亦败,张泽被俘。镇巡官便集中兵力诸道并进,围攻凤继祖的东山寨。凤继祖便携张泽和索林逃到照姑,不久杀了张泽,渡过金沙江来到四川,投奔东川阿科。巡按刘思问命令川、滇两省政府土官禄绍先率领的地方土兵联合进攻凤继祖。在大军压境的势态下,凤继祖的部下者色斩杀继祖投降。

平定凤继祖之乱后,明王朝于隆庆元年(1567 年)利用武定凤氏的内乱对武定实施改土归流,索林被免罪安置在省城,授凤思尧为武定府经历。

改土归流后,凤氏先后掀起了几次次大规模的反抗。隆庆三年(1569 年),凤历因为没有担任知府一职产生怨气,便私下联系四川和水西宣慰安国亨密谋反叛。流官知府刘宗寅得知此事后劝谕之,不听,“遂聚众称思尧知府,夜袭府城”。[80]但由于刘宗寅早有准备,凤思尧只好退守鲁墟。刘宗寅当夜出兵大败凤氏土兵,擒杀凤历。

万历三十五年(1607 年),凤继祖的侄儿阿克被郑举引诱作乱,联合金沙江以北会川的乌蛮攻下武定,大肆掠夺,并接连攻下元谋、罗次,到处寻找知府印信,由于流官知府已携印信到省城,阿克没有得到知府印信,便抓住推官为人质,要求得到冠带和印信。由于知府的军事集结尚未完成,便将印信授给阿克,阿克退守武定,行知府事。此间,巡抚调集土兵分五路进攻阿克,先后收复了武定、元谋、罗次、禄丰、嵩明,抓阿克及余党送京师,“磔于市”。

天启二年(1622年),凤阿歹、张世臣反叛,企图巩固或恢复武定凤氏的统治,终为明王朝所镇压。

六、明朝对顺宁府的改土归流

顺宁府(驻今云南凤庆),居民主要是蒲人。元代开始内附,元天历初年(1328年)置顺宁府。洪武十五年(1382年)明军平定云南后土酋阿悦贡率众归附,被任命"署府事",洪武十七年(1385年)阿日贡升为顺宁府土知府。顺宁府内除蒲人外,还有百夷,分布在猛缅和猛撒,性格柔弱,"最忠顺",而分布在猛猛的蒲人最强,"部落万人,时与二猛为难"。[81]

洪武二十三年(1390年),顺宁府发生了内乱,土酋猛丘、土知府子丘等人"不输征赋,自相仇杀",后被大理卫指挥郑祥攻破猛丘之寨。猛丘死后,把事阿罗等又起兵相攻,最后沐英派郑祥和指挥李荣分道进攻,"擒阿罗等诛之",才把顺宁府的局势稳定了下来,内部矛盾日渐减少。

除了上述民族矛盾外,明代顺宁府还发生过一起因政府官员索要财物不成而产生的冤案。顺宁府与大侯州(今云南云县)相接,万历年间(1573至1620年)大侯州的土舍奉赦、奉学兄弟发生矛盾,奉学倚仗老岳父猛廷瑞是土知府,与他的哥哥奉赦不断争斗。对此,巡抚陈用宾命令参将李先著、副使邵以仁差处此事。邵以仁接到命令后立即出发,抓住猛廷瑞,提出将顺宁府改流的建议;而李先著接到命令后认为"不可讨,被谤语,逮下狱瘐"。李先著之所以认为不可讨伐猛廷瑞,是因为猛廷瑞并没有卷入矛盾冲突,而是他女婿奉学仗他的势力与奉赦争斗,故"廷瑞实无反谋"。然而,参将吴显觊觎猛廷瑞的财富,"诬其助恶,索金不应,遂谗于巡按张应扬,转告巡抚陈用宾",[82]冤案由此引发。

猛廷瑞受到诬陷后十分恐慌，不得已“斩奉学以献”，而吴显忠更借题发挥认为，如果真无反事，何故杀女婿，便“以反状，抚案会奏”，大兵进剿。猛廷瑞在大兵压境的情况下“献印献子以候命”，但仍得不到吴显忠的宽恕。吴显忠率兵入寨，大掠猛廷瑞家十八代积累起来的数百万蓄资，并诱捕猛廷瑞，于是猛廷瑞所部十三寨十分愤怒，“始聚兵反”，但被“官兵悉剿除之，并杀其子”。事后，吴显忠被提拔为右都御史，旋即又“坐大辟，系狱”，张应扬“亦病卒，人以为天道云”。[83]至今汉族与少数民族的许多隔膜、恩怨就是由吴显忠之流不讲人性、贪图钱财的小人所造成的，对今天少数民族地区的掌权者来说是有警示意义的。

事后，明王朝于万历二十五年(1597 年)对顺宁府实施了改土归流。顺宁府改土归流后，朝廷顺势将所辖大侯州改为云州，设流官知州。

有明一代，随着汉族移民的进入和少数民族地区经济社会的发展，政府相继对条件相对成熟的鹤庆、寻甸、广西、元江、武定、顺宁等土府进行了改流。整体来说，明代云南改土归流往往利用土司内部纷争之机进行的，也有部分主动请求改流的情况。明代云南的改土归流促进了民族地区经济社会的发展，但也存在元江、芒部、武定等府因改流时机不成熟所引发了改流复土和长时期民族势力反叛的情况。

随着改土归流的不断深入，截至万历年间，云南靠“内地”土府一级的大土官，属云南行省管辖而未曾改流者仅滇西北丽江土府一家。明朝中后期，中央政府曾试图将改土归流的举措向云南边地发展，无奈其统治趋于衰落，云南境内叛乱不断，未能遂愿。明朝在靠内地还来不及改土归流的地方，最终由清王朝完成。[84]

第四节　明代后期云南少数民族上层势力的叛乱和扩张

明朝后期，以沐氏为首的封建官僚集团在云南兼并土地，建立布政司控制不了的“勋庄”、“官庄”，并对云南境内丰富的金、银、锡、铜等矿产课以重税，加上自成化(1464年—1487年)以后中央王朝任用太监镇守云南，导致吏治败坏，民族矛盾异常尖锐。另一方面，随着各民族地区土司势力的不断发展，他们都想摆脱政府的控制，发展自己的势力。于是，在这一时期政府和民族上层之间的政治博弈往往以叛乱和征讨等极端的方式表现出来，出现了武定府凤氏土司、云南府沙定洲、罗雄州者继荣、临安府普名声等民族势力的叛乱和木邦、孟养、麓川等边疆土司的纷争以及缅甸洞吾王朝的入侵。

此起彼伏的民族叛乱和因扩张势力而引发的民族间矛盾冲突不仅阻止了明王朝改土归流的进程，也违背了明王朝当初推行土司制度“以夷制夷”，“使其无叛”的初衷。显然，随着经济社会的不断发展，土司制度已经不适应社会发展的需要，其弊端日渐暴露出来，统治者逐渐意识到“欲安民，必先制夷；欲制夷，必改土归流”[85]的社会发展规律，为清朝初年在云南大规模的改土归流作了准备。

一、云南府沙定洲的叛乱

明军入滇后首先在滇池区域站住脚，也最先在这里设置了云南府[86]。明太祖在和平招抚不成的情况下，于洪武十四年(1382年)派傅友德、蓝玉、沐英出师云南，梁王投滇池死。明军占领滇

中地区后改中庆路为云南府,“置都指挥使司,命都督佥事冯诚署司事”。[87]当时所设的云南府境内仍然是以少数民族为主,对于新建的政府具有敌对情绪,多数不肯归附明朝,所以傅友德等人在洪武十五年(1382年)分兵进攻那些不肯归附的滇中少数民族。他们的这一行动立即引来了更大规模的反抗,土官杨苴“集蛮众二十余万攻云南(府)城”。[88]而此时城中粮食很少,远征至云南的士卒大多生病,都督谢熊、冯诚等只好固守,“蛮众”绕城列营“为久困计”。这时驻守乌撒的沐英得报,带领援军驰救,到达曲靖后,先派人试图与云南府取得联系,但被围城叛军抓住,此人便骗说总兵沐英率三十万大军将至,于是“贼众惊愕,拔营宵遁,走安宁、罗次、邵甸、富民、普宁、大理、江川等处,复据险树栅,谋再寇”。[89]沐英便分调将士围剿,展开了进入云南后第一次大规模的镇压,少数民族也在此次反抗中付出了惨重的代价,被明军“斩首六万余级,生擒四千余人”[90]。云南府最终得以平定,沐英及沐氏家族也树立了自己的威信。

此后,沐英在滇十年间云南的少数民族都畏惧他,“每下片楮,诸番部具威仪出部叩迎,盥而后启”。[91]洪武二十五年(1393年),沐英卒,明太祖命其子沐春承袭并封其为西平侯,仍然镇守云南,于是沐氏家族成了云南地方政治的实权掌握者,每有大的军事行动,沐氏家族成员都持征南将军的大印督军征战,土司的承袭也操控于沐氏手中。

随着明代各种制度的建立并不断健全,凡事须经政府各家共同商议方可行,所以许多事情很难推行,特别是涉及土司子孙承袭问题,“有积至二三十年不得职者”。所带来的问题是“土官复慢会玩法,无所忌惮”,导致“军民日困,地方日坏”。[92]对上述问题许多有识之士也多次呼吁,大学士杨一清因为武定凤氏和寻甸安氏

之乱，曾“痛切陈之”，黔国公沐绍勋也曾上书，虽然得旨同意按他们的意见办，但体制上的事已成痼疾，难以更革。到了明神宗万历年间(1573 至 1620 年)，情况更为不堪，“朝廷惰蝓，封疆败坏日甚一日”。[93]由于明政府自身的腐败，导致对民族问题得不到较好的解决，最终引发了云南历史上的沙定洲之乱。

沙定洲是王弄山长官司沙源的二儿子。沙源在万历年间多次随政府军征战，巡抚委之王弄副长官，后来又参加征讨建水建功，政府便将蒙自东南的安南长官司废地划给沙源管理。之后，沙氏在征东川、水西、马龙山的罗罗战役中均“称首功，累加至宣抚使”，其下土兵也被称为沙兵。随着势力的不断扩大，在明朝大势将去的情况下，沙氏家族出现了权霸一方，功高盖主的思想。

崇祯年间(1628 年—1644 年)，元谋土知州吾必奎叛乱，总兵官沐天波调沙定洲参加平叛，沙定洲不但不从命，还多有怨言。一些欠沐天波钱财无力偿还的奸人便与沙定洲勾结，盛夸沐氏富有，引起沙定洲的贪婪之心，他假称向沐天波辞行，欲乘机行劫，“天波以家讳日不视事”为由拒绝了沙定洲，但沙定洲“躁而入，焚劫其府”，沐天波慌乱之中从后门逃走。此时宁州土司禄永命恰好在城中与沙定洲部巷战，沐天波的随官周鼎劝他留下与沙定洲战，而沐天波却怀疑是沙定洲派来引诱自己的，便杀死了周鼎，沙定洲占据黔府，“全滇震动”。

沙定洲之乱后，沐天波离开府城逃到楚雄，调金沧副使杨畏知驻守楚雄城中，杨畏知劝沐天波退守永昌和沙兵周旋。果然沙定洲追兵至楚雄，攻城不下，便派部下王翔、李日芳攻陷了大理和蒙化(今巍山县)。而固守楚雄的杨畏知也乘此机会将城外居民迁入城中，调土、汉兵严加防守。由此形成了永昌、楚雄夹击沙定洲的势态，沙定洲既不敢攻永昌，又担心楚雄的杨畏知断其后路，便

返回攻楚雄,“畏知坐城楼,贼发巨炮击之,炮焰笼城橹,众谓畏知已死,而畏知端坐自如,贼相惊谓神”。[94]此时杨畏知派奇兵出击,“杀贼甚众”,沙定洲溃逃之后进攻石屏,不下,又攻宁州,土官禄永命战死。沙定洲稍得小胜后返回楚雄,“分兵为七十二营,环城掘濠,为久困计”。

就在云南发生沙定洲攻杀沐氏家族发动叛乱之时,明末农民起义军张献忠部将孙可望率众由遵义入滇,声称来为沐氏报仇,因为沙兵的劫掠导致百姓反感,所以喜迎孙可望的到来,沙定洲被迫放弃楚雄,在草泥关与孙可望部大战,失败后逃回阿迷(今开远市)。

孙可望部攻下曲靖等地后大开杀戒,屠杀了许多无辜人士,由陆凉、宜良进入云南府城(今昆明)。随之派李定国向迤东进兵,孙可望自己进攻滇西。杨畏知在启明桥阻击孙可望,兵败被捕,孙可望没有杀他,希望杨畏知和他一同行事,杨畏知提了三个条件:“不用献忠伪号,不杀百姓,不掠妇女”,[95]孙可望为了尽快稳定云南,一一答应,折箭为誓,还用同样的方法使沐天波归附了孙可望。因此孙可望部所过之处,没有再行杀戮。而李定国在攻下临安(今建水县)后大开杀戒,“驱城中官民于城外白场杀之,凡七万八千余人,斩获不与焉”,[96]给滇东南人民造成了巨大的生命财产损失,显示了农民起义军残忍的一面。

沙定洲逃回阿迷后,屯兵洱革龙固守,并借助安南的援助以求自保。而李定国也被孙可望“责以取定洲自赎”。在李定国的围攻下,沙定洲投降,被押回云南府“剥其皮于市中”。孙可望最后占领云南,而明代沐氏家族的最后一任沐天波被迫出逃,最后死于缅甸。

二、曲靖府阿资、者继荣的叛乱

曲靖隋代为恭、协二州之地，唐时置南宁州，元初置磨弥部万户，后改为曲靖路宣慰司，洪武十四年(1382年)明军进入云南后，元朝的曲靖宣慰司征行元帅张麟、行省平章刘辉等来降，明朝于当地设置了曲靖军民府。洪武十六年(1383年)，沾益州罗罗土官安索叔、安磁等贡马及罗罗刀甲、毡衫、虎皮，诏赐瓷器、冠带、绮罗衣各一袭并文绮、钞锭；罗雄州(今罗平)土酋纳居也入贡，得钞锭。

有明一代，曲靖府发生过两次影响比较大的罗罗首领反叛，使整个川、滇、黔相连接地区都受影响。首先是洪武二十年(1388年)，越州乌蛮麻部阿资的反叛。阿资是土官龙海的儿子。明朝军队入滇后沐英的军队驻在龙海辖地的汤池山，龙海表示归附明朝，并遣子入朝，明太祖下诏任命龙海担任土知府，后因其叛乱被沐英擒，迁徙辽东，最后病死盖州。土知府一职由龙海之子阿资承袭，阿资比他父亲"益桀骜"，亦叛。于是有了长达八年的平定阿资叛乱之战。

阿资叛乱之后，政府考虑到曲靖府战略地位相当重要，即从云南来说曲靖"锁钥全滇"，从西南而论"当黔、滇之要冲"，从民族的角度看，曲靖乌蛮中的罗雄部、苦麻部、沾益部与川、滇、黔三连接地区的罗罗支系乌撒、乌蒙、芒部、东川等部是连成一片的，一有动静则相互呼应，无法收拾。因此，明太祖命令沐英会同征南将军傅友德联合进讨。同时动用这两位守滇的军政首领，可见明太祖对稳定曲靖的决心。

明军首先采取稳扎稳打，步步为营的策略，在山道险恶的平夷迁山民于卑午村，留下神策卫千户刘成等率领千人在平夷修筑卫堡(这就是后来平夷卫的前身)。此时阿资进攻普安，大肆掠夺，

傅友德率兵击之，但没有抓到阿资，只杀了一些小头目。洪武二十二年（1389年）傅友德又发动进攻，阿资退守普安，凭借险要地势据守。后土官普旦投降，傅友德乘势以精兵攻之，“蛮众皆缘壁攀崖，坠死者不可胜数，生擒一千三百余人，获马畜甚众”。[97]阿资则“遁远越州”，沐英于是请求设置越州卫、马龙卫搜捕阿资。面对绝境，阿资暂时投降以为权宜之计。

阿资投降后，仍有再叛的可能，所以沐英加强了曲靖府军政制度建设，以“陆凉西南要地，请设卫屯守。命洱海卫指挥佥事滕聚于古鲁昌筑城，置陆凉卫指挥使司”。[98]洪武二十二年（1389年），明太祖也认为平夷地当要冲，四周都是罗罗部落，“乃遣开国公常升往辰阳集民间丁壮五千人，统以右军都督佥事王成，即平夷千户所设置卫”。[99]洪武二十三年（1390年），又增设越州卫，并于第二年将其迁至陆凉州。沐英进行如此频繁的卫所设置与调动，是因为云南全省经过近十年的治理已经基本稳定下来，惟有阿资在曲靖府仍“恃险屡叛”，故建立严密的卫所军事管理体系进行守御是十分必要的。

果不出沐英所料，不久阿资复叛，沐英命都督佥事何福担任平羌将军，率师进讨，给阿资沉重打击。恰逢此时的绵绵细雨，阿资又“佯降”，何福择旷地建寨，安置阿资部众，又调普安卫官军设置了宁越堡镇守。洪武二十七年（1395年），阿资再反。西平侯沐春及何福率兵驻扎在越州城北，派壮士埋伏在小道上，大道上则以兵挑战，“蛮兵众悉出，伏起，大败之，阿资脱身遁”。[100]沐春为了尽快抓住阿资便让土军千户阿保、张琳在阿资经过之地，大建守堡，断绝粮道，并派何福、张忠攻入阿资据点，“擒阿资，斩之”，越州得以平定。

从对阿资的态度上我们可以看到明朝的民族政策总体上是好

的,不激化矛盾,能和平解决的就和平解决,对阿资这种有地区性影响的少数民族上层人物尽量抚谕,所以才会容忍其再三反叛,对其三擒三纵。当不能挽救这些一意孤行的叛乱分子则坚决给予处置。明政府对地方民族势力剿抚并用的政策对地方的稳定、和谐发展意义重大,“自是以后,诸土官按期朝贡,西南晏然”。[101]

明朝中晚期,曲靖府又发生了罗雄州土知州者继荣之乱。嘉靖年间(1522 年—1566 年),罗雄州土知州者浚杀一土营长,夺其妻并生子继荣。继荣长大后持刀逐者浚。者浚将此事上诉镇巡官,镇巡官命继荣迎回者浚,者继荣表面上承诺,实则对者浚加以禁锢。万历九年(1581 年)政府征调罗雄土兵参加征缅之战,者继荣在临行前杀死了者浚。

同时被征参加征缅之战的还有沾益土知州的土兵,由于沾益土知州安世鼎已死,由其妻安素仪主事,也“提兵赴调”,并与者继荣合营,二人有了私情,路过越州时,留住资氏府中,“淫乐不进”。政府准备问罪继、安二人,但者继荣逃走,聚兵反叛,攻占了陆凉州鸭子塘等寨,“筑石城于赤龙山,据龙潭为险,广六十里。名己所居曰‘龙楼凤阁’,环以群寨,实诸军士妻女其中”,[102]想据此作负隅顽抗。嘉靖十三年(1535 年),巡抚刘世曾督诸道兵进,命令从征缅前线返回的刘綎率兵直捣赤龙寨。经过一番激战,者继荣兵败被斩。

平定者继荣叛乱之后,刘世曾请求在罗雄筑城,进行改流。不久,罗雄部又反,政府派参将蔡兆吉“讨定之,乃改罗雄州曰罗平,设千户所曰定雄”。[103]虽然“罗平”和“定雄”带有浓厚的大民族主义色彩,但却表明政府对影响稳定,影响社会经济发展的动乱,将严加控制的主观愿望。

三、临安府普名声的叛乱

临安(今建水县),汉代开始置县,南诏时为通海郡,元代初期为阿僰万户府,后改为临安路。洪武十四年(1382 年),明军进入云南,元右丞兀卜台、元帅完者都及土官杨政投降,改临安路为临安府,废宣慰司。

此后,明王朝仍同大理一样任命一些少数民族上层为级别较低的土司,洪武十七年(1385 年),明朝任命和宁担任阿迷土知州,弄甥担任宁州土知州,陆羡担任蒙自土知县,普少担任纳娄茶甸副长官。这些土司都定期朝贡,反映自己的问题,并同时得到众多赏赐。如永乐九年(1411 年),溪处甸长官司副长官自恩朝贡反映"本司岁纳海贝七万九千八百索,非土所产,乞准钞银为便"。[104]户部认为这是洪武年间所定,不能随意改动,但明成祖认为"取有于无,适以厉民,况彼远夷,尤当宽恤",[105]便同意了自恩的请求。

明朝后期,政府开始对临安府下属的一些州县改土归流,或者是改土后实行土流并治。正德初年(1506 年),宁州土官禄俸向刘瑾行贿,把已经改流的宁州流官知府改为禄氏土知府,并乘机削弱流官势力,联络弥勒州 18 寨罗罗反叛,被官军捕杀后,抚按请求自设流官。嘉靖元年(1522 年)复设流官知州掌管州事,为了不激化矛盾,同时还保留禄氏土知州专管巡捕。

为了有效制约宁州禄氏,政府起用和禄氏有矛盾的普名声。普名声勇敢善战,在进攻水西奢安时有战功,被任命为土知州。普名声由此产生骄恣之心,埋下了动乱的根子。崇祯五年(1632 年),御史赵洪范过宁州,普名声傲视之不迎,但等通过之后却"戈甲旗帜列数里",赵洪范大怒,向巡抚王伉请求派兵征讨,得到同意。官军围住普名声后,他一方面表示投降,另一方面又私下重贿

求援于元谋土官吾必奎。此时吾必奎的土兵也随军征讨,因此当吾必奎与普名声交战时,吾必奎"佯败走。官军望见,遂大溃,布政使周士昌战死"。[106]朝廷对此事的处理时以构衅罪逮捕了王伉,对普名声反而给予安抚,其结果导致普名声"骄恣益甚,当事者颇以为患"。

崇祯五年(1632年),普名声被广西知府张继孟"以计毒杀之"。吾必奎知普名声死后,公开反叛,连陷武定、禄丰、楚雄诸城,造成了更大规模的民族叛乱。同时,普名声死后,其妻万氏代其掌管地方武装,并改嫁王弄山长官司副长官沙定洲。这样一来,沙、普土司势力联合与政府对抗,造成了明朝末期云南府沙定洲的叛乱,给长期盘踞云南的沐氏家族沉重的打击。

四、丽江府木氏土司的军事扩张

经过明初80多年的经营,丽江木氏从天顺六年(1462年)起开始走上军事扩张的道路,到崇祯十五年(1642年),丽江木氏在西北向你那(今维西)、忠甸(今香格里拉)乃至四川巴塘、里塘等用兵;东北向鼠罗(今四川木里一带)、永宁、蒗蕖、盐井等地扩张。据余庆远《维西闻见录》载:"万历间,丽江土知府木氏寖强,日率么些兵攻之。吐蕃建碉数百座以御之,维西之六村、喇普、其宗皆有要害地,屠其民而徙么些戍焉。自奔子澜以北,番人惧,皆降,于是维西及中甸木氏皆有之,收其赋税,而以内附上闻。"[107]又倪蜕《滇云历年传》载,从明末到清朝初年,丽江土府"于金沙江外,则中甸、巴塘、里塘等处,江内则喇普、处旧、阿墩子等处,直至将卡巴东卡,皆其自用兵力所辟,蒙番畏而尊之曰萨当汗"。[108]到明末,丽江木氏势力范围远远突破了明初通安、宝山、兰州、巨津四州和临西县,达到了维西、中甸、永宁、蒗蕖,乃至四川巴塘、里塘一带,其

势力达到了一个全盛的时期。

这一时期，丽江木氏一方面恪尽职守，忠顺于明王朝，继续其朝贡、征伐、承担贡赋、保境安民和抵御外来侵略的职责。据统计，从木嵚到木增的9代土官中，木氏共有12次自备马匹方物，亲自或遣使到北京朝贡。木氏企图通过不断的朝贡，与中央王朝保持一种良好的隶属关系，使其统治地位得到中央王朝的认可。此外，木氏还在国家危难时慷慨助银解困，以救国之危难。另一方面，明代中后期木氏不断向外扩张，建立起一套有效的统治机构，并垄断金矿，广建官庄，吸收内地佛教和藏传佛教，加强与内地的文化交流。到明朝中后期，丽江木氏“居此二千载，宫室之丽，拟于王者。盖大兵临则俯首受绁，师返则夜郎自雄，故世代无兵燹，且产矿独盛，宜其富冠诸土郡云”[109]，势力发展到了巅峰，有力地推动了纳西族和滇西北政治、经济、文化的发展。

伴随着木氏大规模的军事扩张，一大批纳西先民被迁到了被征伐地区进行戍守并在当地定居下来，形成了今天纳西族在香格里拉、维西、巴塘、理塘、木里等地区散落分布的状况。木氏的移民戍守政策，客观上促进了滇西北民族间的交流、融合及政治、经济区域的形成。

另一方面，木氏的军事扩张引起了当地土民不同程度的反抗。据《木氏宦谱》载，木增时就有“本年（万历二十六年），香水阿犬剌毛叛，剿得胜。二十七年，香水好尧杀叛得胜”等8条关于杀叛平乱的记录。到木懿时，征发地区民族反叛此起彼伏，“崇祯九年六月，番蛮必哩聚众猖獗，蹂躏边陲”；“至丁亥年，流寇首乱，搜掠历代所赐金银牒物并敕诰，俱被罄尽，地方焚掠一空”[110]。可见，明末清初，随着木氏大规模的扩张、移民驻防和等级控制等一系列政策的推行，引起了辖区内土民的强烈反抗，木氏在镇压反抗的过程

中既征调了大量的壮劳力，又消耗了不少的经费支出。此起彼伏的叛乱使木氏陷入军事扩张的泥潭而首尾难顾，自身势力逐渐走向衰落。其坐大滇西北的局面也逐渐为封建统治者所不容，成为清代改土归流的一大因素。

第五节　明代云南的边疆治理与云南边疆的变迁

明代是中国西南边疆版图调整和变迁较大的一个朝代。明初，分布在云南边地及今缅甸、老挝、泰国、越南等境内的各民族上层企图得到明王朝的支持以发展自己的势力，或为了避免被旁近其他土司兼并，主动寻求明王朝的庇护，从洪武十六年（1383 年）起，"麓川、缅甸、车里、八百媳妇诸蛮皆遣使纳款内附"，并"乞设官统理，仍诏谕旁近未附之民"。[111] 于是，明王朝在元代设置的基础上，在今云南边境及缅甸、泰国、越南境内设置了众多土司进行统治。永乐最盛时，明王朝在今云南境外西南的广大地区设置有孟养、木邦、缅甸、底兀剌、古剌、底马撒、八百、老挝等 8 宣慰司，孟密、蛮莫等 2 宣抚司和孟艮府、宁远州等，包括今缅甸除阿拉干地区以外的全部、泰国北部（清迈地区）、老挝北部（琅勃拉邦地区）、越南西北部（莱州地区）等。[112] 这些地区，或为明王朝实施土司制下的境内疆域，或为与明关系密切的藩属领地。

然而，从明初设置土司之初，这一地区麓川、孟养、木邦、缅甸等大大小小的民族势力之间就没有停止过相互之间的兼并倾轧，导致民族矛盾不断，争战连年。明朝初年，明中央政府还能对其进行有效的控制。明朝中后期，随着明王朝吏治的败坏和当地民族势力的扩张，明中央王朝在处理民族关系的政策失当，导致正统年

间“三征麓川”过程中“发十五万,转饷半天下。大师三动,连兵十年,士死伤不算,仅以破克,而中国益耗病”[113],引发了一系列的边疆危机。与此同时,缅甸东吁王朝逐渐强大,并在西方殖民主义的支持下不断向外扩张,在明王朝与缅甸洞吾王朝的博弈和较量过程中,缅甸、老挝、八百、木邦、孟密、蛮莫、孟艮、古剌、底马撒等原本属于明朝版图的一些地区逐渐演变成为与云南、广西相邻的缅甸、老挝、泰国、越南等国领土中的一部分。

明代中后期云南地区版图的变迁和边疆危机,一直波及清代及以后的很长一段时期,对今天中国与东南亚各国的地缘政治及国际关系产生了深远的影响。同时,明代政治疆域的大规模变更,对居住在这一区域的少数民族产生了划时代的影响。这些民族原本同处一脉,但由于明代版图的龟缩而成为今天意义上的跨境民族,为他国所辖。此后,在不同的政策和文化影响下,这些民族间的文化差异逐渐拉大。

一、明朝对麓川平缅军民宣慰使司的治理

(一)思伦发归附明朝与明初对麓川的统治

麓川作为历史地名,最早见于《元史·地理四》记载。元宪宗三年(1253年),忽必烈率众灭大理国后,继续征讨白夷等民族,加强了对云南的经营。在蒙古军队的征讨下,“中统初,金齿、白夷诸酋各遣子弟朝贡”,元朝于次年“立安抚司以统之”。到了至元十五年(1278年),又“改安抚为宣抚,立六路总管府”[114]。即将金齿等处安抚司改为宣抚司,管辖柔远、茫施、镇康、镇西、平缅、麓川等6路。按《元史·地理四》记载:“麓川路,在茫施路东。其地曰大布茫,曰睒头附赛,曰睒中弹吉,曰睒尾福禄培,皆白夷所居。”[115]

此时，缅甸蒲甘王朝积极向在金齿地区扩张，元朝在遣使招降未果的情况下，于至元十四年(1277 年)十月，“遣云南诸路宣慰使都元帅纳速剌丁率蒙古、爨、僰、么些军三千八百四十余人征缅”[116]，从此开始了长达 23 年的征缅战争，直到大德四年(1300 年)才结束。在元朝征缅的过程中，由于包括麓川在内的金齿等处宣抚司境内特殊的军事战略地位，元朝加强了对这一地区的治理，客观上促进了当地百夷民族势力的崛起。

元朝后期，中央王朝对当地的统治处于“事有所督，则委官以往，冬去春回”[117]的较为松散的管理状态下。而此时，镇守云南的梁王也在与大理段氏相互斗争中无暇顾及这一地区，于是当地百夷各部之间为了争夺土地和人民，展开了相互兼并的战争。在这场战争中，麓川思氏势力不断坐大，到至正年间，“麓川路土官思可发数有事于邻境，诸路以状闻”。[118]元朝多次派兵征讨，终未能克。后来，思可发遣子满散入朝，元朝于至正十五年(1355 年)置平缅宣慰司以羁縻之。麓川思氏虽然归顺了朝廷，纳贡赋、奉正朔，“而服食器用之类皆逾制度，元不能制”。[119]从此，麓川思氏成为云南地方史上一股强大的政治力量存在了 100 余年。其强大之时，势力范围“东接景东府，东南接车里，南至八百媳妇，西南至缅国，西连戛里，西北连西天古剌，北接西番，东北接永昌”。[120]据方国瑜先生考证，麓川思氏势力范围除麓川平缅(陇川、猛卯、遮放)之外，在潞江以西有干崖(干崖、盏达)、南甸、腾冲、潞江、芒市、户撒、腊撒之地；在潞江以东，澜沧江以西，有孟定(孟定、耿马)、孟琏、大侯、湾甸、镇康之地；在澜沧江以东，有威远、镇沅、者乐之地。[121]

元末明初，由于特殊的政治环境，云南实际上存在着滇东的梁王、滇西的段氏及麓川的思氏三股较大的地方政治势力。明朝建

立之初，由于北方局势未定，所以朱元璋对云南采取了招抚的策略，在派人招降元梁王的同时，也试图对麓川思氏进行招抚。洪武六年(1373 年)，明朝曾派遣使者田俨、程斗南、张袆、钱允恭等人前往招抚，但“以道阻不通”，除田俨生还外，“余皆道卒”。

在多次对云南进行招降未果的情况下，洪武十五年(1382 年)，明朝大举进攻云南，一路势如破竹，“下云南，进取大理，下金齿”[122]。由于金齿与平缅相连，在大军压境的情况下，麓川土酋思伦发投降，明政府“因置平缅宣慰使司，以伦发为宣慰使”，这是明中央政府首次在这里实行羁縻性质的统治。思伦发也表示出与中央建立友好关系的愿望，于洪武十七年(1384 年)派遣刀令孟献方物，并上缴元朝所授的宣慰使司印。明王朝“诏改平缅宣慰使为平缅军民宣慰使司，并赐伦发朝服、冠带及织金文绮、钞锭”。[123]由于思伦发表示了成为明朝臣民的态度(上缴元朝所授的宣慰使司印)，加之元朝把本来连在一起的平缅和麓川分别设为两路，在统治上多有不便，所以明太祖命将平缅军民宣慰使司改为麓川平缅军民宣慰使司。

然而，麓川思氏并不甘心臣服于明朝的统治，随着势力的扩大，思氏走上了扩张的道路。洪武十八年(1385 年)，思伦发反叛，率众进攻景东，土官陶俄逃至大理以避。同时，又进犯金齿卫，“都督冯诚率兵击之，值天大雾，猝遇寇，失利，千户王升战死”。[124]并潜通广西、东川、芒部，于洪武二十一年(1389 年)，思伦发又集众进攻马龙他郎甸的摩沙勒寨。

麓川思氏不断侵扰地方，向外扩张对明王朝在云南的统治构成了威胁，为明王朝中央集权统治中所不能容忍。从洪武十五年起，明朝便在麓川周边先后建置了楚雄、产理、金齿、景东、蒙化等卫，洪武二十年(1388 年)，明太祖诏谕沐英侯等，让他们在金齿、

楚雄、品甸及澜沧江中线“葺垒深池，以巩营栅，多置火铳为守备。寇来，勿轻与战。又以往岁人至百夷，多贪其财货，不顾事理，贻笑诸蛮。继今不许一人往平缅，即文移亦慎答之，毋忘。”[125]思伦发率众进攻摩沙勒寨时，沐英派遣都督宁正击破之，“斩首千五百余级”。之后，思伦发大举进攻，号称30万之众，以象百头进犯定边，欲报摩沙勒寨之仇。沐英马上组织3万精锐之师反击，“列弩注射，突阵大呼，象多伤，其蛮亦多中矢毙”，第二天，沐英增加了火枪、神机箭等作战工具，大败象阵，“捣其寨，斩首三万余级，降卒万余人。象死者半，生获三十有七”。[126]但又让思伦发逃走，因此明太祖命沐英到景东屯田，等待大军再次集结后攻击思伦发。

军事上的失利使得麓川思氏甚为惧怕，思伦发于洪武二十二年(1390年)派遣把事招纲对云南守臣说：“往者逆谋，皆由把事刀厮郎、刀厮养所为。乞贷死，愿输贡赋。”[127]云南地方官将此事上报明太祖，明太祖遣“通政司经历杨大用赍敕往谕思伦发修臣礼，悉偿前日兵费，庶勉问罪之师”。[128]思伦发听从政府的决定，以象、马、白金、方物朝贡谢罪，杨大用令思伦发交出叛首刀厮郎等137人。至此，洪武年间思伦发的叛乱最终平定。洪武二十七年(1394年)，思伦发亲自朝贡，献马、象等方物，明太祖也派京卫千户郭均英赐给思伦发公服、金带、象牙笏。

向内地扩张受阻后，思氏掉转矛头，开始了向缅甸、车里、八百等地的侵夺。洪武二十八年(1395年)，缅甸王派使者向明朝报告，说思伦发的军队不断派兵侵夺缅甸之地。第二年，缅甸又派使者求诉此事，明太祖派行人李思聪等人出使缅甸及巡视思伦发属地。思伦发见到明使臣“俯伏谢罪，愿罢兵”。当此时，思伦发内部也发生内乱，他便想借明中央政府的力量“服其下”，所以强留李思聪，并以象、马、金宝贿赂李思聪，遭到李思聪的拒绝。

在明朝多方遏制下,麓川向外扩张屡屡受挫,内部矛盾开始显现。因思伦发宠信僧人,并把僧侣的地位放到民族头人之上,所以引起了刀干孟等人的不满。“遂与其属叛,攻腾冲,伦发率其家走云南,西平侯沐英遣送至京师”。[129]明太祖十分同情思伦发,命令沐春为征南将军,何福、徐凯为副将军率领云南、四川的卫所士兵讨伐刀干孟,同时命思伦发返回云南招谕部众。

刀干孟驱逐思伦发之后也十分担心政府惩罚自己,所以向西平侯沐春要求入贡,沐春认为有诈,上奏说“(刀)干孟欲假朝廷威以拒忽都,其言入贡,未可信”。明太祖也指示“远蛮诡诈诚有之,姑从所请,审度其宜,毋失事机”。[130]果不出所料,沐春派兵护送思伦发回金齿卫时即遭到刀干孟的反对。于是,沐春派左军都督何福、瞿能等将兵五千,越过高黎贡山,直捣南甸大败刀干孟,杀死其部下刀名孟,又回兵攻击景罕寨。但刀干孟凭高据险,难以攻下,而官军则“粮械俱尽”。何福只有向沐春告急,沐春率五百骑救援,刀干孟没有想到援军至,“遣人乞降”,不料此时沐春病故,刀干孟又反悔,为明军所获。思伦发回到平缅不久也病故。

麓川的这场内乱使得其元气大伤,明王朝伺机对其采取分而治之的办法。在思伦发流亡并由明廷护送回麓川之后,明王朝分其地“设孟养、木邦、孟定三府,隶云南;设潞江、干崖、大侯、湾甸四长官司,隶金齿”。[131]之后,明朝加快了对麓川地区分封建制的步伐。永乐元年(1403)正月,据西平侯沐晟建议,明朝在麓川平缅故地设者乐甸、大侯、干崖、湾甸、潞江五长官司,直隶云南都司。[132]之后,永乐朝先后升木邦、孟养为宣慰使司,划孟定府地置孟琏长官司,析麓川平缅地设促瓦、散金二长官司,在麓川故地设南甸州,等等。

明朝初期,由于中央政府剿抚并举,打压了麓川思氏气焰,基

本能对当地进行有效的控制。永乐元年(1403 年),思伦发的儿子思散朋赴京朝贡,得赏赐甚多。在他的带领下,麓川、平缅、木邦、孟养的百夷也“俱遣人来贡,各赐之钞币”。永乐二年(1404 年),“麓川、平缅、木邦、孟养俱遣人来贡”,[133]明廷分赐钞币若干。在整个永乐年间(1403 至 1424 年),麓川平缅地区的各级土司朝贡不断。可以说,明初统治者把握住了边疆地区需要稳定,少数民族需要安抚这样的发展机遇,在处理民族问题时万不得已不使用武力,以招抚、安抚、赏赐为主。当然,在面对动乱甚至是有分离倾向的反叛时则旗帜鲜明地进行讨伐,这使得明朝对麓川的控制和在西南地区的统治更加深入,对于维护统一多民族国家的发展是有积极意义的,值得肯定。

然而,明朝初期对麓川采取分而治之的政策,导致了麓川一带民族势力的此消彼长,客观上又引发了新一轮的土司纷争。由于孟养、木邦、孟定三个宣慰司处于边疆一线,政府的直接治理力度稍弱,所以相互之间经常侵扰邻土,矛盾不断。永乐二年(1404 年)在朝贡的过程中,麓川平缅宣慰使思行发派遣的朝贡使上诉说“孟养、木邦数侵其地”。[134]永乐六年(1408 年),麓川、平缅所隶孟外、陶孟,本为土司刀发孟之属地,却被头目刀薛孟所侵据。宣德元年(1425 年),“麓川、木邦争界,各诉于朝”。宣德三年(1427 年),麓川宣慰使思任发又侵夺南甸州地。[135]可见,洪武朝以后,麓川一带各民族势力的纷争不断,尽管这种矛盾冲突只是发生在统治阶级之间,但却给当地各族人民带来了灾难。民族矛盾和阶级矛盾不断激化,最终导致了正统年间的“三征麓川”。

(二)麓川的反叛及王骥三征麓川

思伦发死后,他的第二个儿子思任发出任麓川宣慰使。此人

工于心计,“狡狯愈于父兄,差发金银,不以时纳,朝廷稍优容之”。[136]但朝廷的宽容,越发纵容了思任发的野心。当缅甸内部出现危机,宣慰新加斯被木邦所杀之时,思任发大肆侵占缅甸土地。正统三年(1438年),麓川侵孟定、南甸等处,南甸知州刀贡罕也上奏说思任发攻掠南甸州所管辖的罗卜思庄等278村,“沐晟遣官招之,不奉诏”。同年十二月,思任发掠腾冲、南甸,取孟养,后又“屠腾冲,据潞江”。[137]思任发所掠之处,大肆杀掠,致使云南震动。

麓川思氏连年的扩张不仅造成了西南边疆的动荡,也对明朝中央政府在民族地区的统治构成了新的威胁。于是沐昂上奏朝廷:“思任发连年累侵孟定、南甸、干崖、腾冲、潞江、金齿等处,自立头目刀珍罕、土官早亨等相助为暴,叛形已著。近又侵及金齿,势甚猖獗。”[138]请求进讨思任发。

朝廷考虑到贼势力日甚,危及统治,不可不讨,于正统四年(1439年),派右都督方政、都督佥事张荣前往云南和沐昂共讨思任发。明军压境之时,思任发马上表示投降,暗中却派万人攻下潞江,沿江造船300艘,准备进攻云龙,攻杀守卫在甸顺、江东的政府守卫军。而沐晟又不戒备其投降的诚意,没有渡江攻击的意思。明廷对沐晟“玩寇养患”严厉指责,但沐晟并没有立即改变态度,反而阻止方政攻击思任发。方政对此十分愤怒,独自率军发起进攻,攻破思任发的旧大寨,越过高黎贡山,杀叛军3000人,思任发退守老巢上江。由于劳师袭远,方政军队已疲惫不堪,求救于沐晟,而沐晟怒其不听制止,私自渡江攻击,故不发兵相救。最后方政军被思任发以象军攻击,全军皆亡。军事上的失利使沐晟大惊,请求增加军队,明廷增派了湖广、四川、贵州军共五万人联合征讨。沐晟作为一路统帅不作为,造成了大的失误,自知罪责难逃,“在路郁郁不食,日惟啖油饼一二枚”,回师至楚雄时,“饮药而卒”。[139]

沐晟死后，思任发更加猖狂，一方面"犯景东，剽孟定，杀大侯知州刀奉汉等千余人，破孟赖诸寨"，[140]迫于压力，孟琏长官司等也投降思任发。另一方面，思任发又派人贡象马金银于云南总兵官，称"始因潞江安抚司线旧法相邀报仇，其后线旧法乃诬己为人寇，致大军压境，惶恐无地。今欲遣使谢罪，乞为导奏"。[141]明英宗降旨同意赦免思任发之罪。明中央政府的宽容抚恤越发助长了思任发的嚣张气焰。正统五年(1440年)秋七月，思任发"屯孟罗，大掠，据者章硬寨"。

麓川思氏的不断扩张引发了明廷的激烈争论。刑部侍郎何文渊上言："麓川之在南陲，弹丸耳！疆里不过数百，人民不满万余，宜宽其天讨。官军于金齿，且耕且守。舜德格苗，不劳征伐，而稽首来王矣。"[142]主张实施以抚为主的政策。侍读刘球也上疏附议何文渊的建议，"请罢麓川兵，专备西北"。然而，兵部尚书王骥、吴国公张辅一派则认为："思任发世职六十余年，屡抗王师，释此不诛，恐木邦、车里、八百、缅甸等觇视窥觊，示弱小夷，非策。"[143]主张征讨。正统年间，明廷宦官专权，太监王振"好事喜功，从中主之"[144]，欲示威于荒服之地，便采纳了王骥等人的意见。于是，便有了正统年间靖远伯王骥的"三征麓川"之役。

正统六年(1441年)，明中央任命定西伯蒋贵为平蛮将军，都督李安、刘聚为副将军，兵部尚书王骥总督云南军务，发兵15万征讨麓川，是为一征麓川。此时思任发派刀令道等12人率军3万，象80头，进入大侯，准备进攻景东、威远。当王骥军抵达金齿卫时，思任发又"派使乞降"。王骥吸取之前的教训，表面接受投降，但私下则命诸将分三路进击，"右参将冉保从东路攻细甸、湾甸水寨，入镇康，趋孟定，骥与贵由中路至上江，会腾冲。左参将宫聚自下江据夹象石。至期，合攻之。"[145]交锋之时，铳弩飞石，交下如

雨。次日，征讨大军“乘风焚其栅，火竟夜不息。官军力战，拔上江寨”。杀叛军五万，大获全胜。

正统七年(1442 年)，王骥率兵渡过下江，翻越高黎贡山，到达腾冲后留下都督李安“领兵提备”，自己亲自领兵南下，前军抵达杉木笼，准备攻击思任发精心修筑的高山连环七营。由于王骥指挥调度有力，大败思任发，思任发父子三人“从间道渡江，奔孟养”，官军从思任发住地搜出政府颁发的虎符、金牌、信符、宣慰司印及从各地掠夺来的官印三十二枚。捷报传至京城，朝廷颁旨召王骥等还，并“封骥靖远伯，晋封蒋贵定西侯，并赐诰券，世袭”。[146]王骥第一次征麓川至此告一段落。

思任发败走后，被木邦宣慰攻击，渡过伊洛瓦底江，逃到孟养。缅甸宣慰卜剌当也派军攻思任发。而就在思任发成为众矢之的，形势极为有利之时，明英宗下了一道极为轻率的命令，“木邦、缅甸能效命擒任发献者，即以麓川与之”。这一承诺成了以后西南边疆产生不稳定的重要原因，“未几，任发为缅人擒，缅人挟之求地”，但明王朝并没有兑现以地换人的承诺。

思任发被缅甸抓住后，他的儿子思机发请求入朝谢罪，派其弟思招赛入贡，明英宗命遣还云南安置。而思机发眼看明朝大军将退，“图恢复，据麓川出兵侵扰”。[147]故在正统八年(1443 年)，王骥统大军第二次征伐麓川，进驻金齿卫。

王骥首先派人到缅甸索要思任发，并进军至腾冲，兵分五路，分遣沐昂、侯琎等率并由东路直捣麓川，派陈仪领三千人作前锋挺进南牙山。此时，派去索要思任发的使者回报，缅甸愿献出思任发，但要派重臣前往领取。正统九年(1444 年)春，缅甸“以思任发载楼船来献，”王骥称前来犒师，而暗中则命令蒋贵潜入焚烧缅船几百艘，缅甸持“思任发复遁去”，[148]明军只俘获思任发的妻子，双

方陷入了僵持状态。其后，王骥进攻者蓝，捣毁思机发的巢穴，但思机发仍然逃脱，只是抓到了"妻子郭众"，在当地立陇川宣慰司而归，第二次征伐麓川结束。虽然无功而返，但在太监王振的庇护下，仍以捷报上报朝廷，于是，"上慰劳如前，加骥、贵岁禄各三百石，命杨宁参赞云南军务"。[149]

杨宁参赞云南军务后，"遣使许缅甸以孟养之地易思任发"，到正统十一年(1446年)，缅甸才将思任发及其家小32人献云南府，思任发途中绝食，千户所王政只好"斩之，函首京师"。

思任发死后，思机发也像其先辈一样，一方面多次求降，派遣头人刀孟永朝贡金银，"言蒙朝廷调兵征讨，无地逃死，乞贷余生，词甚哀"。[150]明英宗接了朝贡之物，命总兵官沐斌及参赞军务侍郎杨宁等认真谋划长策，并把赦免思机发不死的圣谕告知思机发。另一方面，思机发却窃据孟养为乱，多次诏谕皆不从命，并不时向周边进行扩张。正统十二年(1447年)，总兵官沐斌报告思机发又掠夺缅甸的牛马金银，建议集中木邦、缅甸土兵渡江进讨。明英宗同意了这一要求，于是沐斌驻守腾冲，"督诸军追捕，机发终不出，潜匿孟养，遣其徒来贡。许以恩贷，复不至"。[151]而沐斌也因为春天瘴起，江水上涨难以渡江，粮食匮乏为由，引兵而还。

正统十三年(1448年)，由于沐斌师出无功，明英宗复命兵部尚书靖远伯王骥总督军务，都督同知宫聚佩平蛮将军印，率领南京、云南、湖广、四川、贵州的政府军和土兵13万，开始了第三次征伐麓川的战争。

明英宗在出发前密谕王骥说"万一思机发远遁，则生擒刀变蛮，平其巢穴。或遁入缅地，蛮人党蔽，亦相机擒之。庶蛮众知惧，大军不为徒出"。[152]同时又命令沐斌军事上的一切事必须和王骥商议后而行；还命令木邦、缅甸、南甸、干崖、陇川等宣慰司"整兵

备船”，储备粮草听候调遣。

正统十四年(1449年)，王骥督各路军队在腾冲会师，“由干崖造舟，至南牙山舍舟陆行，抵沙坝，复造舟至金沙江”。[153]思机发则在西岸埋栅拒守，政府军只好顺江而下到大管屯，刚好木邦、缅甸两宣慰使的十万之众到沿江两岸，缅甸宣慰司备船二百艘做成浮桥让军队渡江，合力攻击思机发，攻破寨栅，缴得稻谷四十万余石。思机发又领兵在鬼哭山筑大寨于峰顶，周环七个小寨。绵延百余里，仍被攻破，但思机发、思卜发又一次逃脱。此时王骥的军队已经越过孟养到达孟那，地在伊洛瓦底江以西，距离麓川千余里，这给当地很大震动，认为“自古，汉人无渡金沙江者，今王师至此，真天威也”。[154]

王骥的军队刚撤离，当地百夷又拥思任发的小儿子思禄占据孟养为乱。由于政府军经过长途跋涉、长时间作战，士兵已极度疲惫，难以再度作战，“乃与思禄约，许土目得部勒诸蛮，据孟养如故，立石金沙江为界，誓曰：‘石烂江枯，尔乃得渡’。思禄亦惧，听命，乃班师”。[155]第三次征讨麓川结束。

(三)明代三征麓川的历史评价

明正统年间“三征麓川”实际上是明朝中央集权的大一统与云南地方民族势力扩张之间的一种较量。但因正统三征麓川原因比较复杂，对明代西南边疆的变迁也产生了深远的影响，故不仅在征麓川之时朝廷就对是否进行征讨发生过激烈的讨论和争执，而且明清两代对此事的著述中，论者也是各执已见，评价不一。

谷应泰在其《明史记事本末》中说道：“蒋贵、王骥，初下麓川，三路分进，斩首三千，思任窜缅，仅以身遁，再攻平缅，五营并进，焚其援舟。思任父子，又窜孟养，然而缅人内惧，传首京师，勒石金

沙，誓臣石烂，此亦勋著燕然，功高铜柱，岂仅唐蒙夜郎，相如邛笮者乎？”[156]张志淳在其《南园漫录》中对麓川之役也给予了积极的评价，认为“夫振之恶虽不可弹述，然其主麓川一事，于国体，于利害，于忠臣义士之冤，于久远之计，自今观之，殊为有得。不然，则历今七十余年，为中外所坏，不知群夷变乱几番矣，何以能帖然如此”[157]；田汝成在其《炎徼纪闻》中也认为正统年间三征麓川，“举朝皆以为非，谓王振专权逞忿，而李文达公亦言麓川初叛，不委晟而遣别将，遂至丧师，此皆失实，潞江致败，晟实罪魁。第朝议以晟元勋之裔，辟土安南有功，复畏法引慝自殒，得蒙赠谥，亦已幸矣。思仁抗王师歼大将，释而不诛，辱国益甚。振之罪恶通天，若主征麓川，义正言顺，不可非也”。[158]此外，倪蜕在《滇云历年传》中亦载：“滇之麓川、黔之播州，虽尧、舜亦所必诛。政不得因王振居中用事，而据斥为好大喜功也。”[159]

然而，对三征麓川给予否定和批判的史家也不少。《明史·王骥传》中记载：“骥凡三征麓川，卒不得思机发。议者咎骥等劳师费财，以一隅骚动天下”。[160]《明通鉴》亦载，麓川之役“尽调云南、贵州兵，连兵十年，将士多死，列卫空虚”[161]。此外，颜季亨在《万历武功纪胜通考》认为麓川之役导致“东南骚扰，军民疲弊，殆不可言”[162]；高岱在其《鸿猷录》中说：“麓川之役，所谓轻病而重疗也。”“骥倾国家之力，集数镇之兵而先后十年之久，卒不能歼殄渠魁，竟从姑息得免于罪，幸也。何至裂茅土哉！向使如刘球言，移此力经略西北，己巳之变，必有以御之者，穷挤癣之疤瘙而耗腹心之元气，安得不败乎。”[163]

纵观明清史家对三征麓川的评价，大凡给予积极评价者，多以“大一统”作为价值判断的标尺，从维护统一多民族国家和中央集权统治需要来进行审视，认为三征麓川名正言顺，无可厚非。而给

予否定和批判者，大多以三征麓川的结果作为判断的标准，认为三征麓川劳民伤财，有害无益。由于评价的角度不同，所以得出截然相反的结论。因此，要对三征麓川进行正确的评价，还需从当时的历史背景出发，进行客观的分析，辩证的评判。

纵观中国历史，从秦汉至明代中期以前，威胁国家统一和中央集权统治的政治力量主要来自北方。如西汉时期的匈奴，隋唐时期的突厥、回纥、吐蕃，两宋时期的辽、金和西夏。云南虽在汉晋时期有南中大姓势力，唐宋时期有南诏大理地方民族政权，但只要中央政府抚御得当，以云南特殊的地理环境及生态条件，云南的地方民族政治势力没有可能发展成为强大的政治实体，形成对中央政府产生致命的威胁。然而，对云南的民族政治势力驾驭是否得当，对云南的问题处置是否符合历史发展的需要，往往会对全国的局势产生重要的影响。三国时期诸葛亮五月渡泸，深入不毛，平定南中大姓叛乱后，任用当地的少数民族首领和大姓势力来统领夷汉民众，达到了“不留兵，不运粮，而纲纪粗定，夷汉粗安”[164]的效果，为蜀汉政权北伐中原赢得了一个安定的后花园。反之，唐代天宝年间对南诏政权处置失当，连年用兵，导致南诏与吐蕃的联合，甚至反守为攻，进攻唐都长安，落下了“唐亡于黄巢，而祸基于桂林”[165]的笑柄。

明朝初年，麓川思氏虽然辖地广阔，坐大一方，但洪武、永乐年间剿抚并用，宽猛得宜，虽然分而治之的策略为后世各土司之间的争夺埋下了祸根，但基本维护和保持了当地的稳定。到了正统年间，麓川思氏再一次坐大，侵夺孟定、南甸、干崖、腾冲、潞江、金齿、缅甸等地，再次对明代在西南的统治造成了巨大的威胁。然而，与明初不同，此时的明王朝在北方面临着更大的危机。瓦剌利用洪熙、宣德年间明廷无原则的息事休兵，积极发展势力。宣德九年

(1434年)瓦剌首领脱欢消灭阿鲁台,立脱脱不花为汗,自立为太师,掌握瓦剌的政治、军事实权。正统元年(1436年),脱欢又杀掉了贤义、安乐两王,"尽有其众,欲自称可汗"[166],不仅萌发了自做可汗的企图,还产生了问鼎中原的野心。

面对瓦剌的威胁,在征麓川之时,大学士杨士奇曾建言道:"远蛮不足较,宜为耕守计"[167];侍读刘球也上疏朝廷,提出"麓川荒远偏隅,即叛服不足为中国轻重。而脱欢、也先并吞诸部,侵扰边境,议者释豺狼攻犬豕,舍门庭之近,图边徼之远,非计之得也。请罢麓川兵,专备西北"[168]的建议。现在看来,杨士奇、刘球所言是对当时局势非常准确的判断,也是明朝政府正确的战略选择。然而,在王振等人的策动下,明王朝不顾当时朝廷一些大臣的反对,发兵征讨云南,此其战略选择上的失误。

当然,面对麓川土司的叛乱,军事镇压对于维护中央王朝在西南地区的统治是必须的,对于维护西南地区经济社会的稳定也是必要的。但王骥一征麓川之时,思氏便遣使乞降;二征麓川后,思机发"屡乞降,遣头目刀孟永等修朝贡,献金银。"[169]在这种情况下,明廷本应像洪武年间一样剿抚并用,恩威并施。但王振等人好大喜功,再次在谋略选择失误,错过了通过政治途径进行招抚的大好时机。

明朝一味在西南用兵,耗费巨大。正统六年(1441年)一征麓川时,"率京营、湖、川、两广等处兵马一十五万往征,转饷半天下"。[170]正统十三年(1448年)三征麓川时,"率南京、直隶及云南、湖广、四川、贵州汉、土夷兵一十三万征剿麓川。……敕木邦起兵从征,缅甸起兵备船,南甸、干崖、陇川起兵备粮。"[171]连年的战事,给中央和地方造成了沉重的负担,激化了民族矛盾和阶级矛盾,导致了贵州、湖广一带大规模的民族叛乱。更为严重的是,明王朝在

“三征麓川”过程中忽视了北方不断强大起来的瓦剌，导致正统十四年（1449年）也先寇京，英宗被俘，发生震惊朝野的“土木堡之变”，成为明王朝由盛而衰的转折点。

然而，从客观上讲，明代对麓川的统治以及正统年间的“三征麓川”，对于加强边疆与内地的联系，促进边疆民族地区经济文化的发展，加速云南边地对中国内地文化的趋同产生了积极的促进作用。为了加强对麓川的控制，明代从洪武年间起，便开始在这一带设置土司，任命当地少数民族头人进行羁縻统治。另一方面广设卫所，大规模进行移民屯种。见诸记载的有，洪武十五年（1382年）置永昌卫，洪武十八年（1385年）置金齿卫指挥使司，洪武二十三年（1390年）置景东卫，并置金齿军民指挥使司。永乐元年（1403年）置腾冲、永昌二守御千户所，正统二年（1437年）置腾冲卫。伴随着卫所设置，一批内地的汉族移民也进入了永昌、腾冲、金齿一带。洪武二十年（1387年）九月，“自楚雄至景东，每一百里置一营屯种，以备蛮寇”[172]，洪武二十二年（1389年），“（沐）英还镇，携江南江西人民二百五十余万入滇，给予籽种、资金，区划地亩，分布于临安、曲靖、云武、姚安、大理、鹤庆、永昌、腾冲各郡县”。[173]洪武二十四年（1391年）七月，“调云南白崖军士屯守景东。上以景东为云南要害，且多腴田，故有是命”[174]。

明代大规模的卫所屯田和军事征伐，进一步拓展了民族地区与中原内地的道路，为加强联系和沟通建立了通畅的渠道。同时，汉族移民的进入，对当地以傣族为主的少数民族经济文化变迁产生了重要的影响。据《西南夷风土记》载，这一带的百夷“尤善采漆画金，其工匠皆广人，与中国侔，漆器贮鲜肉，数日不作臭”。[175]可见，其经济生活已经受到汉族移民的影响。不仅如此，在文化习俗上也因汉文化的移入而发生了变迁。“婚姻不用财，举以与之，

先嫁由父母,后嫁听其自便。惟三宣稍有别,近华故也”。[176]

综上所述,明代正统年间三征麓川虽然因王振等好大喜功而导致劳民伤财,激化了社会矛盾,不仅造成了“土木堡之变”,使明朝的统治遭受重创,而且为缅甸洞吾王朝造成了可乘之机,最终导致西南边疆部分领土的丧失。但我们也应充分认识到三征麓川军事行动的必要性,尤其是明代因对麓川治理所采取的一系列政治、军事措施所引发的边疆民族地区与中原内地交流,尤其是对边疆民族地区经济文化的变迁所产生的积极影响,应该给予充分的肯定。

二、缅甸洞吾王朝对西南边疆的扩张

(一)明代以前中缅之间的交流与往来

缅甸位于中南半岛西部,东北边和中国云南省接界,东南和老挝、泰国相邻,西边和印度、巴基斯坦相接,西南濒孟加拉湾和安达曼海。中缅之间一衣带水,波胞情长,有着悠久的交往历史。

早在秦汉时期,就有一条起于四川成都,经雅安、芦山、西昌、攀枝花到云南的昭通、曲靖、大理、保山、腾冲,出境后进入缅甸、泰国,最后到达印度和中东的“蜀身毒道”将缅甸与云南相连。在这条民间形成的“南方丝绸之路”上,缅甸与中国开始了最早的商贸往来。

汉代,缅甸在汉文史籍中称为掸国,与汉朝开始了正式的官方往来。汉和帝永元九年(97 年),“徼外蛮及掸国王雍由调遣重译奉国珍宝,和帝赐金印紫绶,小君长皆加印绶、钱帛”。[177]这是见诸史籍中缅官方最早的交往记载。永宁元年(120 年),掸国国王雍由调又遣使朝贺,“献乐及幻人,能变化吐火,自肢解,易牛马头。

又善跳丸，数乃至千"。安帝封雍由调为汉大都尉，"赐印绶、金银、彩缯各有差也"。[178]

三国两晋南北朝时期，由于中国境内处于分离割据时期，朝廷更迭频繁，战乱不断，所以没有关于缅甸与中国交往的记载。隋唐重新统一中国后，加强了对周边地区的经营。在当时的汉文文献中，缅甸被称为骠国。唐德宗贞元十八年(802 年)，骠国国王雍羌闻南诏归唐，有内附之心，于是遣其弟悉利移朝贡，"献国乐凡十曲，与乐工三十五人"。当时，骠国音乐已经有很高的造诣，"其曲皆演梵音经论词意，每为曲齐声，一低一仰，未尝不相对"。[179]对此，唐代大诗人白居易曾作《骠国乐》："骠国乐，骠国乐，出自大海西南角。雍羌之子舒难陀，来献南音奉正朔。德宗立仗御紫庭，黈纩不塞为尔听。玉螺一吹椎髻耸，铜鼓千击文身踊。……"对其作了生动的描述。之后，缅甸仍不时遣使朝贡。

两宋时期，云南处于大理国的统治之下。而此时，缅甸逐渐结束了邦国纷争的局面，境内的缅族吸收了骠国、孟人、南诏、掸人的先进文化，兴修水利，发展农业，建立了蒲甘王国，并于 1044 年统一缅甸全境，成为缅甸族历史上第一个统一政权。两宋时期，缅甸与中国保持着藩属关系。宋徽宗崇宁四年(1105 年)，缅甸、昆仑、波斯等国进献白象。第二年，蒲甘王国再次遣使入贡。[180]

元代，忽必烈率部攻灭大理国后，重新将云南纳入中央王朝的直接统治之下。为加强对西南民族地区的控制，元朝于至元十三年(1276 年)在云南设置了云南行省，推行土司制度。为加强对缅甸的控制，元朝于至元八年(1271 年)命大理、鄯阐等路宣慰司都元帅府"遣乞䚟脱因等使缅国，招谕其主内附"。至元十年(1273 年)，元朝又遣勘马剌失里、乞䚟脱因等诏谕缅甸蒲甘国王："诚能谨事大之礼，遣其子弟若贵近臣僚一来，以彰我国家无外之义，用

敦永好，时乃之休。至若用兵，夫谁所好，王其思之。”[181] 当时，蒲甘王朝正处于向外扩张的时期，故而没有遣使内附。

至元十四年（1277 年），“缅人以阿禾内附，怨之，攻其地，欲立寨腾越、永昌之间”。[182] 当时正值大理路蒙古千户忽都、大理路总管信苴日等奉命征讨永昌之西腾越、蒲、骠、阿昌、金齿等地未降的部族，接阿禾的求助后，忽都等率部征讨，大获全胜。从此，拉开了元朝征讨缅甸的序幕。

元朝的征缅战争从至元十四年（1277 年）开始，直到大德年间（1295 年—1307 年），共计持续了二十余年。其中，元朝于至元二十四年（1287 年），“云南王与诸王进征，至蒲甘，丧师七千余，缅始平，乃定岁贡方物”。[183] 从此，缅甸蒲甘王朝灭亡，元朝于蒲甘王城置邦牙等处宣慰司。

蒲甘王朝灭亡后，缅甸孟族在南部建立起白古王朝，定都仰光附近的白古；掸族在北部建立阿瓦王朝，定都曼德勒附近的阿瓦，形成南北对峙的局面。其后，元朝曾于成宗大德元年（1297 年）封缅王及其世子。有元一代，缅甸或叛或服，“然尚未自恃强大也”。[184]

（二）明对缅甸宣慰司的治理及洞吾王朝的建立

明朝建立，缅甸遣使献方物，明朝也曾于洪武六年遣田俨与程斗南等前往缅甸招抚，但因道路不通，在安南滞留了二年之后，又无果而返。洪武二十七年（1394 年），明朝设置了缅中宣慰使，让土酋卜剌浪速担任宣慰使。洪武二十八年（1395 年）卜剌浪速遣使贡方物，并“诉百夷思伦发侵夺境地，二十九年复来诉，帝遣行人李思聪、钱古训谕缅及百夷各罢兵守土，伦发听命”。[185] 则在洪武年间明朝与缅甸建立羁縻藩属关系。

永乐元年(1403年),缅甸首领那罗塔派人入贡,并说缅甸虽然遥远,但也“愿臣属中国,而道经木邦、孟养,多阻隔。乞命以职,赐冠带、印章,庶免欺凌”。[186]于是诏设缅甸宣慰使司,任命那罗塔担任宣慰使,并派内臣张勤前往缅甸赐冠带、印章。于是明朝在缅甸共设了缅中宣慰使司和缅甸宣慰使司,建立了良好的关系,双方贡赐不断。而缅中宣慰使和缅甸宣慰使之间又是兄弟关系,都是缅中宣慰使卜剌浪速的儿子,卜剌浪速在晚年将辖地一分为二,长子那罗塔管理大甸,次子马者速管理小甸,但卜剌浪速死后,那罗塔将其弟的小甸收为己有,马者速派人朝贡,并将此事向明朝申诉,明廷“敕谕那罗塔兄弟合好如初,毋干天讨。……那罗塔复遣人入贡,谢罪,并谢赐金牌、信符,劳赐遣之”。[187]较好地解决了缅中和缅甸两宣慰之间的矛盾,避免了地区冲突的发生。

当时有冲突发生的是木邦与缅甸之间,永乐十二年(1414年),缅人申诉为木邦所侵扰,后缅甸宣慰使新加斯在与木邦的冲突中被杀,民众共同推举莽德剌暂时行宣慰使职权。宣德二年(1427年),明中央政府正式任命莽德剌为宣慰使,由此开始了莽氏与明朝的关系。宣德八年(1433年),缅甸莽德剌遣人入贡,谕“勿侵木邦”,从此以后凡入贡都称为缅甸,缅中之称呼就渐渐不使用了。

麓川思任发反叛后,明中央命令缅甸土兵待命参战。正统七年(1442年)思任发兵败,渡过伊洛瓦底江逃到孟养,缅甸对他发动攻击,而此时明英宗又有能抓住思任发就给麓川地的承诺。但当缅甸宣慰司抓到思任发后挟人要地时,明政府又没有兑现承诺,双方矛盾由此产生。在此情况下,明中央产生了攻击缅甸的想法,是时,大军已集腾冲,缅使致书,期以今冬送思任发至贡章交付。“骥与扣期,遣指挥李仪邓率精骑通南牙山路,抵贡章,受献,而缅

人送思任发者竟不至”。[188]双方便僵持不下，王骥驻兵江边，缅人也同样严阵以待。王骥认为麓川未平，不能再有大的敌手，便命令总兵官蒋贵潜入缅兵阵中，放火烧了缅船几百艘，“缅人溃，骥亦班师”。

在如何解决让缅甸宣慰使交出思任发的事情上，总兵官沐昂上奏认为“缅恃险党贼，应加兵，但滇中方连年征讨，财力困弊，旱涝相仍，粮饷不给，未可轻举。臣已遣人谕缅祸福，俾献贼首，缅宜听从”。[189]正统十二年（1447 年），木邦宣慰罕盖法，缅甸故宣慰的儿子马哈省、以速剌“遣使偕千户王政等献思任发首级诸俘馘至京，并贡方物。帝命马哈省、以速剌并为宣慰使，赐敕奖劳，给冠带、印信”。[190]不久，以速剌又奏请给他们孟养、嘎里，还请求明朝派军队消灭思任发之子思机发兄弟，他们同时也出兵参战，明英宗以思机发不可战擒为由，没有同意以速剌的请求。

景泰二年（1451 年），以速剌抓到思机发后不但不交出，反而将其放回孟养，明中央政府知道这是在要挟以土地换人，故拖而不决。景泰五年（1454 年）缅甸又来要地，参将胡志把银嘎等地给了缅甸人，缅甸人才将思机发及其妻儿老小交出。

成化四年（1472 年），缅甸宣慰使又提出领土要求，认为贡章、孟养以前是他们的辖地，希望能要回。明宪宗命人勘察后得知贡章是木邦和陇川分治，孟养是思洪发的土地，并非缅境，“而缅甸以所求地乃前朝所许，贡章乃朝贡必由之途，乞与之。又乞以金齿军李让为冠带把事，以备任使”。[191]兵部尚书余子俊认为思洪发没有过错，不能夺其地，不应该同意，故明宪宗让兵部告知缅使“孟养、贡章是尔朝贡所由，当饬边臣往谕思洪发，以通道往来，不得阻遏，余勿多望”。[192]

由于缅甸曾经抓捕过思任发，所以和孟养思氏土司成了世仇。

嘉靖初年(1522 年),孟养首领思陆发的儿子思伦发联合木邦及孟密攻破缅甸,杀死缅甸宣慰使莽纪岁及家人,占领其地。缅甸向明政府报告,明朝一直拖到嘉靖六年(1527 年)才命令永昌知府严时泰、永昌卫指挥王训前去调查。思伦发则纵兵放火焚烧驿舍,杀死千户曹义,严时泰仓惶逃走。时逢云南安凤叛乱,所以明政府就没有进一步深究此事。

缅甸宣慰司被攻破后,莽纪岁的儿子莽瑞体投奔在洞吾的母亲家,被洞吾土酋视为自己的儿子。长大之后,莽瑞体拥有洞吾之地,建立了洞吾(东吁)王朝。洞吾王朝建立之初,正值缅甸阿瓦王朝和白古王朝互相火并、两败俱伤时,洞吾王朝采取政治联姻等办法养精蓄锐,集结力量。嘉靖年间(1522 年—1566 年),洞吾王朝先后于 1539 年灭了白古王朝,1555 年灭了阿瓦王朝,再次实现了缅甸的统一。实现统一后的洞吾王朝不断向外扩张势力,嘉靖末年开始北上与木邦、孟养、孟密乃至三宣抚司(陇川、干崖、南甸)的傣族土司相争夺,造成西南部边疆更大的动乱。[193]

(三)洞吾王朝对木邦的扩张

木邦又名孟邦,当为百夷的发音被汉族史家同音异写而产生的差别。元至元二十六年(1289 年)设立了木邦路军民总管府。洪武十五年(1402 年)改为木邦府,建文四年(1402 年)土知府罕的法曾派人朝贡,得赐钞币等物品。

永乐二年(1404 年)麓川告木邦侵占麓川的土地,经西平侯调解得以解决,"因改木邦为军民宣慰使司,以知府罕的法为使,赐诰印"。[194]当时正值明军征讨八百,罕的法派土兵参战,攻江下的十余个寨子,"斩首五百余级",得到了明中央政府的奖励,罕的法也立即遣使贡象马、方物。罕的法死后,明廷马上让他的儿子罕宾

发承袭,并赐给冠服。永乐七年(1409 年)缅甸宣慰使那罗塔不断引诱罕宾发反叛,罕宾发不但没有参加,而且还向政府报告了此事,表示若政府有军事行动,一定效命。对此政府又给了很多物质上的奖励,从此形成了木邦每三年朝贡一次的规制。

永乐十一年(1414 年)木邦攻破缅甸城寨二十余座,所杀甚多,罕宾发还将抓到的缅甸俘虏"献于京师"。客观地看待此事,罕宾发主动与政府建立友好的关系,目的是要得到政府的支持,以王者之师、正义之师的面目出现,使自己的攻城略地行为具有合法性;而明朝政府对于边陲的治理是难以深入的,也希望能扶持一批忠于政府的地方势力,所以双方从各自的利益目的出发建立了一种政治互利合作关系。

在征麓川的军事行动中,木邦出力尤多,并趁机扩大自己的领地。正统三年(1438 年)政府命木邦派土兵参加会剿麓川思氏。木邦作了充分准备,并提前介入了战争。正统五年(1440 年),总兵官沐昂派人从小路到达木邦,才知道木邦宣慰使的祖母美罕板、宣慰罕盖法已经和麓川在孟定、孟琏开战,杀麓川头人 20,斩首 3 万余级,获得象马器械无数,罕盖法由此得以加封为怀远将军。正统七年(1442 年)罕盖法派兵攻下了麓川的板罕、贡章等寨,思任发父子逃到孟广,明英宗在慰劳木邦的同时,没有考虑后果就说出如果木邦抓住麓川思氏父子,"其酬以麓川土地人民"[195],这一承诺从此为木邦和明政府埋下了矛盾冲突的根子。正统八年(1443 年)政府免除了木邦每岁应交纳的四千两金,木邦遣人致谢,献出了思任发的家属,但同时要求将当初答应的麓川之地划给他们。兵部认为麓川已经设立了陇川宣慰司,请求明英宗同意把孟止的地给木邦,免除木邦三年的税银。虽然明英宗同意这一请求,但仍未从根本上解决问题,因为木邦耿耿于怀的是已经设了陇川宣慰

司的麓川之地。于是双方围绕着陇川又产生了许多矛盾冲突。

景泰元年(1450 年),罕盖法请求得到陇川境内的者兰景线,但还未上报罕盖法就先派他的儿子罕落法占据了者兰景线。陇川宣抚刀歪孟将此事报告了总兵官沐璘,沐璘派人晓之以理,并用底麻来置换了者兰景线,矛盾才得以暂时解决。到了景泰四年(1453 年),罕落法承袭木邦宣慰使职,因内部发生纷争避难于孟更,并派人求救于沐璘。沐璘派左参军胡志调兵安抚,但罕落法仍然避居孟更不敢归。

成化十年(1475 年),由木邦管辖的孟密上层女贵族侵扰陇川。曩罕弄是罕落法的姑母,嫁给盛产宝石的孟密首领思外法。因为她辈分高,所以不受罕落法的节制,常常在族内挑起争斗。景泰年间(1450 年—1457 年)曩罕弄"叛木邦,逐宣慰,据公署,杀掠邻境陇川、孟养、兵力日盛,自称天娘子,其子思柄自称宣慰……且欲外结交趾兵,逼胁木邦、八百诸部"。[196]对此,明政府内部就如何处理有两种意见,兵部尚书张鹏主张用兵,而多数官员认为孟密只是和木邦仇杀,并未造成更大的动乱,以安抚为主。结果后一种意见占了上风。所以后来孟密要求设安抚司,也就考虑到孟密是木邦的下属,不宜设。

孟密按正常渠道要求设安抚司的请求得不到满足,便派人暗中至京城以宝石和黄金贿赂相关人员。对此,阁臣万安打算同意办理,但刘吉等认为"孟养原木邦属夷,今曩罕弄叛,而请命于朝,若许之,则土官谁不解体"。[197]曾负责到云南处理过曩罕弄事件的程宗大约是受贿太多,便上奏设孟密安抚司的种种理由,最后在成化二十年(1485 年),设立了孟密安抚司,曩罕弄的宝石和黄金终于战胜了明朝的制度防线。

孟密安抚司从木邦脱离后,曩罕弄更是仰仗手中的宝石,对木

邦进行大肆攻击，造成了边疆的动乱。弘治二年（1489年），孟密曩罕弄先后侵夺木邦地二十七处，并引诱当地头目发动叛乱。

明后期，缅甸宣慰司莽瑞体建缅甸洞吾王朝，与木邦修好，给予木邦以盐为主的物质帮助。至嘉靖三十年（1551年），缅甸攻入孟养、八百、老挝，势力日益扩张。至此，木邦已"臣服于缅，反为向导，以窥中国矣"。[198]

隆庆二年（1568年），木邦土舍罕拔请求承袭，明地方官员索贿不成，便不上报，引起了罕拔的反抗，"与弟罕章集兵梗往来道，商旅不前"，[199]而木邦的食盐也因内地商人不能运往而乏绝。无奈之下，木邦土司转而向缅甸洞吾王朝莽瑞体乞求食盐。缅甸"一五千籯馈之。自是（木邦）反德缅，携金宝象马往谢之。瑞体亦厚报之。欢甚，约为父子"。[200]由于明王朝吏治败坏，处理民族关系失当，把一心向化的木邦土司推向了缅甸一方，时有"官府只爱一张纸，打失地方二千里"之谣。[201]潞江安抚线贵闻罕拔得瑞体好处，亦转投缅。明王朝的腐败，进一步加深了边疆民族地区的分裂倾向。

万历十一年（1603年）莽瑞体死，其子莽应龙利用岳凤挑拨杀死罕拔。罕拔死后，他的儿子罕进忠守木邦，遭到莽氏的攻击，便逃往内地。万历三十四年（1606年），缅军以三十万大军围困木邦，罕氏"请救于内地，不至。城陷，罕榼被掳，缅伪立孟密思礼领其众。事闻，黜总兵官陈宾，木邦遂亡"[202]。从此，木邦完全脱离明朝，为缅甸洞吾王朝所占有。

（四）洞吾王朝对孟密的扩张

孟密土司是成化年间从木邦土司领地内分化出来的。据《明史·地理志》载："孟密宣抚司，本孟密安抚司，成化二十年（1485

年)析木邦地置。”到嘉靖年间(1522至1566年),孟密安抚司土官兄弟争夺承袭,“走诉于缅。缅人为立其弟,改名思忠,忠遂以其地附缅”。[203]但不久思忠又拿着缅人发给他的印信返回,明朝授思忠为宣抚,时隔不久思忠再度投缅,明中央政府“乃以其母罕烘代掌司印”,却遭到缅甸洞吾王朝的攻击,思忠的母亲只好带其子思礼、思仁投奔孟广,孟密终被缅甸占领。万历十八年(1590年),缅甸又发动了对孟广的攻击,罕烘、思礼投奔陇川,思仁投奔工回,孟广亦失。其后思仁也投降了缅甸,被缅甸封署孟密,“食其地”。在此之前,孟密因为地产宝石,明中央曾命中官坐镇孟密,“司采办”,名为开采使。明武宗时开采使钱能横行一方,到万历二十年(1593年),巡抚陈用宾针对当时的弊端曾说“缅曾拥众直犯蛮莫,其执词以奉开采使命令,杀蛮莫思正以开道路,全滇之祸,皆自开采启之。时税使杨荣纵其下,以开采为名,恣暴横,蛮人苦之。且欲令丽江退地听采,缅酋因得执词深入”。[204]由此可见因为开采使在孟密的错误,使开采宝石一事成为缅甸进攻他人、制造事端的借口。巡按宋兴祖也极言其害,请求将杨荣等人遣回京师,但未得到明神宗的同意。

如果从更高的历史角度来看待陈用宾的这段话,其背后的历史原因应该是,由于明朝中央政府在处理麓川之乱后,没有彻底贯彻在云南西南边疆百夷地区合理的民族政策,没有作进一步深入统治的打算;而当地的百夷上层贵族中的地方民族主义情绪却在不断增长,由于明中央政府没有强有力的行政措施,对各民族利益集团之间争权夺地的矛盾斗争也没有一揽子的解决办法;加之明朝派驻的军政官员或受贿不秉公执法,或掠夺骚扰,从而使各种矛盾交织在一起,出现了政府吏治不善,制度不全,各土司大力扩张,相互攻击,整个云南西南边疆形势急转直下。而就在这样的情形

下，伊洛瓦底江流域原来的蒲甘王朝灭亡，为缅甸宣慰使崛起建立洞吾王朝提供了一个极好的机遇。在缅甸宣慰使司的西边是巨大的山脉把他们和印度分开，北面是今青藏高原的南延部分，难以逾越，而他们的东面则是较为理想的山地、平坝，于是成了他们发展的战略目标，这些地方在当时就是明朝政府的各宣慰司、宣抚司土地，明中后期在与洞吾王朝的战争中，在对边疆土司的博弈中，明王朝显得力不从心，无力解决上述诸多问题，最终使木邦、孟密等地被缅甸洞吾王朝所占，这对明王朝来讲，不能不说是一个历史遗憾。

（五）洞吾王朝对孟养各部的扩张

孟养蛮名迤西，又称香柏城。元代在至元年间（1264 年—1294 年）设置过云远路军民总管府，洪武十五年（1382 年）改云远路军民总管府为云远府。明成祖继位后，改云远府为孟养府，任命土官刀木旦为知府，刀木旦遣使入贡，获赐甚多。永乐二年（1404 年）升孟养府为孟养军民宣慰使司，任命刀木旦为宣慰使，赐印。

永乐四年（1406 年），孟养与嘎里相互攻击仇杀，缅甸宣慰使那罗塔趁火打劫，杀死刀木旦及其长子思栾发并占领了孟养。明中央政府知道此事后，命行人张洪斥责缅甸那罗塔，那罗塔归还孟养。适逢木邦宣慰使罕宾法因为那罗塔侵扰孟养，请求率兵进讨缅甸，“遂破缅甸城寨二十余，获其象、马献京师”。[205] 永乐十四年（1416 年）又复设孟养宣慰使，任命刀木旦的二儿子刀得孟担任宣慰使，任命刀木旦的侄儿刀玉宾担任同知。后来，刀木旦遇害，宣慰司废，孟养的民众跟随刀玉宾散居干崖、伊洛瓦底江，明中央政府曾经命令刀玉宾以宣慰使身份管理随他流亡的民众，所以才任命刀玉宾担任同知。

宣德五年(1430 年),孟养之地又为麓川宣慰使思任发所控制。流亡在外的刀玉宾上奏请求政府护送他回到被麓川宣慰使思任发占据的孟养,而此时政府委任的孟养宣慰使刀孟宾也寄居在云南府。

王骥"三征麓川"时,思任发败逃缅甸,思机发潜逃孟养。正统十三年(1448 年),明中央政府命令孟养头目押送思机发赴京,"许以升赏",而思机发"畏竟不至",因此孟养宣慰使刀变蛮被认为是有意匿藏思机发,明英宗下旨历数孟养的罪行,认为"孟养乃朝廷开设,尔刀变蛮等敢违朝命,一可伐;思机发系贼子,故纵不捕,二可伐;尔孟养被思任发夺地,逐尔宣慰,见在云南优养。尔等欲仇为党,三可伐;云南总兵官世世管属尔地,奉命捕取贼子,尔等不从调度,四可伐;尔等不过以为山川险阻,官军未易遽到,又以为气候瘴疠,官军不可久居,强势则拒敌,力弱则奔遁。殊不知昔马援远标铜柱,险阻无伤,诸葛亮五月渡泸,炎蒸无害,皆能破灭蛮众,开拓境土。况今大军有必胜之机,麓川之师可为前鉴。尔等速宜悔过自图,令思机发亲自前来,仍与一官一地,令享生全。如不肯出,尔等即擒为上策;迹思机发所在,报与官军捕取为中策;若代彼支吾,令其逃匿,则并尔剿灭,悔无及矣"。[206]这是一个从情理中分析,恩威兼喻的敕文,目的是要让孟养诸多利益集团进行选择,积极配合政府稳定地方,清剿麓川思氏。正统十四年(1449 年),三征麓川进入尾声,明中央明确一定要抓住思机发,密命总督王骥让驻在云南府的孟养旧宣慰使刀孟宾为向导攻打思机发。虽然出兵穷追,但仍让思机发逃脱。于是把孟养之地交给缅甸宣慰马哈省管理,并让他伺机抓捕思机发。

景泰二年(1451 年),思任发的儿子思卜发遣使入贡,请求管理孟养之地。但朝中官员认为孟养之地已经给了缅甸,不能轻易

变更。但事实上思卜发已经暗中占领了孟养，即使是缅甸也不能夺回。思卜发死后，其子思洪发承袭，在明英宗和明宪宗两朝多有朝贡，而且以孟养的名义，俨然就是孟养的主人。

成化年间(1465年—1487年)，“孟养金沙江思陆发遣人贡象马，宴赐皆如例。思陆发者，思任发之遗孽也”。[207]思陆发之所以能入贡，是因为太监钱能镇守云南，收了思陆发的财物，“因得入贡”。而此时孟密安抚土舍思揲侵占木邦之地，连年征杀不断，思陆发请求前去平定。由于传说孟密畏惧思陆发的军队，所以同意让思陆发征讨思揲。但思陆发的军队未到时思揲已逃。思陆发一时间成了当地的实权掌握者。对于思陆发的势力扩张，云南巡按谢朝宣在弘治十二年(1499年)给朝廷上了奏章，对云南西南边疆的总体形势作了分析：

第一是地方少数民族上层贵族对权力和土地贪得无厌，导致相互之间不断发生攻杀，使边疆长期处于动荡之中，孟养的思陆发尤为典型，思陆发“本麓川叛种，窜居金沙江外”。成化中(1465年—1487年)曾据缅甸之听盏。弘治七年(1494年)政府征调其兵渡江，遂复据腾冲之蛮莫。“又纠木邦兵，攻烧孟密安抚司，杀掠蛮民二千余人，劫象马金宝，有并吞孟密觊觎故土之志。迤西人恭们、腾冲人段和为谋主，屡抚不听”。[208]

第二是中央政府派驻地方的许多官员贪暴无状，引发和加剧了本来就已经很尖锐的矛盾，如太监吉庆常常对行贿“阳却思陆发之执，然蛮知其贪，又乌知不因却而更进之”。[209]

第三是对边境线上的管理力度不够，“蛮莫等处，乃水陆会通之地，蛮分器用咸由此出，江西、云南大理捕逃之民多赴之”。不仅如此，云南省也违禁将“违禁物往彼馈送，漏我虚实，为彼腹心。镇夷关一巡检耳，安能禁制”。[210]要想彻底解决问题必须加强边疆

的防卫管理力度，改变边疆动荡的形势，对于政府来说是容易做到的，因为“孟养之甲兵不能当中原一大县，以云南之势压之，易于压卵。奈何一调即来，屡抚不退，皆镇巡失之于初，捕逃奸人谋之于中，抚蛮中官坏之于后”。最后谢朝宣恳求道：“伏望垂念边民困苦，将云南镇守太监止存一员，别用指挥一员守备镇夷关，驱思陆发退归江外，而移腾冲于蛮莫，并木邦、孟密不得窥伺，乃为万全之策。设思陆发冥顽不听抚谕，便当决策用兵，无使噍类，以为土官不法之戒”。[211]可以说谢朝宣的上奏之议正中明政府对边疆治理中的各种弊端，但中央政府面对如此复杂的局面，没有引起足够的重视，仅仅是“下镇巡官议剿抚之宜”，处在“讨论”的层面上一拖再拖，“数年不决”，所以云南边疆的问题得不到重视，到最后木邦、孟密等统统为缅甸洞吾王朝占有也就不足为奇了。

弘治十六年（1503年），巡抚陈金派遣金腾参将卢和招抚思陆发。卢和到达腾冲后思陆发亦派人致信，送方物，卢和“谕以祸福，令制兵过江，归所占蛮莫等地，且调陇川、干崖、南甸三宣抚司蛮兵及战象，随官军分道至金沙江”。[212]思陆发随之又派大陶孟伦索、怕卓等率部参见卢和，卢和再次让他们归还所占土地，退回原居住地，思陆发听命“退还前所据蛮莫等十三处，撤回象马蛮兵，渡金沙江而归，又遣陶孟、招刚等贡象六、银六百两，并金银器纳款”。尽管如此，思陆发为了要掌管宣慰司印，“仍数出兵与木邦、孟密仇杀无宁岁”。[213]

嘉靖七年（1528年），总兵官沐绍勋、巡抚欧阳重派参政王汝舟等“遍历诸蛮”，孟养土官思伦等纷纷表示愿意退地赎罪，进贡象牙。其后王汝舟向中央政府提出了管理木邦、孟养、孟密的建议，认为“蛮莫等十三处地方宽广，诸蛮历年所争，属之腾冲司，檄军轮守，则烟瘴可虞；属之木邦，则地势辽远，蛮心不顺。莫若仍漏

孟密管领,岁征差发银一千两,而割孟乃等七处仍归木邦罕烈,则分愿均而忿争息矣”。[214]这一建议得到了政府的认可。但此时缅甸洞吾王朝日益强大,又成为这一地区动荡的一个根源。

万历元年(1573年),缅兵入侵陇川,“岳凤遂尽杀士宁妻子族属,受缅伪命,据陇川为宣抚。乃与罕拔、思哲盟,必下孟密,奉瑞体以拒中国”[215]。于是除孟养之外,木邦、蛮莫、陇川、干崖等地都归附了缅甸。

当时,金腾副使许天琦遣指挥侯度持檄抚谕孟养,坚定了孟养土酋思个抗击缅甸的决心。缅甸发兵攻击孟养时,金腾屯田副使罗汝芳让思个坚守待援,同时调兵至腾越准备进行支援。思个得知援军即将赶到,极为振奋,命令手下头目乌禄剌率一万多人马深入缅军后方,绝其粮道,并派兵埋伏在戛撒诱敌深入。缅军果然进攻戛撒,思个固守不战。由于粮道阻断,缅兵“以撮金易合米,始屠象马,继剥树皮,掘草根”,[216]又遇上军中发瘟疫,死者堆积如山。走投无路的缅军只得向思个求和,遭到拒绝。无奈云南巡抚王凝不谙边防,急传罗汝芳不准发兵增援思个。思个待援不至,出兵追击缅兵,“缅兵大败,生还者十不一二”,[217]当时几获莽瑞体,但失去了一次绝好的反击机会。

万历六年(1587年),明王朝遣使至孟养,将思个所俘兵象归还缅甸,并赍以金币诸物“好言慰谕之”。但是,缅王却不领明王朝的这番情。

明王朝对缅甸洞吾王朝的姑息政策助长了缅甸的嚣张气焰,使云南抗缅爱国土司陷于孤立无援的不利处境。万历七年(1579年),缅军再次进攻孟养以报戛撒一战之仇。思个因为孤立无援败走腾越,中途为其属下所执,押送投奔莽瑞体,终因不屈遇害。于是,缅甸“尽并孟养地”。至此,孟密、木邦、孟养等大片土地都

沦于洞吾王朝统治之下。

（六）洞吾王朝对车里的扩张

车里即古书中的产里，是百夷的主要聚居区之一，唐以后逐步有哈尼进入，因此也是一个民族杂居区。元世祖征交趾时将其纳入元朝的统治体系，设置了撤里路军民总管府。洪武十五年（1382年），百夷首领刀坎来降，明政府于其地设置车里军民府，任命刀坎担任知府。为表谢意，刀坎派侄儿丰禄朝贡，得赐物甚多；洪武十七年（1384年），刀坎又派儿子刀思拂朝贡，朝廷将车里军民府升为车里宣慰使司，仍任刀坎为宣慰使。此后车里朝贡不断，每次都得到众多赐物，与政府之间保持着较为融洽关系。

永乐元年（1403年），宣慰使刀暹答命令其部下掠夺威远州（驻今景谷），攻击知州刀算党，后在沐晟的干预下交出了威远州印，还了威远土地，释放了刀算党。车里宣慰使的这些表现，政府不但没有惩罚他们，反而对他们十分赏识。永乐三年（1405年），朝廷派内官前往车里，被八百大甸的宣慰刀招散阻，车里宣慰刀暹答主动请求举兵攻八百，“八百伏罪”，“帝嘉其忠”。永乐四年（1406年），车里宣慰派儿子刀典入国学，实际上是向政府表示忠诚，把刀典作为人质，“帝知其隐，赐衣币慰谕遣还，以道里辽远，命三年一贡，著为令”。[218]因此永乐后期车里与中央的关系十分密切。

永乐十一年（1413年），刀暹答死，车里内部因为宣慰使承袭之事互相仇杀，而此时布政使刘亨差官征发差金，宣慰使刀弄因多征差金引发民众不满，被迫逃到老挝，刘亨也因没有及时处理好此事而受到治罪处罚。

永乐十九年（1421年），双孟上奏说刀弄经常以兵攻伐周边民

众,“乞别设治所,以抚其众。诏分其地,置靖安宣慰使司,升双孟为宣慰使,命礼部铸印给之”。[219]但到了宣德九年(1434年),靖安宣慰刀霸供又上奏认为“靖安原车禄地,分析为二,致有事端,乞仍并为一,岁贡如例。帝从乞请,革靖安宣慰,仍归车里,命刀霸供、刀霸羡共为宣慰使,俾上所授靖安宣慰司印”。[220]经过这一调整,车里在很长时间内没有大的内部冲突。所以在征麓川的战役之中,车里土兵立过大功,政府免除了车里多年积欠下来的差发金。明政府在处理车里宣慰司的分合问题上既有原则性,又有灵活性,以地方是否稳定作为决策的依据,这应该是值得充分肯定的。

天启七年(1627年),缅甸洞吾王朝入侵孟艮(今缅甸南掸邦的景栋地区),孟艮向车里求救,车里宣慰使刀韫猛派兵支援而遭到缅甸的嫉恨,兴兵报复。“韫猛父子不能支,遁至思毛地,缅追执之以去。中朝不及问,车里遂亡”[221]。关键时刻,中央政府没有及时给车里支持,终被缅甸洞吾王朝占领。

三、明朝对老挝、八百、安南的治理

(一)明朝对老挝宣慰使司的治理及洞吾王朝对老挝的扩张

老挝俗称“挝家”,族属为百夷,是百越后裔。因此老挝既是民族名称又是地域名称,早在商周时期这里就有越族分布。

永乐年间(1403年—1424年),老挝土官刀线歹入贡,明朝在老挝设置了军民宣慰使司,任命刀线歹担任宣慰使,发给印信,此后刀线歹一直入贡不断。刀线歹死后,歹线达仍按时入贡,中央政府对老挝刀氏的赏赐较多,特别是表示政府藩属关系的印信从不

动乱。

成化十七年(1481 年),安南黎灏攻破老挝,欲联合车里攻击八百,但在进军途中士兵多暴病身亡,八百趁机派兵守住退路,大败交趾军队,此事得到了明朝政府的大力褒奖。

嘉靖年间(1522 年—1566 年)缅甸洞吾王朝崛起,八百宣慰司被缅甸兼并,缅甸洞吾王朝的莽应里派其弟莽应龙占据景迈城,而八百的上层贵族首领退守景线,名为小八百,此后“朝贡遂不至”。万历时小八百曾上书请恢复藩属关系,但明王朝本身困难重重,危机四伏,再无力量顾及边远地区。

(三)安南的扩张及对宁远州的侵占

安南位于今越南北部,为中国史书记载之古交趾地。越南是中国山水相连的近邻,自古以来有着十分密切的关系。公元前214 年,秦始皇开拓岭南,建立南海、桂林、象郡三郡。其中,象郡包括今越南北、中部地区和广西南部的一些地方。

秦朝末年,边吏赵佗乘天下大乱,击并桂林、象郡,建立了以广州为中心的地方割据政权——南越国,分象郡设交趾、九真二郡。公元前 111 年,汉武帝平定南越,设南海、合浦、苍梧、郁林、交趾、九真、日南、儋耳、珠崖九郡。其中,交趾、九真、日南三郡辖境在今越南北部和中部地区。自秦汉到唐代,越南都是中国版图的一部分。唐代以前,我国史籍习惯称其为交趾(或交州)。

东汉沿袭西汉建置,仍设交州刺史部统辖上述三郡。三国时期,吴王孙权分合浦以北为广州,交趾以南为交州,并调整交州统辖合浦、交趾、新昌、武平、九真、九德、日南七郡。两晋南北朝时期,交州所辖之地有所损益,但变化不大。

隋唐时期,结束了分裂割据的局面,加强了对交州地区的统

治。唐高宗调露元年(679 年),改交州都督府设安南都护府,任命刘延祐为都护兼经略招讨使。自此,交州之地在史籍中被称为安南。

唐末势衰,对东南地界的安南鞭长莫及。"五代十国"时期,各地封建势力纷纷割据,安南地方土豪也乘机叛乱,称雄割据。在半个世纪的时间内先后出现曲承裕、杨廷艺、矫公羡、吴权及丁部领五姓割据政权。最后于宋太祖开宝元年(968 年),丁部领削平十二使君,统一安南地区,建立了"大瞿越国"。开宝八年(975 年),宋朝册封"大瞿越国"丁先皇帝为"交趾郡王"。从此,安南脱离中国的版图,以一个独立自治的封建国家与中国发展关系。

元代,蒙古军队攻克大理后,曾于公元 1258 年初占领安南陈朝京师升龙(即今河内),陈朝称臣内附,与中国保持着宗藩关系。元朝在云南设立云南行省建立后,安南邻者七十城门甸国王答公曾于至元十三年(1276 年)十月遣使乞降。至治三年(1323 年),元代在七十城门甸(金平县及边外之地)及其附近地区设置宁远州,直隶云南行省。但整个元代,中越疆界冲突不断。

明王朝建立后,安南遣使朝贡,明太祖"命侍读学士张以宁、典簿牛谅往封为安南国王,赐驼纽涂金银印"[228],继续保持藩属国与宗主国的关系。

建文初,安南国内局势动荡,国相黎季斧取代陈氏为王,"大杀陈氏宗族而自立",改姓为胡,并出兵侵扰我宁远州(按宁远州于洪武十五年设,隶临安府)。永乐二年(1404 年),陈氏旧臣裴伯耆入京师奏报黎季斧弑主篡位、屠戮忠良之事,表达了"复立陈氏后,臣死且不朽"的愿望。不久,老挝宣慰司送安南陈氏后裔陈天平至。永乐四年(1406 年),明朝与胡氏商妥护送天平回国,而中途天平却被其派兵劫杀。"帝大怒,召成国公朱能等谋,决意讨

司,以伦发为宣慰使。

车里宣慰司:洪武十五年(1382年),蛮长刀坎来降,改置车里军民府,以坎为知府。洪武十七年(1384年)刀坎复遣其子刀思拂来贡,赐坎冠带、钞币,改置军民宣慰使司。

缅甸宣慰司:洪武二十七年(1394年)置缅中宣慰使司,以土酋卜剌浪为使;永乐元年(1403年),缅酋那罗塔遣使入贡。诏设缅甸宣慰使司,以那罗塔为宣慰使,遣内臣张勤往赐冠带、印章。于是缅有二宣慰使,皆入贡不绝。

木邦宣慰司:洪武十五年(1382年)平云南,改木邦府。永乐二年(1404年),改木邦为军民宣慰使司。

孟养宣慰司:元代设云远路军民总管府,洪武十五年(1382年)改为云远府。成祖继位,改云远府为孟养府。永乐二年(1404年)改升为孟养军民宣慰使司,以刀木旦为使,赐诰印。

老挝宣慰司:成祖即位,老挝土官刀线歹贡方物,始置老挝军民宣慰使司。永乐二年(1404年)以刀线歹为宣慰使,给之印。

八百宣慰司:元初置八百等处宣慰司。洪武二十一年(1388年),八百媳妇国遣人入贡,遂设宣慰司。永乐二年(1404年)设军民宣慰使司二,以土官刀招你为八百者乃宣慰使,其弟刀招散为八百大甸宣慰使,遣员外郎左洋往赐印诰、冠带、袭衣。

底兀剌宣慰司:永乐二十二年(1424年)三月置。地旧为大古剌所据,上谕还之,故置司。

大古剌宣慰司:大古剌军民宣慰使司,在孟养西南,亦曰摆古,滨南海,与暹罗邻。小古剌长官司,茶山长官司,底板长

官司，孟伦长官司，八象塔长官司皆在西南极边，俱永乐四年（1406年）六月置。[237]

底马撒宣慰司：底马撒军民宣慰使司，在大古剌东南。俱永乐四年（1406年）六月置。

孟艮府：永乐三年（1405年）来归，设孟艮府，隶云南都司，以土酋刀哀为知府，给印诰冠带；

孟定府：洪武十五年（1382年），土酋刀名扛来朝，贡方物，赐绮帛钞币，设孟定府，以刀浑立为知府。

从上述资料可知，明代自洪武至永乐朝先后在云南极边地区设置了麓川宣慰使司（辖境在今德宏州及边外若干地区）、木邦宣慰使司（辖境相当于今缅甸掸邦东北部地区，治所在今缅甸兴威）、孟养宣慰使司（辖境相当今缅甸八莫、开泰以北，伊洛瓦底江以西，那伽山脉以东地区，治所在今缅甸孟养）、缅甸宣慰司（即阿瓦王朝，曾臣属于明王朝，其地在木邦以西，孟养以南，今缅甸曼德勒为中心的伊洛瓦底江中游地区）、底兀剌宣慰司（在缅甸宣慰之南，旧蒲甘伊洛瓦底江以东即洞吾之地）、大古剌宣慰司（在伊洛瓦底江入海三角洲之白古，即马革为得棱子地）、底马撒宣慰司（在萨尔温江入海，丹那悉林地带，南至土瓦）、八百大甸宣慰使司（其地在今缅甸掸邦东部和泰国清迈地区）、老挝宣慰使司（其地在今老挝境内）、车里宣慰使司（辖境相当于今我国云南西双版纳）等十宣慰司，孟艮（在今缅甸南掸邦景栋一带）、孟定（在南定河流域及以南地区）二御夷府[238]。其统治范围包括今云南德宏、西双版纳及老挝、缅甸大部，以及泰国的一部分。

明代初期，统治者尚能通过剿抚并用，恩威并施的策略震慑当地土司，对诸土司进行有效的控制与管理。然而，洪武年间，朝廷为遏制麓川思氏的扩张，采取分而治之的办法，先后将麓川“分其

地设孟养、木邦、孟定三府，隶云南；设干崖、潞江、大侯、湾甸四长官司，隶金齿”。[239]即从麓川思氏控制范围中分划出了木邦、孟养、孟定三个府，南甸、大侯两个州，潞江、干崖、湾甸、孟连、者乐甸等五个长官司。这些地区原本都是百夷聚居区，朝廷的分划设置为后来各地土司之间争权夺利的纷争埋下了祸根。

明朝中后期以后，明朝政治腐败日渐突出，朝廷上宦官专权，党争不断，贿赂公行；地方上纲纪不振，荒淫怠政，玩忽职守，已经不能对边境上的土司进行强有力的震慑和控制。另一方面，经过一段时间的养精蓄锐，各地土司实力都有所提升，相互之间争权夺利的内部纷争越演越烈。较大规模的有宣德、正统年间麓川思氏与木邦、孟养等宣慰司的争夺。宣德元年（1425 年），“麓川、木邦争界，各诉于朝”；宣德八年（1432 年），“木邦与麓川、缅甸各争地，诉于朝”；[240]正统元年（1436 年），思任发奏其地为木邦所侵；正统三年（1438 年）十二月，麓川土司思任发发兵“侵掠腾冲、南甸，略取孟养地”，后又“屠腾冲，据潞江”。[241]麓川思氏的大肆扩张远远超出了明初为其划定的势力范围，朝廷多次派人诏谕均未见成效，大有坐大一方，抗礼朝廷之势。于是，自正统四年（1439 年）至正统十四年（1449 年），明廷在太监王振、兵部尚书王骥等人的倡导下“三征麓川”，将麓川思氏的势力赶到了伊洛瓦底江以西，并于成化元年（1464 年）将思任发的孙子思命发发配“沿海登州卫安置，月给米二石”，“麓川亡”[242]，摧毁了麓川割据称雄的野心。但是，朝廷简单的军事征伐并没有从根本上解决当地民族问题和社会矛盾，反而在征麓川的过程中造成了新的民族矛盾。

在征麓川期间，朝廷曾颁旨承诺“木邦、缅甸能效命擒任发献者，即以麓川地与之”，后来缅甸擒获思任发，并“坚执前诏，必予地乃出任发”，[243]为后来缅甸向北扩张提供了口实。景泰五年

(1454 年)，缅甸又来索地，朝廷将银戛等地划出，缅甸才将思机发及其妻孥送交朝廷。成化七年(1471 年)，缅甸又称“贡章、孟养旧为所辖，欲复得之”。然而，孟养因为缅甸执人索地在先，故与缅甸结下了仇怨。于是在嘉靖初年，“孟养酋思陆子思伦纠木邦及孟密，击破缅，杀宣慰莽纪岁并其妻子，分据其地”。[244]从此，缅甸与孟养、木邦、孟密等地结下了深仇大恨，成为嘉靖、万历年间缅甸入侵，造成大规模边疆危机的原因。

缅甸宣慰司莽纪岁被杀后，其子莽瑞体投奔在洞吾的母亲家。长大之后，莽瑞体不仅拥有洞吾之地，还趁古喇兄弟争立之机“举众绝古喇粮道，杀其兄弟，尽夺其弟”，后又借孟密土舍兄弟争立之机，纳其弟为女婿，“攻孟养及迤西诸蛮，以复前仇”。[245]从此，缅甸走上了对外扩张的道路，北上与木邦、孟养、孟密等土司相争夺。嘉靖十一年(1532 年)车里宣慰使刀糯猛投靠缅甸，“以大车里应缅，而以小车里应中国”；[246]万历元年(1573 年)缅兵攻至陇川，岳凤杀死土酋多士宁妻子族属，投降缅甸；万历七年(1579 年)缅甸进攻孟养，土司思个败走腾越，途中被下属押送缅甸莽瑞体，缅甸杀死思个，尽并孟养之地；万历十年(1582 年)岳凤引导缅甸军队袭击干崖，夺了罕氏的大印；万历十一年(1583 年)莽应里诱杀木邦土酋罕拔，并木邦地，并焚掠施甸，寇顺宁，破盏达，进而窥探腾越、永昌、大理、蒙化、景东、镇沅诸郡。

面对缅甸咄咄逼人的进攻态势，万历十一年(1583 年)明朝廷以南京坐营中军刘綎为腾越游击，武靖参将邓子龙为永昌参将，各提兵五千精锐进剿缅军。在当地土司军队的配合下，刘、邓军队在姚关以南的攀枝花地大破缅军，杀死耿马土司罕虔和湾甸州土司景宗真，俘虏景真宗之弟宗材。攀枝花大捷后，刘綎率兵收复陇川、孟密，一直打到了阿瓦。陇川叛酋岳凤于万历十二年(1584

年)正月率众投降,“尽献所受缅书、缅银及缅赐伞袱器、器甲、刀枪、鞍马、蟒衣并伪关防一颗”。[247]最后被朝廷磔于市,尽诛其妻子族属。

刘綎击败缅军后,“夷缅畏綎,望风内附者踵至”,[248]木邦土酋罕凤、遮西土酋思义都杀了缅甸使者,投归明王朝。孟密安抚土舍思混也派其弟思化前来投降,献出了大象和缅王发给的印章。至此,洞吾王朝的势力基本上被赶出了木邦、孟养、蛮莫等广大地区,边境地区的土司纷纷重新归顺明王朝。[249]

万历十三年(1585)以后,缅军继续入侵边境各地土司。万历十五年(1587年),缅甸进攻孟养,攻克密堵、送速两城,后被金腾兵备李材收复。万历十八年(1590年),莽应里为报密堵、送速两城之怨,再次进兵攻打孟养,并占猛拱、猛广之地。次年,莽应里围攻蛮莫,被邓子龙击溃。万历二十一年(1593年),缅甸纠集猛拱、孟养、孟密等地土司大举入犯,号称有大军三十万,战象百头,分兵三路入寇,“一入遮放、芒市,一入腊撒、蛮颡,一入杉木龙,并出陇川”[250]。当时云南巡抚陈用宾正驻镇永昌,命参将王一麟夺回等炼,中军卢承爵出雷哈,都指挥钱中选、张先声出蛮哈,守备张光胤出打线,分路出击。在这次交锋中,缅甸以老弱士兵及象、马为诱饵,多次被明军俘获,使明军将士产生了轻敌思想,急于冒进,终落入缅军包围,损兵折将。

在缅甸洞吾王朝频繁的武力扩张面前,云南巡抚陈用宾为防止丢失西南边境更多的土地,便于万历二十二年(1594年)在腾冲卫设立神护关(故址在今云南腾冲县西北孟卡山上)、万仞关(故址在今云南盈江县西北布哈山上)、巨石关(故址在今云南盈江县西北息马山上)、铜壁关(故址在今云南盈江县西北布哈山上)、铁壁关(故址在今云南陇川县西北)、虎距关(地在今陇川县西南境

外)、天马关(地在今瑞丽县西南境外)、汉龙关(地在今瑞丽县南部境外)等八关。[251]万历二十四年(1596年),明朝又于猛卯(今云南瑞丽)筑平麓城,并于户撒、腊撒、杉木龙等地大兴屯田。

八关及诸隘的修筑,对抵御缅军向内地的侵犯起到了积极作用,但这毕竟是明末国势衰落、内外交困之下被迫采取的消极防御措施。八关的设置,意味着明朝主观上放弃了对设置在八关以外的蛮莫、孟密、孟养、木邦、老挝、八百等地统治。于是,明朝后期,这些地区在缅甸洞吾王朝的扩张及当地土司的纷争中逐渐脱离明朝的统治。具体时间为:

底兀剌宣慰司:正统以后不见入贡记载。嘉靖初年,孟养、木邦联合攻破缅甸宣慰司,杀死莽纪岁,其子莽瑞体"少奔匿洞吾母家,其酋养为己子。既长,有其地"[252],建立了洞吾王朝。这里的洞吾,就是明代底兀剌宣慰司所在地。即嘉靖年间,底兀剌宣慰司已为缅甸洞吾王朝所有。

大古剌宣慰司:洞吾王朝建立后,古喇兄弟争夺继承权,被莽瑞体和解后受其约束。后为莽瑞体"举众绝古喇粮道,杀其兄弟,尽夺其地"。[253]

底马撒宣慰司:正统以后不见入贡记载。嘉靖年间,为缅甸洞吾王朝所吞并。

孟养宣慰司:万历七年(1579年),缅军进攻孟养,土司思个败走腾越,缅甸尽并孟养地。

八百宣慰司:嘉靖年间,八百宣慰司被缅甸兼并,八百土司避居景线,名为小八百,此后"朝贡遂不至"。万历十五年(1587年),八百大甸曾"上书请恢复"[254],但明王朝官吏没及时上报,终为缅甸所并。

木邦宣慰司:万历三十四年(1606年),缅甸三十万大军

围困木邦，明朝军队救援不及时，遂为缅甸所有。

老挝宣慰司：嘉靖年间，老挝为缅甸侵扰。万历四十一年（1613年），老挝入贡，明廷补发宣慰司印后，老挝土司“自是不复至”。[255]实际上成为缅甸控制的领地。

车里宣慰司：嘉靖年间，车里宣慰使刀糯猛投靠缅甸，“以大车里应缅，而以小车里应中国”。天启年间，缅甸攻打车里，“中朝不及问，车里遂亡”。[256]

孟艮府：正统年间，孟艮地多为木邦所并。缅甸洞吾王朝崛起后，不断侵夺其地。天启二年（1622年），缅甸攻孟艮、猛乃。天启七年（1627年），缅军再次进攻孟艮，车里土司刀韫猛“遣兵象万余赴之”。[257]随着明朝的灭亡，缅甸进一步控制了孟艮地区。

综上所述，明代初年在西南边疆所设的十宣慰使司及二御夷府，到了明朝中后期，在缅甸洞吾王朝与明朝的交锋中逐渐为其所有。正如沈德符《万历野获编》所载：“云南所统，自府、州、县外，被声教者凡有九宣慰司、七宣抚司，其底马撒与大古剌、靖安三慰，久为缅所夺，滇中可以调遣者，惟车里等五夷，并缅甸为六慰，与南甸等三抚而已。迨至今日，三宣六慰尽入缅舆图中。”[258]今云南之边界，惟有麓川、车里二宣慰司及孟定府在我国境内，且已不完全。其余则为今缅甸（除河拉干勃生）全部，及泰国北部，老挝北部之地。其改变之过程，由于洞吾莽达剌之侵扰。在嘉靖、万历年间，争战未决，而明势衰落，渐不能问。[259]

（二）明代云南边疆变迁的原因

明初，在明朝政治统治和强大军事震慑面前，西南边疆“麓

川、缅甸、车里、八百媳妇诸蛮皆遣使纳款内附”[260]，明廷先后在西南边疆设置了十宣慰使司及二御夷府。然而，明朝中后期以后，在西南边疆危机中，缅甸、老挝、八百、木邦、孟密、蛮莫、孟艮、古剌、底马撒等地沦为缅甸属地，导致中国西南版图的大范围龟缩。究其原因，主要有三：

第一，明朝统治不力，处置失当。明初在云南边地所设麓川、木邦、孟养、缅甸、底兀剌、大古剌、底马撒、八百大甸、老挝、车里、孟艮、孟定等地，大多为元代才正式纳入中央王朝的统治范围。元代以前，这些地区或为中央王朝的藩属国，或为南诏、大理地方民族政权所控制，受中原汉文化及内地的政治统治制度影响较小。因此，对内地政治、经济、文化制度的认同感不强，对中央王朝统治的向心力和凝聚力远远不足。明初之所以能对其进行有效的控制，主要是因为朱元璋、朱棣等一批杰出的政治家励精图治，明廷国力强盛，对其具有强大的政治、经济和军事的感召力和威慑力。在强大的明王朝面前，云南边地的各民族上层为了保住自己的既得利益，纷纷遣使入贡，祈求“假我爵禄，宠之名号”，为中央王朝“奔走惟命”，处理所属民族地区事务。[261]同时，明初中央王朝也能对不听节制，坐地扩张的麓川思氏进行有效的军事打击和政治统治。因此，明代初年，各地土司朝贡不断，保持了一种良好的统治状态。

正统(1436 年—1449 年)以后，明王朝由盛转衰，宦官专权，土地兼并严重，明初实行的军屯制度逐渐废弛，社会矛盾日益突出。正德至万历年间，明王朝内忧外困，加上明王朝北有蒙古瓦剌部也先力图向中原扩张，东部日本丰臣秀吉侵略朝鲜并试图进一步向中国扩张，东南沿海有倭寇的侵扰破坏，西南地区缅甸洞吾王朝向外扩张，土司纷争不断。面对众多的社会矛盾，明朝廷已经是

有心无力，无法对西南地区进行有效控制。

就云南而言，明代中后期中央政府派驻云南的许多官员贪暴无状，吏治败坏，对地方土司纷争及缅甸的北扩和东进处置失当。面对麓川对周边土司的侵扰，太监王振及兵部尚书王骥等人"三征麓川"，"发十五万，转饷半天下。大师三动，连兵十年，士死伤不算，仅以破克，而中国益耗病"[262]；隆庆二年(1568年)，木邦土舍罕拔请求承袭，明地方官员索贿不成，便不上报，引起了罕拔的反抗，转而投靠缅甸洞吾王朝，约为父子。时有"官府只爱一张纸，打失地方二千里"之谣；[263]隆庆二年(1568年)，缅甸莽瑞体遣使招降陇川土酋多士宁，多士宁不从，"言中国广大，诫勿妄动"[264]，回到陇川后，又向屯戍蛮哈的指挥使方谧透露了缅甸进攻中国的策略，指出"蛮哈区区之隘，可恃拒缅乎"？无奈方谧不听，最后多士宁被养子岳凤毒死，投靠缅甸；万历四年(1585年)缅甸攻打孟养，金腾屯田副使罗汝芳让思个坚守待援，积极调兵至腾越准备进行支援。思个得知援军即将赶到，极为振奋，命令手下头目乌禄剌率一万多人马深入缅军后方，绝其粮道，致使缅军死者堆积如山。但因云南巡抚王凝不谙边防，急传罗汝芳不准发兵增援思个，失去了一次绝好的反击机会，后于万历七年(1579年)被缅军攻破，土司思个被俘，不屈遇害；万历十一年(1583年)缅甸焚掠施甸，进而又破顺宁、盏达。盏达土酋刀思廷求救不应，终因粮食耗尽而被攻破。

由于明廷统治不力，对边疆危机处置失当，"致使忠义之酋如陇川多士宁、干崖刀怕文、迤西思个，横罹惨难，极千古而冤不一申"。[265]更为严重的是，明廷在边疆危机处理中的不作为，在缅甸进攻边地土司时，明朝政府没有积极组织救援，使得朝廷在土司中的公信力降到低点，"盖自麓川、孟养、盏达三不援救，而后诸夷确

然知中国之不可恃,而甘心于臣缅矣"[266],纷纷投靠缅甸力图自保。

万历二十二年(1594 年),云南巡抚陈用宾在腾冲卫设立八关,明为防止丢失西南边境更多的土地,实则主观上放弃了八关以外蛮莫、孟密、孟养、木邦、老挝、八百等地的统治权。这些地区后来沦为缅甸的属地自然也是情理之中的事情。

第二,缅甸崛起,向外扩张。缅甸自汉代与中国开始正式官方往来,一直都是中国的藩属国,与中国保持着和平友好的交往。元至元二十四年(1287 年),"云南王与诸王进征,至蒲甘,丧师七千余,缅始平,乃定岁贡方物"。[267]元朝灭了缅甸蒲甘王朝,置邦牙等处宣慰司,将缅甸正式纳入中央王朝的版图。

明永乐元年(1403 年),缅甸首领那罗塔派人入贡,于是诏设缅甸宣慰使司,任命那罗塔担任宣慰使。而后,缅甸在明朝初期朝贡不断。正统年间(1436 年—1449 年),缅甸在明朝征讨麓川期间,缅酋马哈省、以速剌等擒获思任发,并要求明朝兑现以麓川地换人的承诺。从此,缅甸与麓川、孟养等地结下仇怨。

嘉靖初年,孟养首领思陆发的儿子思伦发联合木邦及孟密攻破缅甸,杀死缅甸宣慰莽纪岁及家人,占领其地。莽纪岁的儿子莽瑞体投奔在洞吾的母亲家。长大之后,莽瑞体尽有洞吾之地,建立了洞吾(东吁)王朝。而后,洞吾王朝先后于 1539 年灭了白古王朝,1555 年灭了阿瓦王朝,再次实现了缅甸的统一。随着洞吾王朝的崛起,缅甸于嘉靖末年开始走上了北扩的道路。

在缅甸北扩的过程中,缅甸酋莽瑞体及其子莽应里"颇知用兵,尤计善狡猾,凡诸夷未服者,先声言攻取以挟其来,及既已来者,又重加赏赉,以快其欲"。[268]嘉靖三十九年(1560 年),孟密土酋思真及其子思汉相继去世,引发了内部土司继承权的争夺。莽瑞体趁机招思汉次子思琢为女婿,以此操控对孟密的控制权;隆庆二

年(1568年)木邦土舍罕拔请求承袭遭到明地方官员拒绝时,莽瑞体立即给予援助,并与罕拔"约为父子"[269];隆庆六年(1572年)陇川宣抚司目把岳凤杀多士宁投缅后,"乃赍重贿投拜瑞体为夫,导之内侵"。而后,蛮莫头目思哲也投降缅甸,"瑞体纳为义子"。[270]相反,对于激烈反抗的边地土司,在被缅甸攻破后,往往遭到残酷的迫害。如陇川土酋多士宁被岳凤杀后,"多氏族属,残灭殆尽";[271]万历十一年(1583年),莽应里攻破施甸后,"焚掠施甸,剖孕妇以卜,男寇永昌,女寇顺宁"[272]。

在缅甸咄咄逼人的进攻态势面前,明廷显得软弱无力,虽有万历十一年(1583年)及万历十六年(1588年)刘綎、邓子龙的反攻大捷,但也挽回不了明朝在交锋中的颓势。于是,缅甸越发骄横。万历三十年(1602年),缅甸再次进攻蛮莫,"途观思政败奔内地,缅以重兵入滇索之,抚臣大惧,斩思政首畀之,缅乃益骄。"[273]万历三十四年(1606年)木邦宣慰司为缅甸侵占后,"五宣慰司复尽为缅所陷,而庙堂置不问矣。此后,缅地转大,几埒天朝,凡滇、黔、粤西诸边裔谋乱者,相率叛入其地以求援,因得收渔人之利,为西南第一逋逃薮,识者忧之"。[274]

第三,土司纷争,叛服无常。明初,朝廷为加强对云南边疆民族地区的控制,对"西南夷来归者","即用原官授之",[275]在边地设置了麓川、缅甸、孟养、木邦、八百、老挝、大古剌、底兀剌、底马撒、车里等十宣慰司及孟定、孟艮二御夷府。其目的是通过土司制度笼络各地民族上层为其"谨守疆土,修职贡,供征调"。[276]

然而,纵观整个明代,云南边地土司之间的纷争就没有停止过。先是明初麓川宣慰司思伦发对周边土司的侵扰。洪武十八年(1385年),思伦发率众进攻景东,进犯金齿卫。洪武二十一年(1389年),思伦发又潜通广西、东川、芒部,集众进攻马龙他郎甸

的摩沙勒寨。洪武二十八年(1395 年),思伦发派兵侵夺缅甸之地。明朝在挫败思伦发的扩张后,采取分而治之的策略,分其地“设孟养、木邦、孟定三府,隶云南;设潞江、干崖、大侯、湾甸四长官司,隶金齿”。[277]麓川宣慰司被分置后,一方面,麓川思氏企图恢复原来的势力范围,伺机扩张。另一方面,明廷虽然遏制了麓川思氏,却培育了孟养、木邦、孟密、陇川等大小不等的地方民族势力。这些民族上层羽翼丰满后,也加入了土地和资源的争夺当中,引发了边疆更大规模的土司纷争。

麓川被分置后,各地土司加入了相互争夺的行列。宣德元年(1425 年),“麓川、木邦争界,各诉于朝”[278];宣德八年(1433 年),“木邦与麓川、缅甸各争地,诉于朝”[279];正统三年(1438 年),麓川侵孟定、南甸等处。同年十二月,思任发掠腾冲、南甸,取孟养,屠腾冲,据潞江;弘治六年(1493 年),云南守臣奏孟密侵夺木邦,“兵连祸结,垂四十余年,屡抚屡叛,势愈猖肆”[280];嘉靖初,思伦与木邦宣慰罕烈击杀缅酋莽纪岁,分其地,莽瑞体投奔洞吾母家,后建立了洞吾王朝。翻阅明代相关史籍,土司之间的纷争见诸记载者俯拾皆是。值得注意的是,麓川思氏被削弱后,西南边疆没有了独占优势的民族势力,各地土司在一种较为均势的状态下纷争不断,客观上为缅甸洞吾王朝势力的崛起创造了条件。

嘉靖年间缅甸向北扩张以后,木邦、孟养、车里、陇川等地土司面对缅甸强势的攻击和明廷统治的软弱无力,为保住已有的既得利益,在明朝和缅甸政权之间摇摆不定,叛服无常,甚至出现了双重的政治归属。万历元年(1573 年),缅甸攻入陇川后,岳凤杀死多士宁及妻子族属,“受缅伪命,据陇川为宣抚”,投靠缅甸莽瑞体抵抗中国。据《明史·云南土司传》载,当时缅甸发给岳凤的伪诏“为锦囊象函贝叶缅文,称西南金楼白象主莽哒喇弄王书报天皇

帝,书中嫚辞无状"。[281]万历十二年(1584年),刘綎、邓子龙取得攀枝花大捷,收复陇川、孟密后,岳凤自度无处可逃,遂"偕其妻子、弟侄及所统夷汉归命,尽献所受缅书、缅银及缅赐伞袱、器甲、刀枪、鞍马、蟒衣并伪关防一颗"。[282]同样,木邦土舍罕拔因请袭职遭到地方官吏索贿后,怒而投缅。潞江安抚使线贵为罕拔投缅后得到很多好处,"亦投瑞体,日津津泄中国之虚实,教以吞邻内侵"[283]。罕拔投靠缅甸后,还召干崖土司刀怕举的弟弟刀怕文"袭职以臣缅,且许以妹"。[284]

明朝政府在边境民族地区公信力的降低,使得边地土司在面对缅甸不断侵扰时,处于进退两难的境地。就连后来英勇抗击缅甸孟养土司思个,在万历四年(1576年)缅甸大举进攻迤西时,不知是投靠缅甸还是归附中国,"乃刻木二,一书天皇帝号,一书莽瑞体号,率众拜之,乃卜",可笑到需要通过占卜的形式决定自己的政治立场。最后,因"天皇帝者卓立几上,莽瑞体倾坠于地,由是决意向中国"。[285]再者,嘉靖十一年(1532年),车里宣慰使刀糯猛投靠缅甸,当时出现了"以大车里应缅,而以小车里应中国"的局面。[286]而在万历十三年(1585年)明军对缅作战取得胜利的形势下,"糯猛复归,献训象,金屏、象牙诸物,谢罪"。[287]

边疆土司势力在明朝和缅甸政权之间叛服无常,甚至采取双重政治归属的做法是力求自保的一种无奈选择,也是明朝云南边疆版图大为龟缩的一大重要因素。这对我们今天处理民族地区事务,研究和解决边疆民族的国家认同和民族认同问题具有重要的历史警示作用。

(三)明代云南边疆变迁的影响

明代中后期云南边疆土司的纷争及缅甸的北扩,一方面造成

了严重的边疆危机，给当地人民造成了沉重的苦难。另一方面，由于战事频繁，明朝加强了对边疆地区的军事布防，大量内地军士进入边疆民族地区，促进了边疆地区与中原内地的交往，并为中国西南边疆的形成奠定了基本的雏形，对后世产生了深远的影响。

第一，明代边疆变迁奠定了近现代中国西南边界的基本雏形。云南自古蛮夷之地，远在荒外，汉武帝时正式纳入中央王朝版图。后蜀、晋、隋、唐"虽曰郡县其地，不过遥制以为羁縻而已"。[288]唐、宋时期，云南之地实处南诏、大理国地方政权控制之下，中央王朝力所不能及。到了元代，忽必烈攻下大理后，元朝于至元十三年(1276年)在云南设置了云南行省，并在边疆地区推行土司制度。据《元史·地理志》载，云南行省辖"路三十七，府二，属府三，属州五十四，属县四十七"，"其地东至普安路之横山(今贵州普安境内)，西至缅地之江头城(今杰沙)。凡三千九百里而远；南至临安路之鹿沧江，北至罗罗斯(今四川凉山州)之大渡河，凡四千里而近。"[289]其辖境除今云南及黔、川部分地外，南界还到了缅甸、泰国境内。

明代继承了元代的行省制度和土司制度，并在云南行省设置了"府十九，御夷府二，州四十，御夷州三，县三十，宣慰司八，宣抚司四，安抚司五，长官司三十三，御夷长官司二"，其辖境"北至永宁，与四川界。东至富州，与广西界。西至干崖，与西番界。南至木邦，与交趾界"[290]。然而，明代中后期，随着缅甸的扩张，明初在边境地区所设的麓川、孟养、木邦、缅甸、八百、老挝、古喇、底兀剌、底马撒、车里等十宣慰司及孟定、孟艮二御夷府逐渐为缅甸控制，唯有麓川、车里二宣慰司及孟定府还在我国境内，且已不完全。

明代西南边疆的大范围龟缩给后世造成了深远的影响。清朝建立后，清政府承袭明代旧制"置承宣布政使司，为云南省，设巡

抚，治云南府，并设云贵总督，两省互驻”。在明代末年西南边疆变迁的基础上，清朝先后在边境地区设置了广南府、开化府、临安府、普洱府、顺宁府、永昌府、腾越直隶厅等行政机构，清代云南省辖地“东至广西泗城；七百五十里。南至交趾界；七百五十里。北至四川会理；四百里。西至天马关，接缅甸界。二千三百一十里”[291]显然，明代原属于中国的缅甸、老挝、孟养、木邦等地到清代已成外域之地。

自唐宋以来，明代是中国西南边疆发生重大变革的历史时期。明代以前，无论是南诏、大理国，还是元代云南行省，其辖境都包括今天四川、贵州及越南、缅甸领土的一部分。明代边疆的大范围收缩后，清代云南省所辖地界已经和今天云南行省所辖相差无几。后经过近现代领土争端和未定区域的逐步确定，最终定格成今天中国和缅甸的边界。

第二，明代边疆变迁使得原本居住在中国版图内的百夷、峨昌等民族沦为缅甸控制地区的居民，逐渐成为今天意义上的跨境民族。明代，“自永昌出塞，南际大海，诸夷自相君长。本朝芟锄梁、段，以武临之，皆稽首而奉正朔”[292]。云南永昌以外的广大区域内，居住着以百夷为主，包括峨昌、野人、蒲人在内的众多民族群体。

边地民族上层归附明朝后，明廷先后在当地百夷聚居区设置了车里宣慰司、木邦宣慰司、孟养宣慰司、八百宣慰司、老挝宣慰司及孟定府、孟艮府，在缅人居住的地方设置了缅甸宣慰司，在峨昌居住的地区设置了里麻长官司（恩梅开江与迈立开江之间地带），在蒲人居住的地区设置了镇康御夷州、孟定御夷府和孟连长官司。另外，木邦宣慰司境内也有部分蒲人居住。

然而，明朝中后期，边地土司纷争不断，在缅甸向外扩张的进

程中，木邦、孟养、八百、老挝、孟艮等地先后为缅甸所有。由此，居住在这些地区的百夷也就成为缅甸境内的居民。被缅甸封建王朝控制的那一部分百夷，即今天的傣族，尽管依然自称为傣族，但是，缅甸的统治者一直把他们叫做掸族。后来，人们把他们控制下的傣族地区也统称为“掸族诸邦”(Shan States)，简称“掸邦”。[293]

此外，明代后期置八关将里麻、茶山长官司放弃之后，居住在其境内的峨昌，以及“在茶山(小江流域地带)、里麻(恩梅开江与迈立开江之间地带)之外，去腾越千余里”[294]的野人，即今天的景颇族，也自然成为了缅甸的居民。

可以说，云南今天傣、阿昌、景颇、佤等16个跨境民族的形成，虽然有些是清代或近现代逐渐迁徙入境的，但追根溯源，今天跨境民族的形成与明代西南边疆的变迁有着密切的联系。

第三，边疆变迁过程中的战乱对当地经济社会造成了严重的破坏。云南边疆地区，虽气候湿热，土地肥沃，适宜耕种，但因远离内地，受汉族先进农耕文化影响较小，还处于较为粗放的耕作阶段，经济社会发展相对滞后。

明朝中后期以来，土司纷争不断，缅甸洞吾王朝不断向外扩张，侵扰边境地区，给当地经济社会造成了严重的破坏。据朱孟震《西南夷风土记》载，“自孟密以上山多宝，蛮莫以下地饶五谷。当国初兵力盛时，剪荆棘为乐土，易麟介以冠裳”。然而，连年战乱，导致边民非死即逃，边地经济呈现出一片凋敝的景象，“三宣素号富庶，实腾越之长垣，有险而不知设，故年来俱被残破，凋敝不振”。[295]连年的战乱，导致边疆地区“饷费不赀，即转输米石，运价至十金”，以致“编氓鬻妻子，诸郡邑不支”，[296]甚至祸及云南腹里地区的府州，出现“大理、鹤庆、蒙化、姚安、楚雄五郡，邑无遗村遗户，不死而徙耳”的凋零景象。[297]

此外,连年的战乱也使当地居民付出了惨重的代价。据《明神宗万历实录》载,万历十一年(1583年),缅军“分道入寇,伤残数郡,蹂躏一方”,留下一片“白骨青磷”,以致数年以后,人犹切齿。[298]另据朱孟震《西南夷风土记》载,缅甸土酋莽应里极其残暴,“凡有罪者,群埋土中,露头于外,以牛耙之,复覆以柴草举火焚之,彼自纵观以为乐。江头城外有大明街,闽、广、江、蜀居货游艺者数万,而三宣六慰被携者亦数万。顷岁闻天兵将南伐,恐其人为内应,举囚于江边,纵火焚死,弃尸蔽野塞江”[299]。

第四,明代边疆的变迁促进了边疆地区各民族间的交流。明代边疆变迁过程中的战乱虽然使当地各民族人民付出了惨重的代价,对当地经济社会造成了严重的破坏。但作为一种极端残酷的手段和方式,战争起到了促进各民族间政治、经济、军事和文化交流的作用。

为了加强对边境地区的控制,明代从洪武年间起便开始在这一带广设卫所,大规模进行移民屯种。伴随着卫所设置,一批内地的汉族移民也进入了永昌、腾冲、金齿一带。至明末天启时,滇西腾、永5卫共辖45个千户所。按编制计算,所驻兵力占了全省三分之一,连同家属,已成为一支庞大的外地移民队伍。[300]大量汉族军士进驻永昌、腾越一带,给当地民族地区带来了先进的生产技术,注入了中原汉族的文化基因,促进了中原文化与边地民族文化的交融。据谢肇淛《滇略》记载,“永昌、腾越之间,沃野千里,控制缅甸,亦一大都会也”,“诸夷所产琥珀、水晶、碧玉、古喇锦、西洋布及阿魏、鸦片诸药物,辐辏转贩,不胫而走四方,故其习尚渐趋华饰、饮食、宴乐,谚谓‘永昌一日费三百石酿米’,亭午以后,途皆醉人,此其蔽也。”[301]另据乾隆《云南腾越州志》载,腾冲一带“明初开滇,江南从戍者多驻牧其地,故金腾人多金陵软语,宜其风俗有吴

下风”。[302]

明代汉族移民不仅到达永昌、腾越一带，很多汉族商人、军士还通过经商、流徙等形式到达今天缅甸境内，对当地民族经济文化发展产生了重要的影响。据《明史·云南土司传》载，蛮莫一带因地处水陆会通之地，于是“蛮方器用咸自此出，江西、云南大理逋逃之民多赴之”。[303]另据朱孟震《西南夷风土记》载，“江头城外有大明街，闽、广、江、蜀居货游艺者数万，而三宣六慰被携者亦数万”[304]。由于大量汉族移民的进入，汉族的生活和文化习俗促进了当地民族文化习俗的变迁。据朱孟震《西南夷风土记》载，缅甸、木邦、孟养、孟密、蛮莫一带以百越为主的各民族在饮食方面“蒸、煮、炙、煿多与中国同”，“尤善采漆画金，其工匠皆广人，与中国侔，漆器贮鲜肉，数日不作臭”。在婚姻方面，受汉文化影响，当地居民“婚姻不用财举以与之，先嫁由父母，后嫁听其自便，惟三宣稍有别，近华故也”。[305]更有甚者，这一带的蒲人、僰人、阿昌等民族因“杂华而居，渐变于夏，间有读书登芹泮，纳粟为吏承者矣”[306]。可见，其经济文化生活已经受到汉族移民的影响。

此外，由于连年与缅甸作战，明朝中央政府尤其重视对缅甸的各项工作。最直接的表现就是在朝廷设置的四夷馆中增设缅甸通事。据朱孟震《西南夷风土记》载，明初“四夷馆通事仅译外国，惟缅甸亦设数名，其后八百亦如之，盖二司与六慰中又加重焉”。[307]在地方上，由于战争中缅甸使用大象作战，“中华人马未经习练者，见象必惊怖辟易，彼得乘其乱也”[308]，每遇象军来袭，则溃不成军，伤亡惨重。于是，万历年间刘綎还买了大象，“冲演兵马”[309]，争取战场上取得主动。这也算是因战争而带来的双方军事上的交流和学习。

总而言之，在中国与东南亚各国交往的历程中，明代是边疆变

迁和中国与东南亚各国关系变革的一个重要历史时期，清代乃至近现代西南地区对外关系中的许多事件，边境地区的民族问题、宗教问题等都与明代的变化息息相关。倪蜕在《滇云历年传》中曾总结道："滇云一隅之地，著于唐虞，历于三代，通于秦、汉，乱于唐，弃于宋，启于元，盛于明。然亦困于明，极坏于明，不可收拾于明"。[310]而今观之，虽有些过激，但不无道理。

注　释

1 龚荫:《关于明清云南土司制度的几个问题》,《西南民族学院学报(社会科学版)》,1986 年第 3 期,第 26 页。

2 《明史·云南土司传》,中华书局标点本,1974 年版,第 8036 页。

3 天启《滇志·羁縻志》,云南教育出版社,1991 年 12 月版,第 973 页。

4 《明史·职官五》,中华书局标点本,1974 年版,第 1876 页。

5 《元史·世祖五》卷八,中华书局标点本,1976 年版,第 160 页。

6 《元史·百官七》卷九十七,中华书局标点本,1976 年版,第 2308 页。

7 (明)沈德符《万历野获编》卷三十《土官职名》。转引自《云南史料丛刊》第五卷,云南大学出版社,1998 年 5 月版,第 188 页。

8 《明实录·明太祖实录》卷一百三十八。中央研究院历史语言研究所出版,国立北平图书馆红格钞本微卷 1962 年影印版,第 2179 页。

9 《明实录·明太祖实录》卷一百四十。中央研究院历史语言研究所出版,国立北平图书馆红格钞本微卷 1962 年影印版,第 2216 页。

10 《明实录·明太祖实录》卷一百四十一。中央研究院历史语言研究所出版,国立北平图书馆红格钞本微卷 1962 年影印版,第 2222 页。

11 《明实录·明太祖实录》卷二百一十八。中央研究院历史语言研究所出版,国立北平图书馆红格钞本微卷 1962 年影印版,第 3207 页。

12 《明实录·明太祖实录》卷一百四十二。中央研究院历史语言研究所出版,国立北平图书馆红格钞本微卷 1962 年影印版,第 2235 页。

13 《明实录·明太祖实录》卷一百四十七。中央研究院历史语言研究所出版,国立北平图书馆红格钞本微卷 1962 年影印版,第 2325 页。

14 《明实录·明太祖实录》卷一百四十三。中央研究院历史语言研究所出版,国立北平图书馆红格钞本微卷1962年影印版,第2245页。

15 《明史·土司传》,中华书局标点本,1974年版,第7981页。

16 谢肇淛:《滇略》卷九《夷略》。转引自《云南史料丛刊》第六卷,云南大学出版社,2000年1月版,第775页。

17 龚荫:《中国民族政策史》,四川人民出版社,2006年版,第509—510页。

18 《明史·云南土司》,中华书局标点本,1974年版,第8063页。

19 龚荫:《西南诸省土司设置及演变概说》,《民族研究》1993年第1期,第54页。

20 《明史·职官五》,中华书局标点本,1974年版,第1875页。

21 《明实录·明太祖实录》卷一百六十七。中央研究院历史语言研究所出版,国立北平图书馆红格钞本微卷1962年影印版,第2560页。

22 《元史·仁宗本纪》。

23 《明史·土司列传》,中华书局标点本,1974年版,第7982页。

24 《明会典·兵部四》。

25 《明会典》卷六《土官承袭》。

26 《明史·职官一》,中华书局标点本,1974年版,第1752页。

27 《明史·湖广土司》,中华书局标点本,1974年版,第7997页。

28 《明实录·明太祖实录》卷一百六十七。中央研究院历史语言研究所出版,国立北平图书馆红格钞本微卷1962年影印版,第2560页。

29 《明史·云南土司传》,中华书局标点本,1974年版,第8036页。

30 毛奇龄:《云南蛮司志》卷八。载《云南史料丛刊》第五卷,云南大学出版社,1998年5月版,第424—425页。

31、32、33、34 《明史·云南土司传》,中华书局标点本,1974年版,第8068页。

35、36 《明史·云南土司传》,中华书局标点本,1974年版,第8069页。

37 正德《云南志》卷三《大理府》,《云南史料丛刊》第6卷,云南大学出版社,2000年1月版,第138页。

38 《木氏宦谱》,云南美术出版社,2001年12月版,第14页、43页、45页、48页。

39 《明史·云南土司传》,中华书局标点本,1974年版,第8099页。

40 《木氏宦谱》,云南美术出版社,2001年12月版,第43页。

41 《木氏宦谱》,云南美术出版社,2001年12月版,第45页。

42 《明史·云南土司传》,中华书局标点本,1974 年版,第 8099 页。

43 (清)王鸿绪:《明史稿·云南土司二》列传第一百八十八。

44 《木氏宦谱》,云南美术出版社,2001 年 12 月版,第 48 页。

45 《皇明恩纶录》,载周汝城编,郭大烈校订《纳西族史料编年》,载《纳西族社会历史调查(二)》,云南民族出版社,1986 年 12 月版。

46 徐弘祖著,朱惠荣校注:《徐霞客游记·滇游日记六》,云南人民出版社,1985 年 6 月版,第 930—931 页。

47 徐弘祖著,朱惠荣校注:《徐霞客游记·滇游日记六》,云南人民出版社,1985 年 6 月版,第 933 页。

48 徐弘祖著,朱惠荣校注:《徐霞客游记·滇游日记六》,云南人民出版社,1985 年 6 月版,第 931 页。

49 毛奇龄:《云南蛮司志》。

50 《明史·云南土司传》,中华书局标点本,1974 年版,第 8100 页。

51、52 《明史·云南土司传》,中华书局标点本,1974 年版,第 8072 页。

53、54 《明史·云南土司传》,中华书局标点本,1974 年版,第 8074 页。

55、56 《明史·云南土司传》,中华书局标点本,1974 年版,第 8075 页。

57 《明史·云南土司传》,中华书局标点本,1974 年版,第 8092 页。

58 《明史·云南土司传》,中华书局标点本,1974 年版,第 8075 页。

59、60 《明史·云南土司传》,中华书局标点本,1974 年版,第 8076 页。

61 《明史·云南土司传》,中华书局标点本,1974 年版,第 8103 页。

62 《明史·云南土司传》,中华书局标点本,1974 年版,第 8078 页。

63、64 《明史·云南土司传》,中华书局标点本,1974 年版,第 8079 页。

65、66 《明史·云南土司传》,中华书局标点本,1974 年版,第 8105 页。

67 《明史·云南土司传》,中华书局标点本,1974 年版,第 8106 页。

68、69、70 《明史·云南土司传》,中华书局标点本,1974 年版,第 8017 页。

71 龚荫:《关于明清云南土司制度的几个问题》,《西南民族学院学报(社会科学版)》,1986 年第 3 期,第 30 页。

72、73 《明史·云南土司传》,中华书局标点本,1974 年版,第 8093 页。

74 《明史·云南土司传》,中华书局标点本,1974 年版,第 8077 页。

75 《明史·云南土司传》,中华书局标点本,1974 年版,第 8101 页。

76、77　《明史·云南土司传》,中华书局标点本,1974年版,第8095页。

78、79　《明史·云南土司传》,中华书局标点本,1974年版,第8096页。

80　《明史·云南土司传》,中华书局标点本,1974年版,第8097页。

81、82、83　《明史·云南土司传》,中华书局标点本,1974年版,第8080页。

84　尤中:《云南民族史》,云南大学出版社,2004年9月版,第414页。

85　(清)魏源:《圣武记》。

86　明代的云南府为古滇国,汉代的益州郡治,南诏国设为鄯阐府,元为中庆路。

87、88　《明史·云南土司传》,中华书局标点本,1974年版,第8064页。

89　《明史·云南土司传》,中华书局标点本,1974年版,第8064页。从围城人员的分布来看,其民族当以乌蛮为主,有部分白人参加,领头的为白人贵族杨氏。

90、91　《明史·云南土司传》,中华书局标点本,1974年版,第8064页。

92、93、94　《明史·云南土司传》,中华书局标点本,1974年版,第8065页。

95　《明史·云南土司传》,中华书局标点本,1974年版,第8066页。

96　《明史·云南土司传》,中华书局标点本,1974年版,第8067页。

97、98、99　《明史·云南土司传》,中华书局标点本,1974年版,第8084页。

100、101　《明史·云南土司传》,中华书局标点本,1974年版,第8085页。

102、103　《明史·云南土司传》,中华书局标点本,1974年版,第8086页。

104　《明史·云南土司传》,中华书局标点本,1974年版,第8069页。

105　《明史·云南土司传》,中华书局标点本,1974年版,第8070页。

106　《明史·云南土司传》,中华书局标点本,1974年版,第8071页。

107　余庆远:《维西闻见录》,转引自《云南史料丛刊》第十二卷,云南大学出版社,2001年9月版,第58页。

108　倪蜕辑,李埏点校:《滇云历年传》,云南大学出版社,1992年6月版,第528页。

109　(明)徐弘祖著,朱惠荣校注:《徐霞客游记·滇游日记六》,第930—931页。

110　《木氏宦谱》,云南美术出版社,2001年12月版,第53页。

111　(清)倪蜕:《滇云历年传》卷六,李埏点校,云南大学出版社,1992年6月版,第254页。

112　方国瑜:《中国西南历史地理考释》,中华书局,1987年版,第774页。

113　(清)傅维麟:《明书》卷七十四《边防上》,商务印书馆,1937年版。

114、115　《元史·地理志四》卷六十一。

116 正德《云南志》卷四十《诸夷传五》,转引自《云南史料丛刊》第6卷,云南大学出版社,2000年1月版,第476页。

117、118、119 正德《云南志》卷四十一《诸夷传六》,转引自《云南史料丛刊》第6卷,云南大学出版社,2000年1月版,第478页。

120 (正德)《云南志》卷四十一《外志八·诸夷传六》,转引自《云南史料丛刊》第6卷,云南大学出版社,2000年1月版,第478页。

121 方国瑜:《中国西南历史地理考释》下册,中华书局,1987年1月版,第863—864页。

122、123、124 《明史·云南土司传》,中华书局标点本,1974年版,第8111页。

125、126、127、128 《明史·云南土司传》,中华书局标点本,1974年版,第8112页。

129、130 《明史·云南土司传》,中华书局标点本,1974年版,第8113页。

131 《明史·云南土司传》,中华书局标点本,1974年版,第8115页。

132 《明太宗实录》卷十六,永乐元年正月乙未条。

133、134 《明史·云南土司传》,中华书局标点本,1974年版,第8114页。

135 《明史·云南土司传》,中华书局标点本,1974年版,第8115页。

136 《明史·云南土司传》,中华书局标点本,1974年版,第8116页。

137 倪蜕辑,李埏点校:《滇云历年传》,云南大学出版社,1992年6月版,第292页。

138 《明史·云南土司传》,中华书局标点本,1974年版,第8116页。

139 倪蜕辑,李埏点校:《滇云历年传》,云南大学出版社,1992年6月版,第294页。

140、141 《明史·云南土司传》,中华书局标点本,1974年版,第8117页。

142 《明史纪事本末·麓川之役》,转引自《云南史料丛刊》第3卷,云南大学出版社,1998年5月版,第677页。

143 《明史纪事本末·麓川之役》,转引自《云南史料丛刊》第3卷,云南大学出版社,1998年5月版,第678页。

144 冯甦:《滇考·靖远伯三征麓川》,转引自《云南史料丛刊》第11卷,云南大学出版社,2001年8月版,第43页。

145 《明史·云南土司传》,中华书局标点本,1974年版,第8117页。

146 冯甦:《滇考·靖远伯三征麓川》,转引自《云南史料丛刊》第11卷,云南大学出版社,2001年8月版,第43页。

147 《明史·云南土司传》,中华书局标点本,1974年版,第8118页。

148 《明史纪事本末·麓川之役》,转引自《云南史料丛刊》第 3 卷,云南大学出版社,1998 年 5 月版,第 679 页。

149 冯甦:《滇考·靖远伯三征麓川》,转引自《云南史料丛刊》第 11 卷,云南大学出版社,2001 年 8 月版,第 43 页。

150、151 《明史·云南土司传》,中华书局标点本,1974 年版,第 8119 页。

152、153 《明史·云南土司传》,中华书局标点本,1974 年版,第 8119—8120 页。

154、155 《明史·云南土司传》,中华书局标点本,1974 年版,第 8120 页。

156 《明史纪事本末·麓川之役》,转引自《云南史料丛刊》第三卷,云南大学出版,1998 年 5 月版,第 680 页。

157 张志淳:《南园漫录》。

158 田汝成:《炎徼纪闻》卷四,转引自倪蜕辑,李埏校点:《滇云历年传》,云南大学出版社,1992 年 6 月版,第 300 页。

159 倪蜕辑　李埏校点:《滇云历年传》,云南大学出版社,1992 年 6 月版,第 300 页。

160 《明史·王骥传》,中华书局标点本,1974 年版,第 4559 页。

161 (清)夏燮:《明通鉴》卷 24,续修四库全书,史部编年类,第 365 册。

162 (明)颜季亨:《万历武功纪胜通考》卷三《征麓川案》。

163 高岱:《鸿猷录·麓川之役》,转引自《云南史料丛刊》第三卷,云南大学出版,1998 年 5 月版,第 685 页。

164 《三国志·诸葛亮传》,中华书局简体字本,2005 年 2 月版,第 648 页。

165 《新唐书·南诏下》,中华书局标点本,1975 年版,第 6023 页。

166 《明史·外国九·瓦剌朵颜》,中华书局标点本,1974 年版,第 8499 页。

167 倪蜕辑,李埏校点:《滇云历年传》,云南大学出版社,1992 年 6 月版,第 300 页。

168 《明史纪事本末·麓川之役》,转引自《云南史料丛刊》第三卷,云南大学出版,1998 年 5 月版,第 678 页。

169 《明史·云南土司传》,中华书局标点本,1974 年版,第 8119 页。

170 倪蜕辑,李埏校点:《滇云历年传》,云南大学出版社,1992 年 6 月版,第 300 页。

171 倪蜕辑,李埏校点:《滇云历年传》,云南大学出版社,1992 年 6 月版,第 310 页

172 《明实录·明太祖实录》卷一百八十五。中央研究院历史语言研究所出版,国立北平图书馆红格钞本微卷 1962 年影印版,第 2776 页。

173 《滇粹·云南世守黔宁王沐英传附后嗣十四世事略》,转引自陆韧《变迁与交

融——明代云南汉族移民研究》,云南教育出版社,2001 年 12 月版,第 72 页。

174 《明实录·明太祖实录》卷二百一十。中央研究院历史语言研究所出版,国立北平图书馆红格钞本微卷 1962 年影印版,第 3028 页。

175 朱孟震:《西南夷风土记》,转引自《云南史料丛刊》第五卷,云南大学出版社,1998 年 5 月版,第 492 页。

176 朱孟震:《西南夷风土记》,转引自《云南史料丛刊》第五卷,云南大学出版社,1998 年 5 月版,第 491 页。

177、178 《后汉书·南蛮西南夷列传》卷八十六。中华书局简体字本,2005 年 3 月版,第 1926 页。

179、180 刘文征撰,古永继校点:天启《滇志·羁縻志》,云南教育出版社,1991 年 12 月版,第 1003 页。

181 《元史·外夷三》卷二百一十,中华书局简体字本,2005 年 3 月版,第 3115 页。

182 《元史·外夷三》卷二百一十,中华书局简体字本,2005 年 3 月版,第 3116 页。

183 《元史·外夷三》卷二百一十,中华书局简体字本,2005 年 3 月版,第 3118 页。

184 《道光云南志钞五·边裔志上》,转引自《云南史料丛刊》第十一卷,云南大学出版社,2001 年版,第 521 页。

185、186、187 《明史·云南土司传》,中华书局标点本,1974 年版,第 8130 页。

188、189、190 《明史·云南土司传》,中华书局标点本,1974 年版,第 8131 页。

191、192 《明史·云南土司传》,中华书局标点本,1974 年版,第 8132 页。

193 尤中:《中国西南边疆变迁史》,云南教育出版社,1987 年 7 月版,第 133 页。

194 《明史·云南土司传》,中华书局标点本,1974 年版,第 8144 页。

195 《明史·云南土司传》,中华书局标点本,1974 年版,第 8145 页。

196 《明史·云南土司传》,中华书局标点本,1974 年版,第 8146 页。

197 《明史·云南土司传》,中华书局标点本,1974 年版,第 8147 页。

198 沈德符:《万历野获编·缅甸盛衰始末》,转引自《云南史料丛刊》第 5 卷,云南大学出版,1998 年 5 月版,第 190 页。

199 《明史·云南土司传》,中华书局标点本,1974 年版,第 8148 页。

200 《明史·云南土司传》,中华书局标点本,1974 年版,第 8148—8149 页。

201 天启《滇志·羁縻志》,云南教育出版社,1991 年 12 月版,第 1004 页。

202、203 《明史·云南土司传》,中华书局标点本,1974 年版,第 8149 页。

204　《明史·云南土司传》,中华书局标点本,1974 年版,第 8150 页。

205　《明史·云南土司传》,中华书局标点本,1974 年版,第 8151 页。

206、207　《明史·云南土司传》,中华书局标点本,1974 年版,第 8152 页。

208、209、210　《明史·云南土司传》,中华书局标点本,1974 年版,第 8153 页。

211　《明史·云南土司传》,中华书局标点本,1974 年版,第 8153、8154 页。

212、213　《明史·云南土司传》,中华书局标点本,1974 年版,第 8154 页。

214　《明史·云南土司传》,中华书局标点本,1974 年版,第 8155 页。

215　《明史·云南土司传》,中华书局标点本,1974 年版,第 8134 页。

216、217　刘文征撰,古永继校点:天启《滇志·羁縻志》,云南教育出版社,1991 年 12 月版,第 1006 页。

218、219　《明史·云南土司传》,中华书局标点本,1974 年版,第 8156 页。

220　《明史·云南土司传》,中华书局标点本,1974 年版,第 8157 页。

221　《明史·云南土司传》,中华书局标点本,1974 年版,第 8158 页。

222、223　《明史·云南土司传》,中华书局标点本,1974 年版,第 8159 页。

224　《明史·云南土司传》,中华书局标点本,1974 年版,第 8160 页。

225　古永继:《明代滇桂地区与东南亚国家关系述评》,载《思想战线》2002 年第 6 期,第 123 页。

226、227　《明史·云南土司传》,中华书局标点本,1974 年版,第 8161 页。

228　《明史·外国二》,中华书局标点本,1974 年版,第 8309 页。

229　《明史·外国二》,中华书局标点本,1974 年版,第 8314 页。

230　《明史·外国二》,中华书局标点本,1974 年版,第 8315 页。

231　古永继:《明代滇桂地区与东南亚国家关系述评》,载《思想战线》2002 年第 6 期,第 124 页。

232　尤中:《中国西南边疆变迁史》,云南教育出版社,1987 年 7 月版,第 163 页。

233　《明史·外国二》,中华书局标点本,1974 年版,第 8334 页。

234　尤中:《中国西南边疆变迁史》,云南教育出版社,1987 年 7 月版,第 164 页。

235　《明实录·明太祖实录》卷一百四十三。中央研究院历史语言研究所出版,国立北平图书馆红格钞本微卷 1962 年影印版,第 2247 页。

236　《明史·云南土司传》,中华书局标点本,1974 年版,第 8081—8163 页。

237　《明史·地理志七》,中华书局标点本,1974 年版,第 1196 页。

238 参见方国瑜:《云南史料目录概说》第一册,中华书局,1984 年版,第 297 页;贺圣达:《嘉靖末年至万历年间的中缅战争及其影响》,《中国边疆史地研究》,2002 年第 2 期,第 73 页。

239 《明史·云南土司传》,中华书局标点本,1974 年版,第 8115 页。

240 《明史·云南土司传》,中华书局标点本,1974 年版,第 8145 页。

241 谷应泰:《明史纪事本末·麓川之役》,转引自《云南史料丛刊》第三卷,云南大学出版,1998 年 5 月版,第 676 页。

242 《明史·土司传》,中华书局标点本,1974 年版,第 8121 页。

243 《明史·土司传》,中华书局标点本,1974 年版,第 8118 页。

244 《明史·土司传》,中华书局标点本,1974 年版,第 8132 页。

245 《明史·土司传》,中华书局标点本,1974 年版,第 8133 页。

246 《明史·土司传》,中华书局标点本,1974 年版,第 8158 页。

247 沈德符:《万历野获编·缅甸盛衰始末》,转引自《云南史料丛刊》第 5 卷,云南大学出版,1998 年 5 月版,第 181 页。

248 (明)刘文征撰,古永继校点:天启《滇志》,云南教育出版社,1991 年版,第 1007 页。

249 贺圣达:《嘉靖末年至万历年间的中缅战争及其影响》,《中国边疆史地研究》,2002 年第 2 期,第 76 页。

250 (明)刘文征撰,古永继校点:天启《滇志》,云南教育出版社,1991 年版,第 1007 页。

251 参见贺圣达:《嘉靖末年至万历年间的中缅战争及其影响》,《中国边疆史地研究》,2002 年第 2 期,第 77—78 页;尤中:《中国西南民族史》,云南人民出版社,1984 年版,第 493 页。

252、253 《明史·云南土司传》,中华书局标点本,1974 年版,第 8133 页。

254 《明史·云南土司传》,中华书局标点本,1974 年版,第 8163 页。

255 《明史·云南土司传》,中华书局标点本,1974 年版,第 8160 页。

256、257 《明史·云南土司传》,中华书局标点本,1974 年版,第 8158 页。

258 沈德符:《万历野获编·缅甸盛衰始末》,转引自《云南史料丛刊》第 5 卷,云南大学出版社,1998 年 5 月版,第 191 页。

259 方国瑜:《云南史料目录概说》第一册,中华书局,1984 年版,第 297 页。

260　(清)倪蜕:《滇云历年传》卷六,李埏点校,云南大学出版社,1992 年 6 月版,第 254 页。

261　《明史·土司传》,中华书局标点本,1974 年版,第 7981 页。

262　傅维麟:《明书》卷七四《边防志》,商务印书馆,1937 年版。

263　天启《滇志·羁縻志》,云南教育出版社,1991 年 12 月版,第 1004 页。

264　《明史·土司传》,中华书局标点本,1974 年版,第 8133 页。

265　倪蜕辑,李埏点校:《滇云历年传》,云南大学出版社,1992 年版,第 422 页。

266　倪蜕辑,李埏点校:《滇云历年传》,云南大学出版社,1992 年版,第 425 页。

267　《元史·外夷三》卷二百一十,列传第九十七。

268　吴宗尧:《莽达剌事情节略》,转引自《云南史料丛刊》第四卷,云南大学出版社,1998 年 5 月版,第 627 页。

269　天启《滇志·羁縻志》,云南教育出版社,1991 年 12 月版,第 1004 页。

270、271　天启《滇志·羁縻志》,云南教育出版社,1991 年 12 月版,第 1005 页。

272　天启《滇志·羁縻志》,云南教育出版社,1991 年 12 月版,第 1006 页。

273、274　沈德符:《万历野获编·缅甸盛衰始末》,转引自《云南史料丛刊》第 5 卷,云南大学出版社,1998 年 5 月版,第 191 页。

275　谢肇淛:《滇略》卷九《夷略》。转引自《云南史料丛刊》第 6 卷,云南大学出版社,2000 年 1 月版,第 775 页。

276　《明史·职官五》中华书局标点本,1974 年版,第 1876 页。

277、278　《明史·云南土司传》,中华书局标点本,1974 年版,第 8115 页。

279　《明史·云南土司传》,中华书局标点本,1974 年版,第 8145 页。

280　《明史·云南土司传》,中华书局标点本,1974 年版,第 8145—8146 页。

281　《明史·云南土司传》,中华书局标点本,1974 年版,第 8134 页。

282　沈德符:《万历野获编·岳凤投缅》,转引自《云南史料丛刊》第 5 卷,云南大学出版社,1998 年 5 月版,第 181 页。

283　天启《滇志·羁縻志》,云南教育出版社,1991 年 12 月版,第 1004 页。

284　《明史·云南土司传》,中华书局标点本,1974 年版,第 8137 页。

285　天启《滇志·羁縻志》,云南教育出版社,1991 年 12 月版,第 1005 页。

286、287　《明史·云南土司传》,中华书局标点本,1974 年版,第 8158 页。

288　陈文修、李春龙、刘景毛校注:《景泰云南图经志书》,云南民族出版社,2002 年 8

月版,第 3 页。

289 《元史・地理志》,中华书局标点本,1976 年版,第 1457 页。

290 《明史・地理七》,中华书局标点本,1974 年版,第 1171 页。

291 《清史稿・地理二十一》卷七十四,志四十九。

292 天启《滇志・羁縻志》,云南教育出版社,1991 年 12 月版,第 985 页。

293 何平:《中国西南边疆的变迁与缅甸掸族的由来》,《云南民族大学学报(哲学社会科学版)》,2007 年第 3 期,第 86 页。

294 天启《滇志・羁縻志》,云南教育出版社,1991 年 12 月版,第 1002 页。

295 朱孟震:《西南夷风土记》,转引自《云南史料丛刊》第 5 卷,云南大学出版社,1998 年 5 月版,第 494 页。

296 天启《滇志・羁縻志》,云南教育出版社,1991 年 12 月版,第 1008 页。

297 《明实录・神宗万历实录》卷二百一十八。

298 《明实录・神宗万历实录》卷一百五十三。

299 朱孟震:《西南夷风土记》,转引自《云南史料丛刊》第 5 卷,云南大学出版社,1998 年 5 月版,第 491 页。

300 古永继:《明代滇西地区内地移民对中缅关系的影响》,《中国边疆史地研究》,2008 年第 3 期,第 13 页。

301 谢肇淛:《滇略》卷四《俗略》,转引自《云南史料丛刊》第六卷,云南大学出版,2000 年 1 月版,第 700 页。

302 乾隆《云南腾越州志》卷 3《山水・风俗》。

303 《明史・云南土司传》,中华书局标点本,1974 年版,第 8153 页。

304 朱孟震:《西南夷风土记》,转引自《云南史料丛刊》第 5 卷,云南大学出版社,1998 年 5 月版,第 491—492 页。

305 朱孟震:《西南夷风土记》,转引自《云南史料丛刊》第 5 卷,云南大学出版社,1998 年 5 月版,第 491 页。

306 朱孟震:《西南夷风土记》,转引自《云南史料丛刊》第 5 卷,云南大学出版社,1998 年 5 月版,第 490—491 页。

307 沈德符:《万历野获编》,转引自《云南史料丛刊》第五卷,云南大学出版,1998 年 5 月版,第 192 页。

308 朱孟震:《西南夷风土记》,转引自《云南史料丛刊》第 5 卷,云南大学出版社,1998

年 5 月版,第 492 页。

309　《明实录·神宗万历实录》卷一百七十五。

310　倪蜕辑,李埏点校:《滇云历年传》,云南大学出版社,1992 年版,第 367 页。

第 三 章

卫所屯田引发的云南社会发展划时代变迁

除了在云南平坝区和交通沿线设立府、州、县等行政统治机构推行流官统治，在民族地区设置宣慰司、宣抚司、安抚司等机构推行土司制度进行统治外，明朝在云南统治一个最大的特点就是在元代的基础上推行卫所和屯田制度，设立一套完备的军事统治制度，并迁徙内地居民到云南进行屯戍。

卫所、屯田制度的实施，大量汉族移民的进入，引发了云南民族社会发展的划时代变迁。一方面，大量汉族移民的进入改变了云南的民族成分，汉族从数量上超过了少数民族而成为云南的主体民族。另一方面，改变了云南民族分布的格局。明代进入云南的汉族移民主要居住在坝区和交通沿线，伴随着汉族移民的进入，以府、州、县为代表的政治军事统治中心城市迅速崛起，有力地促进了云南交通沿线和小城镇的发展。正如方国瑜先生在论及元明清三代汉族移民在云南的发展轨迹时所总结的“元代汉人主要住在城市，明代主要住在坝区，清代则山险荒僻之处多有汉人居住，且在边境莫不有汉人踪迹”。[1] 此外，大量汉族移民的进入，汉族儒家思想和汉族文化也在云南广泛传播，在引发云南民族文化变迁

的同时,也加速了云南民族地区在文化上与内地中原文化的交融。正如正德《云南志》所载:“云南,距京师万里,古梁州之域。其俗卉服辫发。其人强有力者,自食其土,子其民。胜国前有天下者但羁縻之而已。我朝华其人而衣冠之,土其地而贡赋之;秩其上下,区其种类而官治之。涵煦滋久,故习丕变,与中州埒。”[2]

明代卫所、屯田后大量汉族移民的进入,不仅加速了云南在政治上与中原内地的一体化进程,文化上也因汉族移民的进入和汉文化的深入而更加接近和趋同于中原地区,中原地区的政治、经济、文化成为云南民族地区发展和变革的主流,并对后世产生了深远的影响。

第一节　明代云南的卫所屯田

一、明代云南的卫所设置

明朝建立后,为加强对地方的有效控制,除在十三个省设承宣布政使司执掌一省之行政外,还设置有都指挥使司掌一方之军政,各率其卫所隶于五军都督府,而听于兵部。于是,明代全国“自京师达于郡县,皆立卫所。外统之都司,内统于五军都督府,而上十二卫为天子亲军者不与焉。征伐则命将充总兵官,调卫所军领之;既旋则将上所佩印,官军各回卫所”[3]。

对于卫所的设置及编制,朝廷规定:“天下既定,度要害地,系一郡者设所,连郡者设卫。大率五千六百人为卫,千一百二十人为千户所,百十有二人为百户所。所设总旗二,小旗十,大小联比以成军。”[4] 也就是说,卫的编制为 5600 人,每所编制为 1120 人,故名千户所。每所下辖 10 个百户,每个百户 102 人。百户之下分为

总旗2、小旗10。每一小旗领军士10人。

对于卫所军士的管理,《明史·兵志》载:"其取兵,有从征,有归附,有谪发。从征者,诸将所部兵,既定其地,因以留戍。归附,则胜国及僭伪诸降卒。谪发,以罪迁隶为兵者。其军皆世籍。此其大略也。"[5] 卫所军士的来源,大致有从征、归附和谪发三种途径,凡征调为卫所军士者,必须结婚。《明史·兵志》载:"军士应起解者,皆佥妻。"《明会典》卷一五五亦载:"如原籍未有妻室,听就彼完娶,有妻在籍者,着令原籍亲属送去完娶。"同时,按照明代户籍管理规定,卫所军士既入军籍,则为世籍军户,妻室同行,到指定地点屯田戍守,不许改变和随意迁动,也不能逃亡。军户如死绝,得从原籍另调其家族中人前来抵充。

通过一系列的制度建设,明代在全国建立了一套完备的军事管理体系,与承宣布政使司及府、州、县等行政管理体系相辅相成,维护着明王朝对各地的统治秩序。

云南地处西南,民族众多,古来难治,但对明王朝的统治具有重要的战略地位。因此,在云南设置卫所,加强统治也就成为明王朝统治云南的必然选择。正如傅友德在《复大理总管段明书》中所言:"新附州城,悉署衙府,广戍兵,增屯田,以为万世不拔之计。"[6] 于是,明朝军队自进入云南之初,朱元璋便于洪武十五年(1382年)春正月遣使诏谕征南将军傅友德等,说:"比得报,知云南已克,然区画布置尚烦计虑。前已置贵州都指挥使司,然其地去云南尚远,今云南既克,必置都司于云南以统率诸军;……其乌撒、乌蒙、东川、芒部、建昌之地,更宜约束其酋长,留兵守御,禁其民勿挟兵刃"[7]。遵照朱元璋的旨意,明王朝开始在云南设置都司、卫所进行统治。见诸记载的卫所设置有[8]:

洪武十五年(1382年)春正月,明王朝在云南设置了云南

左、右、前、后、东川、乌撒、乌蒙、芒部等卫指挥使司。并革除临安宣慰司,设置了临安府及临安卫指挥使司。这是明代云南设置卫所的肇始。

洪武十五年(1382年)二月,明王朝在云南设置了省一级的军政管理机构——云南都指挥使司,任命延安卫指挥佥事王俊为云南都指挥使。

洪武十五年(1382年)闰二月,设置了楚雄卫指挥使司,任命羽林右卫指挥同知袁义为指挥使。同月,改曲靖千户所为曲靖军民指挥使司。

洪武十五年(1382年)三月,设置大理卫指挥使司。同年,置永昌卫。

洪武十五年(1382年)六月,设置大渡河守御千户所,调千户吴中率兵千名守卫,造船渡人往来。同年,置木密守御千户所,直隶云南都指挥使司。

洪武十七年(1384年)七月,改云南霑益卫为千户所。

洪武十八年(1385年)二月,设置金齿卫指挥使司。

洪武十九年(1386年)四月,置云南洱海卫指挥使司,并在其下设置了左、右、中、前、后五个千户所。

洪武二十年(1387年)十一月,设置云南左、右、前三卫中、左千户所。同年,置曲靖卫。

洪武二十一年(1388年),置姚安千户所,隶楚雄府。

洪武二十三年(1390年)二月,因陆凉为西南冲要之地,置陆凉卫指挥使司。同年四月,改平夷千户所为平夷卫指挥使司。置木密关守御千户所于寻甸军民府的甸头易龙驿。五月,置宜良千户所。

洪武二十三年(1390年)七月,因越州土酋阿资叛服无

常，而越州、马龙地当冲要，因置越州卫。十月，置马龙卫。同年十一月，置景东、蒙化二卫。十二月，置安南卫。同年，置平夷卫。

洪武二十四年(1391年)三月，置云南永平、通海、鹤庆三卫。七月，置金齿军民指挥使司中左、中右、中前、中后四千户所。同年，置宜良、安宁、易门、杨林等处守御千户所，直隶云南都指挥使司。置定远守御千户所，隶楚雄府。

洪武二十六年(1393年)五月，置云南中护卫，调长沙卫将士戍守。

洪武二十七年(1394年)，置临安卫。

洪武二十八年(1395年)九月，改西河中护卫为云南中护卫，云南左卫为云南左护卫，云南前卫为云南右护卫。同年，置中屯千户所，隶楚雄卫。

洪武二十九年(1396年)，置洱海卫中、左千户所。同年，置广南卫。同年，置澜沧卫。

洪武三十一年(1398年)，置六凉卫。

永乐元年(1403年)九月，置腾冲、永昌二守御千户所。复设越州、平夷、广南三卫。改云南左、中、前三护卫为云南中、前、后三卫。

永乐二年(1404年)，置马隆守御千户所，隶曲靖卫。

永乐三年(1405年)十月，设云南洱海千户所。

正统二年(1437年)，置腾冲卫。

正统七年(1442年)三月，置云南永平军民指挥使司，以广南卫官军实之。

弘治六年(1493年)，置大罗卫，在宾川州治北。

正德十四年(1518年)，于蒙自县西南置新安守御千户

所，隶属临安卫。

正德十六年（1520年），置云南十八寨守御千户所，直隶云南都指挥使司。

嘉靖六年（1527年），置凤梧守御千户所，直隶云南都指挥使司。

嘉靖十年（1531年）十二月，改云南腾冲军民指挥使司为腾冲卫。

隆庆三年（1568年），置武定守御千户所，直隶云南都指挥使司。

万历十四年（1586年）九月，置定雄守御千户所，在罗平州南。

通过以上材料，可以得出以下结论：

首先，从时间上看，明代云南设置卫所主要集中于洪武时期，之后虽有所损益，各卫所的建置和隶属关系等也有所改制或变化，但明初云南卫所机构的设置奠定了云南卫所制度的基础，并基本持续到明朝中后期。

明代之所以在初期广设卫所进行屯戍，主要原因就是洪武时期云南境内诸蛮夷虽已被征南大军讨平，但刚刚平复的云南少数民族头人并没有安心归附于朝廷，而是伺机反叛。洪武年间见诸记载的云南土酋叛乱有云南普舍县伪右丞燕海雅、姚安府土官自久、曲靖亦佐县土酋安伯、麓川平缅宣慰使思伦发、云南巨津州土酋阿奴聪、剑川州土酋杨奴、越州土酋阿资与罗雄州营长发束等地方民族势力叛乱。因此，如何长期而有效地治理云南，已经成为摆在明中央王朝面前一个急需解决的问题。“云南新附，人心未定，即令入朝，诸蛮必生疑惧，或遁入山寨，负险不服。若复调兵，损伤

必多”。[9]除推行土司制度外，设置卫所，派驻军队进行屯戍，则是较为有效的手段之一。

其次，从地域上看，明代卫所设置主要集中在平坝区、交通沿线和战略冲要地区。其设置的主要目的就是为了对当地进行有效的控制。如《明史·沐英传》载：“分道平乌撒、东川、建昌、芒部诸蛮，立乌撒、毕节二卫”。设卫的目的显然是为了震慑诸蛮。又如《太祖洪武实录》所载，洪武二十三年（1390年），西平侯讨伐越州阿资叛乱后，“以陆凉西南要冲之地，请设卫屯守”，又朱元璋“以云南列置戍兵，平夷尤当南北要冲，西面皆蛮夷部落，必置卫屯兵镇守”[10]，于是令明开国公常升由辰阳征丁壮五千人，由右军都督佥事王成，千户卢春统领前往平夷置卫戍守。其设置卫所的主要目的，则是为了防守冲要之地，维护明王朝的统治秩序。

其三，从分布上看，明代卫所的设置覆盖了除丽江、永宁、镇源、元江等府和边境御夷府州及土司区域之外的广大地区。据《明史·兵志二》卷九十载，明代后期云南都司直隶卫所包含了云南左卫、云南右卫、云南前卫、大理卫、楚雄卫、临安卫、景东卫、曲靖卫、洱海卫、永昌卫（旧为金齿军民指挥使司）、蒙化卫、平夷卫、越州卫、六凉卫、云南中卫、云南后卫、广南卫、大罗卫、澜沧卫（以澜沧军民指挥使司改）、腾冲卫（以腾冲军民指挥使司改）、安宁千户所、宜良千户所、易门千户所、杨林堡千户所、十八寨千户所、通海前千户所、通海右千户所、定远千户所、马隆千户所、姚安千户所、姚安中屯千户所、武定千户所、木密关千户所、镇安千户所（旧为金齿千户所，万历十四年改，驻守猛淋）、镇姚千户所（旧为金齿全互锁，万历十四年改，驻守老姚关）、永平前千户所、永平后千户所、腾冲千户所、新安千户所、凤梧千户所。共计20卫、20千户所。其设置数量之多，分布区域之广，大大超过了元代，成为云南

政治统治史上的一大举措，对云南社会发展产生了重要的影响。

二、明代云南的屯田

朱元璋在云南平定后，于洪武十五年（1382 年）三月谕傅友德："云南既平，留江西、浙江、湖南、河南四部司兵守之，控制要害。"[11]洪武十六年（1383 年）末命傅友德、蓝玉班师回朝，并对沐英下诏曰："云南虽平，而诸蛮之心尚怀疑贰，大军一回，恐彼相煽为患。尔其留镇之，扶绥平定，尚召尔还。"[12]为加强对云南的控制，明朝命沐英留镇云南，设置都司、卫所等机构，留大量军士戍守云南。

然而，云南虽"其地已平，悉入编籍，然兵多民少，粮饷不给"，[13]大量军士镇戍云南之后，如何解决他们的粮饷成为了一个关键性的问题。正如正德《云南志》载："云南之民多夷少汉，云南之地多山少田。云南之兵食无所仰。不耕而待哺，则输之者必怨；弃地以资人，则得之者益强。此前代之所以不能乂安此土也。"[14]就连朱元璋在洪武十六年（1383 年）七月给征南将军傅友德等的上谕中也强调"有粮军回，云南无后患；若守军无粮，大军既回，其守军必逃。军逃日久，城中必虚，蛮人知其所以，其患复作，事难制矣"。[15]如何解决驻军的粮饷给养问题，是卫所制度能否推行的关键。而"屯田之政，可以纾民力足兵食，边防之计莫善于此"，西平侯沐英也在其奏折中建议"云南土地甚广，而荒芜居多，宜置屯令军士开耕，以备储偫"[16]。因此，与全国其他地区一样，屯田成为了与卫所制度相辅相成的统治措施在云南广为推行。

按《明史·食货志》记载，明代"屯田之制：曰军屯，曰民屯。太祖初，立民兵万户府，寓兵於农，其法最善"。"其制，移民就宽乡，或召募或罪徙者为民屯，皆领之有司，而军屯则领之卫所。边

地，三分守城，七分屯种。内地，二分守城，八分屯种。每军受田五十亩为一分，给耕牛、农具，教树植，复租赋，遣官劝谕，诛侵暴之吏”。[17]即屯田有军屯、民屯之分。明代在云南的屯田，除了军屯、民屯之外，还有商屯。兹将大致情况分述如下：

（一）军屯

为保证各卫所的粮食补给，明代在各卫所“创制屯田，以都司统辖，每军种田五十亩为一分，又或百亩，七十亩，三十二十亩不等。军士三分守城，七分屯种，又有二八、四六、一九、中半等例，皆以田土肥瘠，地方冲缓为差。又令少壮者守城老弱者屯种，余丁多者亦许征收，则例或增减殊数本折互收，皆因时因地而异云”[18]。屯田军士到达指定戍地后，农闲时操练，有警时则听从征调作战。往往是“内地各卫俱二分操守，八分屯种，云南三分操守，七分屯种”[19]，所获屯粮需按定量上缴卫所作为驻防之军需。

对于屯田人户的管理，无论军官或士兵，统编为军户，列入军籍，世代承袭。对于军屯，政府给予各种补贴或优惠。一方面，政府划拨各屯田卫所耕牛、农具。按《明会典》载，明朝初年，为解决军饷问题，自内地及边境荒闲田地，令各卫所拨军开垦，所收子粒为官军俸粮，“其耕种器具牛只，皆给于官”。对于屯田所用耕牛，朝廷也有一套相应的管理制度。洪武二十六年（1394 年），朝廷规定“凡屯种合用牛只，设或不敷，即便移文索取。若官厩数多，差人发遣。如果路途窎远，此间地方出产或可以收买，务在公私两便。民间买用，其孳生数目，每岁年终通报”[20]。根据朝廷的规定，明代史籍中多有云南划拨或购买耕牛进行屯种的记载。例如：洪武二十年（1388 年）八月，命右军都督佥事孙茂“以钞二万二千锭往四川市耕牛万头”，诏景川侯曹震及四川都司选精兵二万五千

人,“给军器农具,即云南品甸之地屯种,以俟征讨”[21];同年九月,于湖广买牛二万头,并征伐四万五千人于云南屯种[22];洪武二十三年(1391 年),明廷拨“沅州及思州宣慰司、镇远、平越等卫官牛六千七百七十余头”分给滇东黔西平溪、清浪、镇远、偏桥、兴隆、清平、新添、隆里、威清、平坝、安庄、安南、平夷等十三卫屯田诸军,[23]以解决屯田诸军耕牛不及的问题。

另一方面,对于屯田所获,明朝政府以保证卫所守备军士粮饷为主要目的,收取的租赋较低,且常有减免之举。对于军屯的租赋,据《明史·食货志》载:“初亩税一斗。三十五年定科则:军田一分,正粮十二石,贮屯仓,听本军自支,馀粮为本卫所官军俸粮”,又规定“年六十与残疾及幼者,耕以自食,不限於例。屯军以公事妨农务者,免征子粒,且禁卫所差拨”。[24]而对于云南,明朝则给予了更为宽松的赋税政策,鉴于“边地久荒,榛莽蔽翳,用力实难”,在决定实行屯田之初,明王朝就作出“宜缓其岁输之粟,使彼乐于耕作,数年之后,征之可也”的鼓励政策。[25]同时,对于特殊原因影响屯田收成时,政府还主动减免屯田额定的租赋。如正统八年(1443 年)五月,因云南卫所军队多被调派征伐麓川,无法进行正常的屯种,因此朝廷免除了所负欠的屯粮五十九万四百石有奇[26];正统十年(1445 年),六凉等卫所屯田因头年受灾,朝廷因此免去这些卫所受灾子粒七万七千九百四十二石有奇。[27]

由于明王朝采取了一系列的政策和措施,各边疆民族地区很快就出现了屯垦热潮,“东自辽左,北抵宣、大,西至甘肃,南尽滇、蜀,极於交阯,中原则大河南北,在在兴屯矣”[28]。现根据正德《云南志》所载,将明代云南各府屯田情况统计如下[29]:

云南府:共计 112 屯。其中昆明 35 屯,富民 4 屯,宜良 3 屯,晋宁 4 屯,呈贡 3 屯,归化 4 屯,禄丰 3 屯,罗次 17 屯,昆

阳3屯，易门1屯，三泊1屯，嵩明34屯。

大理府：共计9屯。其中府城北上关、邓川、浪穹、宾川等地6屯，府城南下关、赵州、白崖、喜甸、牛井等地3屯。

临安府：共计21屯。其中建水6屯，石屏5屯，蒙自1屯，通海1屯，河西1屯，宁州7屯。

楚雄府：共计114屯。其中楚雄卫左千户所23屯，楚雄卫右千户所25屯，楚雄卫中千户所21屯，楚雄卫前千户所12屯，楚雄卫后千户所15屯，姚安千户所9屯，定远守卫千户所2屯，新兴5屯，路南2屯。

蒙化府：共计3屯。

广西府：共计1屯。

曲靖府：共计19屯，俱在沾益州。

姚安府：共计9屯。其中姚安5屯，大姚4屯。

鹤庆府：共计7屯，俱属大理卫前前、右右二千户所。

武定府：共计20屯。其中府城5屯，和曲10屯，禄劝5屯。

寻甸府：共计5屯，俱属木密所。

北胜州：境内有五十百户屯田，散在纳期、海口、盟庄坝、片角等村。

金齿军民指挥使司：本司所屯田七千八十六顷二十四亩二分四厘，地一百四十顷二十九亩九分。永平御二所屯田一百七十六顷一十五亩四分，地三十八顷五13屯，后所14屯。

根据以上正德《云南志》所载统计，景东府、广南府、广西府三府阙如，曲靖府只有沾益州，大理府无洱海、大罗两卫屯田。而《明实录·明太祖实录》则载，洪武二十年（1387年）九月，“自楚

雄至景东,每一百里置一营屯种,以备蛮寇”[30],洪武二十四年(1391年)七月,“调云南白崖军士屯守景东。上以景东为云南要害,且多腴田,故有是命”[31]。此外,正统十一年(1446年)十二月,参赞云南军务、刑部右侍郎杨宁奏请“照事烦简量亩数,拨大理卫五百六十亩,澜沧卫二百亩,洱海卫三百亩,楚雄卫四百亩,金齿军民指挥司七百亩,腾冲卫指挥司并守御千户所三百亩”[32]。从以上零星记载推断,正德《云南志》所载各府州境内屯田并非当时的全部情况,仍有部分阙略。

既便如此,这些记载对于我们今天研究明代在云南各地的屯田情况仍有重要的史料价值。限于史料,明代云南每屯到底有多少人驻屯没有明确的记载,但可以肯定的是,伴随着如此众多军屯的设置,一大批汉族移民进入云南,并分布在广大的平坝区和交通沿线,为云南民族地区社会发展和民族文化变迁产生了重要的影响。

(二)民屯

在实行军屯同时,明政府还在云南广泛开展民屯。民屯主要是“移民就宽乡,或召募或罪徙者为民屯,皆领之有司”[33],即政府采取强制手段,将人口稠密而耕地不足之处的居民迁徙到地多人少的“宽乡”或边地进行开荒屯种,或通过招募、罪徙等手段移民进行屯种。民屯与军屯的区别在于,民屯领之于布政司,军屯则领之于卫所。明代云南的民屯主要通过移民就宽乡、招募和罪徙三种形式进行。兹分述如下:

第一,移民就宽乡。明朝初年,为解决农民的土地和生计问题,将人口富余之地的居民大量迁往人少地多之地,并给予耕牛、粮种等,令其落籍耕种,以此达到“狭乡之民,听迁之宽乡,欲地无

遗利,人无失业"[34]的目的。云南地广人稀,又具有重要的战略地位。因此,明代平定云南之初,朝廷便开展了向云南大规模的移民。见诸记载的有:洪武十七年(1384年),"移中土大姓,以实云南"[35];洪武二十年(1387年)十月,"诏湖广常德、辰州二府民三丁以上者出一丁,往云南屯田"[36];洪武二十二年(1389年),"(沐)英还镇,携江南江西人民二百五十余万入滇,给予籽种、资金,区划地亩,分布于临安、曲靖、云武、姚安、大理、鹤庆、永昌、腾冲各郡县。……又奏请移湖广、江南居民八十万实滇,并请发库帑三百万。帝均允之"。(沐)春镇滇七年(1392年至1398年),再移南京人民三十余万。[37]此外,清代一些方志文献,对明代云南民屯移民也有零星记载。如光绪《武定直隶州志》载:"武属多僰爨诸蛮所居,明初役江南北富户实武定、永昌,汉人稍来。"[38]宣统《楚雄县志》载:"自前明洪武十六年傅、沐二公平定后,留兵镇守,太祖又徙江南闾左以居之。"[39]民国《大理县志稿》亦载滇西大理一带,"逮明初削平段氏总管,迁中土大姓以实云南,而吴越间汉族来者纷纭踵至"[40]。总的来说,由于民屯规模较军屯要小得多,因此,见诸记载的情况也显得零散而分散。但从零星的记载可以推断,明初确有一批汉族移民通过"移民就宽乡"的形式进入云南屯种。

第二,招募。招募也是明初组织移民屯种的一种形式,招募的对象主要是"狭乡无田之民",也有"留移未入籍之民",即流民。[41]朱元璋建立明朝之初,就在全国大规模地招募流民进行屯种。据《罪惟录·屯田制》记载,朱元璋登基后,即命"各省议置司农开治,所招流离,户给十五亩,又给蔬地二亩,有余力不限顷,三年起租"[42]。洪武十五年(1382年)平定云南后,因其"土地甚广而荒芜居多",自然也成为明王朝招募流民进行屯种的地方。然相关史籍对此没有专门记述,只是散见于方志及人物传记之中。例如,洪

武十五年(1382 年),改威楚、开南等路宣抚司为楚雄府,命朱守仁为知府。其在任期间,“招集流移,均徭役,建学校”,因而“境内大治”[43]。

第三,罪徙。云南自古就是那些触犯王法的官吏们谪戍或罪徙之地,明代也不例外。洪武十五年(1382 年)九月甲子,朱元璋即“命天下卫所,凡逃军既获者,谪戍云南”[44]。有明一代,通过罪徙的方式进入云南者当不少,见诸记载亦颇多。如洪武二十年(1387 年),诏西平侯沐英:“凡云南属卫将校谪戍者,悉听往金齿分守城邑营垒,但能立功,即授原职。”[45]洪武二十四年(1391 年)春,朱元璋命五军都督府及兵部,“往者,军官有犯法当死者,朝廷尝贷之,谪徙云南,今已久,必知改过,可岁以半俸给之”[46]。洪武二十五年(1392 年)二月,下诏兵部曰:“凡将校流罪以下谪戍云南、贵州者,俱复其官。”[47]虽然没有确切之统计,但从相关史籍记载来看,明代谪戍云南的官员当不在少数。

(三)商屯

除了军屯以外,明朝还在边疆地区施行商屯。明代初年,为辅助军屯解决边疆驻军的供给,“募盐商於各边开中,谓之商屯”[48]。所谓“开中”之法,就是利用政府对食盐销售的垄断地位,将食盐销售与屯种所获粮食按一定价值比例联系起来,“视时缓急,米值高下,中纳者利否。道远地险,则减而轻之。编置勘合及底簿,发各布政司及都司、卫所。商纳粮毕,书所纳粮及应支盐引数,赍赴各转运提举司照数支盐。转运诸司亦有底簿比照,勘合相符,则如数给与”[49]。即为保证边地屯戍卫所的粮饷供给,政府招募商人于各地开垦种植,将所获粮食上交卫所以供军食,当地政府则根据所交粮食与食盐的比价核发支取食盐凭证,商人凭此到产盐之地支

取食盐贩卖牟利,以此达到“多召商中盐以为军储。盐法边计,相辅而行”[50]的目的。

云南开展商屯始于洪武十五年(1382 年)。是年二月,“上以大军征南,兵食不继,命户部令商人往云南中纳盐粮以给之”[51],遵照圣谕,户部奏准定云南等地“开中”法,凡募商人于云南纳米六斗者,给淮盐二百斤,米五斗者给浙盐二百斤,米一石者给川盐二百斤。与此同时,政府利用云南产盐之便利,利用云南境内白盐井、安宁盐井、黑盐井、五井等盐井进行开中招屯。洪武十五年(1382 年)十二月,户部奏定利用安宁盐井开中盐法,“凡募商人于云南、临安二府输米三石,乌撒、乌蒙二府输米二石八斗,霑益州、东川府输米三石五斗,曲靖府输米二石八斗,普安府输米一石八斗者,皆给安宁盐二百斤”[52]。洪武二十六年(1393 年)春正月,“户部奏定云南、乌撒中盐则例:凡输米一斗五升,给浙盐一引;输米二斗,给川盐;输米一石八斗,给安宁井盐;输米一石六斗,给黑盐井盐”。[53]

自明代在云南推行商屯以来,朝廷对招商屯种之策多有变更。究其原因,主要在于以下两个方面:

其一,卫所军队粮饷充足与否是朝廷商屯政策变更的主要原因。由于政府推行商屯的主要目的是解决卫所驻军的粮饷,因此,驻地卫所军备多寡直接关系到政府对于商屯的政策。当军队粮饷充足时期,政府往往采取停止开中之策,或削减盐引数量以限制商人募民进行商屯的积极性。反之,当驻军粮饷吃紧,或因发生战事需要大量军备之时,政府则会采取鼓励政策,扩大商屯的规模。这一方面,见诸记载的记录有:

洪武十九年(1386 年)正月,云南左布政使张紞奏请照旧例诏商人纳米于金齿,每斗给盐一引,以改变因“有司不许输谷,由是

商人少至,军饷弗给”的状况,得到朝廷的恩准[54];洪武二十年(1387年)五月,户部左侍郎杨靖上奏朝廷:“方今四川粮储,岁给不敷,云南尤甚,宜命商人纳米,而以官盐偿之。”[55]因粮饷不敷而请求开中,自然得到朝廷的许可;同年八月,因楚雄、曲靖诸府戍卒屯田不足支用,户部请重新恢复以前朝廷命商人输米与楚雄、曲靖诸府而给予淮、浙、川盐之开中盐法,得到朝廷批准;宣德三年(1428年)四月,因麓川宣慰思任发侵夺南甸、潞江等处,政府议调军剿捕。处于战事需要,政府需于金齿各处储备军队所需粮饷。因此,时任云南总兵官的黔国公沐晟奏请朝廷,说金齿“所属州县皆系极边,别无仓储,黑、白、安宁、五井四盐课提举司岁办盐三万九千引,请不拘常例,暂将上年所中商盐住支一年,招商于金齿司中纳”[56],并依照永乐年间开中之法招募商屯。鉴于战事所需,朝廷给予了特殊办理,准沐晟“姑如所奏行之”;宣德六年(1430年),因朝廷近年停止各处开中,而专于北京中纳,导致云南边地供给不敷,于是户部奏请“于安宁等井依宣德三年例,淮、浙两处依洪武间例,仍招商开中”[57],也得到了朝廷的批准;正统四年(1439年)二月,朝廷因征讨麓川,粮用浩大,供给不济,而原定的开中盐法因米价上涨,很多商人不愿屯种纳粮换取盐引。于是云南布政司奏请朝廷一方面请官库支取所贮银钞,到金齿、大理买粮备用;另一方面,请朝廷调整开中盐法,以刺激商屯,“以大理原中黑盐等四井,盐一引,米二石,今减作一石五斗;金齿原中安宁、五井盐,一引一石二斗,今减作一石;黑、白二井盐,一引一石,今减作八斗”[58]。处于战事军备所需,朝廷同意了云南布政司所奏之事,并于随后的几年内,连续多次降低交米以换盐引的单位数量,以刺激商人前往屯种。

其二,朝廷与商人之间的利益博弈。明代推行“开中”之法,

是根据军备所需招募商人前往粮饷匮乏之地屯种,商人用屯种粮食换取盐引后到产盐之地兑换食盐进行销售,从中渔利的一种办法。开中之法能否落到实处,关键在于商人在其中是否有利可图。因此,在明代云南商屯的变更中间,存在着朝廷和商人之间的经济利益博弈。就这方面引发的商屯政策变更,见诸记载的有:

洪武二十年(1387 年)十一月,普安军民指挥使周骥奏言,按照旧例"云南纳米二斗,给淮、浙盐一引;二石给川盐,一石七斗给黑井盐,二石四斗给安宁盐。近因盐重米轻,故商人少至",于是请朝廷更改开中旧例,朝廷准奏,将淮、浙盐引减为一引换米一斗五升,川盐一石五斗,安宁盐二石,黑井盐一石五斗[59];永乐元年(1403 年),因曲靖开中盐粮规定每引交米二石,商人以所定交米太多,于是应屯者少。户部为维系商屯,命将开中之法减轻为一引交米一石五斗[60];宣德二年(1427 年)五月,因延续旧制,开中安宁等盐井每引纳米一石二斗,但因当时盐贱米贵,于是商旅不至。于是户部奏请"酌量减轻安宁井盐,每引纳米一石二斗,黑、白二井盐,每引一石"[61],得到朝廷的批准;正统年间(1435—1449 年),因朝廷征麓川,师众费多,米价昂贵,导致中纳者少,甚至出现商旅不至的现象。为保证粮饷,朝廷曾多次削减纳米之数,以鼓励商旅到云南进行屯种[62],等等。

如前所述,明代在各地进行商屯的目的主要是配合军屯等解决驻军的粮饷问题。从实际效果看,商屯的开展确实有效地刺激了商人前往粮饷不敷之地进行屯种。如洪武十九年(1386 年),云南左布政使张紞奏言,明初,招募商人于金齿屯种,纳米每一斗给盐一引,"以是商旅辐辏,储偫充溢;其后有司不许输谷,由是商人至少,军饷弗给"[63]。又如洪武二十二年(1389 年)九月,普安军民指挥使周骥奏言:"自中盐之法兴,虽边陲远在万里,商人图利,运

粮时至，于军储不为无补"[64]；宣德六年（1413年）三月，户部奏言"云南边地，岁用粮储，全资客商中安宁等盐井，运米于大理、金齿等处上仓，今既停中，供给不敷"[65]。可见，明代在云南的商屯确实为解决边地屯戍大军粮饷提供了有力的支持。

当然，明代招商屯种之策除了支持朝廷军备之需外，客观上也促进了大量的人口流动和生产方式的交流和发展，只是相关方面的信息见诸史籍者甚少。

第二节　明代云南的汉族移民

一、明代云南汉族移民的数量

如前所述，明政府为了解决卫所驻军的给养，在云南各地推行了军屯、商屯、民屯等多种形式的屯田。伴随着卫所、屯田等制度的推行，大量的内地移民进入云南，客观上促进了云南经济社会的发展，使明代成为云南发展最快的历史时期之一。

有明一代，有明确记载通过卫所、屯田等形式进入云南的大规模移民有：

洪武十五年（1382年）九月甲子，"命天下卫所，凡逃军既获者，谪戍云南"。[66]

洪武二十年（1387年）八月，诏景川侯曹震及四川都指挥使司选精兵二万五千人，给军器农具，即云南品甸之地屯种，以俟征讨。[67]

洪武二十年（1387年）九月乙巳，"湖广都指挥使司言：前奏诏，以靖州、五开及辰沅等卫新军，选精锐四万五千人于云

南听征”。[68]

洪武二十年九月，调湖广军五万六千五百六十人征云南，赏钞五十六万八千锭。[69]

洪武二十年(1387年)冬十月戊午，“诏湖广常德、辰州二府，民三丁以上者出一丁往屯云南”；壬戌，“调陕西、山西将士五万六千余人赴云南听征，赐钞有差”；甲子，“调楚府护卫兵六千赴云南听征”；丙寅，“诏长兴侯耿炳文，率陕西土军三万三千人往云南屯种听征”。[70]

洪武二十一年(1388年)二月癸丑，“长兴侯耿炳文，承制遣陕西都指挥同知马烨，率西安等卫兵三万三千屯戍云南”。[71]

洪武二十一年(1388年)六月癸丑，“命中军都督府发河南祥符等十四卫步骑军一万五千人往征云南”。[72]

洪武二十三年(1390年)正月，因周王迁镇云南，应有官军、校尉、仪仗随行，于是命河南右护卫指挥佥事李兴“率军马五千五百人启行”。[73]

洪武二十三年(1390年)夏四月，改平夷千户所为平夷卫指挥使司，“乃命开国公常昇往辰阳集民间丁壮凡五千人，遣右军都督佥事王成、千户卢春统赴平夷置卫”。[74]

根据以上记载进行粗略统计，洪武年间进入云南的卫所、屯田移民约24万余人。当然，以上只不过是史籍中对进入云南的移民有确切数量记载的统计数据，有些进入云南的卫所军队或屯田移民其规模如何，在史籍中没有明确的记录。因此，以上所录史料中进入云南的移民数量当然不是当时进入云南移民的全部。

那么，明代进入云南的移民数量到底应该是多少才比较接近历史事实，目前学术界还有很大的争议。方国瑜先生认为，万历初

年云南军数、官数、军余、舍丁合计有337724人[75]；曹树基认为洪武二十六年移民进入云南的移民数应为36万；谢国先认为明初移入云南的外省人口大致在30万左右；陈国生认为作为长期屯驻的军事力量而留在云南的官兵军数量大致就是杨禺页所阅的88405人[76]；许立坤认为，根据万历《云南通志》所载，当时云南都司所属20卫16千户所共有军实数，计三分马步旗军27828名；七分屯军34591名，舍丁18386名，军余254611名，合计共有335466名[77]；陆韧认为明代进入云南军事移民的第一代人口有可能达到80余万。天启年间，云南汉族人口数量大约是都司所辖104万，布政司所属126万，沐庄隐含的约70余万，达300万左右[78]。

关于明代初年云南移民的具体数量，有两则史料有明确的记载：洪武二十一年（1388年）冬十月壬寅，"南安侯余通源上云南新附官、军士、田粮、马牛之数：都指挥使司所属官计一千三百一人，军士六万四千二人，马三千五百四十五匹，屯牛一万二千九百九十四头，田四十三万五千三十六亩，粮三十三万六千七石。布政司所属军民凡六万三千七百四十户，粮七万六千五百六十二石，马驿六十七所，马九百九十三匹"[79]。洪武二十三年（1390年）六月，朱元璋遣尚宝寺卿杨顒阅试云南左、右、前、临安、曲靖、金齿、大理、洱海、楚雄九卫军马。杨顒所阅九卫凡"官一千三十五，士卒八万七千三百七十人"[80]。由此推之，这一时期，通过军事移民的形式进入云南的汉族移民大致在8万多人，而布政司所辖民户则在63740户，按每户3人计，当在191220人。两者相加，总计当接近28万人。

另据《明史·兵志二》所载，明代后期云南都司直隶卫所共计20卫、20千户所。如果按每卫5600人，每所编制1120人常规配置计算，则共计军士约134400人。当然，这13万余人应属各卫所

正军的人数。按照明代的军户制度，每个军户除正军外，一般还携带丁余（或军余）一名在戍所佐助正军，供给军装。《明会典》卷一百五十五《兵部三八·起解》条就有明确的记载："如原籍未有妻室，听就彼完娶；有妻在籍者，着令原籍亲属送去完聚；若军家富足，自愿不时供送盘缠者，听从其便。"之所以如此，就是要稳定卫所军士的军心，让他们安定在戍所为朝廷效力。同时，按照明代的军户制度，无论军官或士兵，通统编为军户，列入军籍，世代承袭，不得流混为民籍。《明会典》卷十九"户口"条说："凡军民医匠阴阳诸色户，许各以原报抄籍为定，不许妄行变乱，违者治罪，仍从原籍。"又说："（洪武）三年（1370年），令户部榜谕天下，军民凡有未占籍而不应役者，许自首；军发卫所，民归有司，匠隶工部。"即编军户归都司，隶兵部；民户归布政司，隶户部；匠户隶工部。户籍不同，身份也有区别。《明太祖实录》卷一三一：洪武十三年（1380年）五月乙未，诏曰："军民已有定籍，敢有以民为军，乱籍以扰吾民者，禁止之"，既占籍就不许改变[81]。家眷同行之规定，可保证卫所军户有稳定的兵源，以此维护卫所制度的长治久安。

因此，明代卫所军户基本上就形成以军士为核心，加上军余共同组成的军士家庭户口。照此推算，一个军户平均按3口人计算，则明代卫所军事移民进入云南的人口大致在403200人。

按明制，军屯归属于都指挥使司管辖，而民屯则隶属于布政使司管辖，编入民户进行管理。查明代云南户口数字，云南布政司所领的民户见于记载者，《明史·地理志》记载，洪武二十六年（1393年）编户五万九千五百七十六，口二十五万九千二百七十口。弘治四年（1491），户一万五千九百五十，口一十二万五千九百五十五。万历六年（1578年），户一十三万五千五百六十，口一百四十七万六千六百九十二。[82]另据正德《云南志》载：弘治十五年（1502

年）云南布政司“户十二万六千八百七十四，口一百四十一万九十四”；万历《云南通志·赋役志》在万历年间，云南布政司所辖“户一十三万五千六百二十二，口一百六十万六千三百六十一”。天启《滇志·赋役志》记载天启五年（1625年）云南布政司统辖“户一十五万一千二百一十四，口一百四十六万八千四百六十五”。可见，巅峰时期云南布政司所辖汉族人口大约在160余万人。

至于军户数量，《明太祖实录》卷一九四载：洪武二十一年（1388年）官军共六万五千三百零三人。万历《云南通志》所载，云南都指挥使司“军数三分马步旗军，二万七千八百三十八名；七分屯军，三万四千五百九十一名。舍丁一万八千三百八十六人。军余二十五万四千六百一十一名”[83]。则万历年间，进入云南的汉族军数、舍丁、军余共335426人。由此推断，万历初年云南布政司和都指挥司所辖军、民人口的总数共计1941787人。

按照明代的户籍制度，土司、土官不直接承担国家的服役，所以，各土官、土司统治下的少数民族不编丁，不列入户籍册内进行统计。因此，明代虽然各府、州、县内有相当数量的少数民族存在，但布政司统计在册的户口人数当主要是居住在当地的汉族移民。也就是说，明代通过军事、民屯、商屯、流寓等形式进入云南的汉族移民数量当在194万余人。

二、明代云南汉族移民的分布

明代，政府大规模、有组织的汉族移民是通过卫所哨堡的设置，以及屯田制度的推行进入云南的。因此，这些汉族移民进入云南后，大多也都依托卫所和屯田分布在云南各地，呈现出以中心城市、平坝区和军事要地为主要分布点，在交通沿线呈线状分布，并逐步向山区渗透的特征。

(一)以卫所屯田为依托在中心城镇和平坝区的点状分布

如前所述,明代平定云南后,为加强统治,凡新附州城,除设置行政统治机构外,还广置卫所,增设屯田,以为万世不拔之计。据《明史·兵志二》卷九十载,明代后期云南都司直隶卫所包含20卫、20千户所。现以万历《云南通志·兵食志》为据,整理明代卫所的分布情况如下[84]:

云南左卫,在(云南)府治东(驻今昆明市东部),洪武十五年建;

云南右卫,在(云南)府治西南(驻今昆明市西南),洪武十五年建;

云南中卫,在(云南)府治东北(驻今昆明市东北部),洪武十五年建;

云南前卫,在(云南)府治西南(驻今昆明市西南),洪武十五年建;

云南后卫,在(云南)府治东(驻今昆明市东部),洪武十五年建;

广南卫,旧在广南府(驻今广南县),洪武二十九年建。永乐元年迁建于云南府治东(驻今昆明市东部);

宜良守御千户所,在宜良县治西(驻今宜良西部),洪武二十四年建,直隶都指挥使司;

安宁守御千户所,在安宁州治西(驻今安宁县西部),洪武二十四年建,直隶都指挥使司;

易门守御千户所,在易门县治南(驻今易门南部),洪武二十四年建,直隶都指挥使司;

杨林守御千户所,在嵩明州治南(驻今嵩明县杨林),洪

武二十四年建，直隶都指挥使司；

云南十八寨守御千户所，在弥勒州西南（驻今弥勒县虹溪），正德十六年建，直隶都指挥使司；

武定守御千户所，在武定府城内西南（驻今武定西南），隆庆三年建，直隶都指挥使司；

木密守御千户所，在寻甸府东（驻今寻甸县东南部之易龙），洪武十五年建，直隶都指挥使司；

凤梧守御千户所，在寻甸府治左（驻今寻甸东部），嘉靖六年建，直隶都指挥使司；

大理卫，在（大理）府治南（驻今大理南部），洪武十五年建；

鹤庆御，在鹤庆军民府治北（驻今鹤庆北部），洪武二十年建，隶大理卫；

洱海卫，在云南县东（驻今祥云东部），永乐年间建；

大罗卫，在宾川州治北（驻今宾川北部），弘治七年建；

临安卫，在临安府治东（驻今建水县），洪武二十七年建；

通海御，在通海县治北（驻今通海北部），洪武十五年建，隶临安卫；

新安守御千户所，在蒙自县西南（驻今蒙自县西南之新安所），正德十四年建，隶临安卫；

永昌卫，在永昌府治西南（驻今保山县），洪武十五年建；

永平御，在永平县治北（驻今永平北部），洪武年间建，隶永昌卫；

腾冲卫，在腾越州治南（驻今腾冲南部），正统二年建；

楚雄卫，在楚雄府治东（驻今楚雄东部），洪武十五年建；

定远守御千户所，在定远县治东（驻今牟定东部），洪武

二十四年建，隶楚雄府；

姚安千户所，在姚安府治北（驻今姚安北部），洪武二十一年建，隶楚雄卫；

中屯千户所，在大姚县左（驻今大姚东部），洪武二十八年建，隶楚雄卫；

曲靖卫，在曲靖府治西（驻今曲靖市西部），洪武二十年建；

马隆守御千户所，在马龙州治北（驻今马龙县），永乐二年建，隶曲靖卫；

平夷卫，在曲靖府治东北（驻今富源县），洪武二十三年建；

越州卫，在曲靖府东南（驻今曲靖市南部越州镇），洪武二十三年建；

六凉卫，在六凉州治西南（驻今陆良县），洪武三十一年建；

蒙化卫，在蒙化府治南（驻今巍山县），洪武二十三年建；

景东卫，在景东府治西北（驻今景东西北部），洪武一十三年建；

澜沧卫，在北胜州治南（驻今永胜南部），洪武二十九年建。

与《明史・兵二》比较，万历《云南通志》所载少了通海前千户所、通海右千户所、姚安中屯千户所、镇安千户所、镇姚千户所、永平前千户所、永平后千户所等。然而从这些卫所的分布来看，都分布在除丽江、永宁、镇源、元江等府和边境御夷府州及土司区域之外的广大府、州、县等行政治所周围，或与行政管理机构同城而设。尤其是在政治经济文化中心的昆明附近，明政府设置的卫所数量

达到6卫,4守御千户所。加上云南左卫、右卫、中卫各辖6个千户所,云南前、后卫各辖5个千户所,广南卫辖4个千户所,加起来共计32个千户所。按照万历《云南通志》所载进行统计,云南左卫有包括军官、军数、舍丁、军余在内的汉族移民16902人,云南右卫13542人,云南中卫4428人,云南前卫10594人,云南后卫5898人,广南卫7098人,宜良守御千户所6389人,安宁守御千户所4323人,易门守御千户所1778人,杨林守御千户所3354人。[85]云南府境内6卫(含32个千户所)、4守御千户所共计有包括军官、军数、舍丁、军余在内的汉族移民达74306人。需要说明的是,这一数字是明代万历年间的统计数字。明代中后期,随着卫所屯田制度的逐渐废弛,军户逃逸或隐匿的现象比较普遍,因此这一统计数字应该远远低于明初汉族移民的实际数字。如果按照"大率五千六百人为卫,千一百二十人为千户所,百十有二人为百户所"[86]的明初卫所编制,加上舍丁、军余进行计算,则昆明坝子附近卫所军事移民的数量当不下10万人。

除昆明以外,明政府在曲靖坝子周边设置了曲靖卫、越州卫、六凉卫、平夷卫等4卫及马隆守御千户所,移驻汉族军事移民27349人;在大理洱海周边设置了大理卫、洱海卫、大罗卫、鹤庆御,以及府城北上关、邓川、浪穹、宾川等地6屯,府城南下关、赵州、白崖、喜甸、牛井等地3屯;在楚雄府境内设置了楚雄卫、定远守御千户所、姚安千户所、中屯千户所,以及114处军事屯田卫所。

从以上数据可以看出,随着卫所屯田制度的推行,明朝政府把从中原内地迁入云南的汉族移民安置在府、州、县等行政统治中心的周围。而明代云南府州县等统治机构又多设在平坝区和交通沿线,因此,明代的汉族移民大部分也都集中在适宜农耕屯种的平坝地区,并围绕府州县城治所新兴了一批呈点状分布的汉族移民

城镇。

(二)以驿、堡、哨、铺为依托在交通沿线的线状分布

在通信和信息传递方式落后的时代,修筑道路,加强对交通沿线的军事管制以确保政令畅通成为历代封建统治王朝治理云南地区的前提和首要任务。早在秦朝统一全国之后,秦始皇为控制西南夷地区,便在蜀守李冰所筑从成都到宜宾"僰青衣道"的基础上,命"常頞略通五尺道",把道路由僰道(宜宾)向南延伸,过石门(盐津豆沙关),经朱提(昭通),达味县(曲靖)。此后,无论汉、唐,都注重对入滇石门关道、灵官道等官方入滇道路的修筑和管制,以保证云南地区的政令通畅。

元代,中央政府为"通达边情,布宣号令",便在全国推行了站赤制度,各站赤设有专门的官员进行管理,并备有马匹、车船等交通工具,使得"四方往来之使,止则有馆舍,顿则有供帐,饥渴则有饮食,而梯航毕达,海宇会同"[87],有效地保证了政令的通畅。有元一代,政府共在云南的主要交通干线设置站赤 87 处,其中马站 74 处,马 2345 匹,牛 30 只。水站 4 处,船 24 只。各站赤迁徙蒙古、色目和汉族军士进行屯戍,为元代在云南统治制度的深入提供了有力的保障。

明代,中央王朝为加强云南与内地的联系,巩固其在云南的统治,在元代站赤制度的基础上,"遣人置邮驿通云南,宜率土人随其疆域远迩开筑道路,其广十丈,准古法以六十里为一驿,符至奉行"。[88]然按明制,"自京师达于四方,设有驿传。在京师曰会同馆,在外曰马水驿,并递运所,以便公差人员往来"。也就是说,凡设驿站之处一般均设递运所。这些马水驿、递运所"专一递送使客,飞报军情,转运军需等项"。[89]明初曾在云南等地设置了递运所,后

来废除。因此,“云南有驿无递,故以堡代之,有驿必有堡”,[90]在设置驿传的同时,在云南交通沿线也设置了堡。见诸记载的有:

> 洪武十六年(1383 年)五月,命“六安侯王忠、安庆侯仇成、凤翔侯张龙督兵往云南品甸缮城池,立屯堡,置邮传,安辑其民人”;[91]
>
> 洪武二十年(1387 年)十二月,“遣前门郎石壁往云南,谕西平侯沐英等,自永宁至大理,每六十里设一堡,置军屯田,兼合往来递送,以代驿传。于是,自曲靖火忽都至云南前卫、易龙设堡五,自易龙至云南右卫黑林子设堡三,自黑林子至楚雄卫禄丰设堡四,自禄丰至洱海卫普溯设堡七,自普棚至大理赵州设堡二,自赵州至德胜关设堡二,人称便焉”;[92]
>
> 正统六年(1441 年)十月,“设云南大理卫下关、永平、沙木河、样备上、样备下五堡,以大理等卫官军守之”;[93]
>
> 正统七年(1442 年)三月,“复云南曲靖卫定南堡,拨军屯守”。[94]

作为明代在云南交通干线上设置的邮传递送机构,驿、堡的设置因时有所增损。据《明会典·驿传二》所载,明代云南共有驿传87 处,其中,云南府 9 处,大理府 5 处,临安府 8 处,楚雄府 7 处,澄江府 2 处,景东府 1 处,广南府 2 处,广西府 4 处,曲靖军民府 9 处,姚安军民府 2 处,鹤庆军民府 2 处,武定军民府 4 处,寻甸军民府 1 处,丽江军民府 1 处,元江军民府 1 处,蒙化府 2 处,永昌军民府 17 处,干崖宣抚司 7 处,北胜州 3 处。也就是说,除了镇沅、顺宁二府之外,明代在云南各府均设置有驿传进行控制,其分布的范围较之卫所要广泛得多,甚至已经进入到云南的民族聚居区。当然,明代 87 处驿传中有的到万历年间已经被革除。如云南府的汤

池驿、利浪谷驿,临安府的蒙自驿,楚雄府的定边驿,广南府的在城驿、速为驿,广西府师宗州的在城驿,姚安军民府的蜻蛉驿,永昌军民府的潞江驿,北胜州的宁番驿等旧时曾设,万历以前革除。又明初曾在麓川平缅宣慰司设戛赖驿、大店驿,在缅甸宣慰司设有阿瓦驿。后因正统年间边疆的变迁而不为中国所有。

明代的军堡大多设置于洪武至正统年间。据方国瑜先生考证,明代云南共设39个军堡。其中,云南府8堡,大理府4堡,永昌府4堡,楚雄府5堡,曲靖府8堡。姚安府1堡,寻甸府2堡,武定府1堡,景东府3堡,北胜州1堡,临安府1堡,蒙化府1堡。[95]涉及11府1个直隶州。

从分布上看,明代军堡数量虽然不多,但大多设在交通干线上。按照明代制度,驿堡设置以后,"堡主递送,领以百户,世职其事,实以军士,世役其事。官军皆国初发定人数,环堡居住,有田无粮"。[96]明代一旦在云南置堡,拨军驻守,即开屯耕种。故设堡时,不仅要考虑将堡设在交通干线上的要冲之地,更要考虑是否有土地可供开垦耕种,令军士安居乐业,世代定居,[97]从而成为汉族移民进入云南后的定居点。

除了在交通干线上设置驿堡之外,明政府还在云南交通沿线设置哨戍和铺舍。按正德《云南志》所载,"云南地方汉夷杂处,盗贼出没无常,故于各道路每十里或二、三十里设哨戍守之。大哨五十人,小哨二、三十人,俱以指挥千百户等官主之。官及各哨兵俱连家小驻扎,亦有民哨与军哨相兼守戍"[98]。另据天启《滇志》卷五《建设志》所载,明代云南各州县设哨达551个之多,且多集中在汉夷杂处,盗贼出没无常的地处边远州县的交通沿线。哨戍设置的主观目的是防范盗贼,靖安地方,护卫交通和政令的通畅。但因凡哨戍之地都按照大哨50人,小哨20至30人的规模,并官及各

哨兵俱连家小驻扎进行屯戍,客观上却促进了汉族移民沿交通沿线向民族聚居区不断深入。

此外,铺舍也是明王朝设在交通沿线负责驿传递送的一级组织。对于铺舍的设置,洪武二十六年(1393 年)曾明文规定:"凡十里设一铺,每铺设铺长一名。铺兵,要路十名,僻路五名,或四名,于附近有丁力田粮一石五斗之上,二石之下点充,需要少壮正身。"[99]据天启《滇志·赋役志》的不完全统计,明代云南共设铺353 个,它们与驿、堡、哨虽有重合,但因铺的数量很多,分布广泛,故在广大的交通道路所经地区,因设铺新增了大量的汉族移民定居点。[100]

综上所述,明代汉族移民进入云南后,随着卫所屯田的推行,大部分集中在府州县治所所在的中心城镇和适应农业生产和屯种的平坝区,呈现点状分布的特征。另外一部分汉族移民则随着明代驿、堡、哨、铺的设置分布在连接各府州县治所城镇的交通沿线,甚至向山区和少数民族聚居区不断扩展和深入,呈现线状分布。明代汉族移民的进入,与政府推行的卫所、屯田等制度相互配合,成为明朝廷治理云南统治策略的有机组成部分,对于实现中央政府对边疆民族地区进行有效控制的主观愿望起到了非常重要的作用。然而,大量汉族移民的进入,以及在平坝区和交通沿线的集中分布,客观上改变了云南上千年以来的民族构成比例和分布格局,对于云南边疆民族地区经济社会的发展,民族文化的变迁,以及推进云南政治、经济、文化上与中原内地的一体化进程,提升中华民族的向心力和内聚力等方面都产生了深远的影响。

第三节　明代汉族移民引发的云南社会变迁

伴随着卫所的设置，屯田制度的推行，明代大规模的汉族移民进入云南，彻底改变了云南"夷多汉少"的局面，汉族一跃成为云南的主体民族。同时，汉族移民打破了云南各少数民族传统的分布格局，促进了边疆和山区的开发，推动了平坝区和交通沿线的城市化进程。明代强势的汉族经济、文化等在云南各民族地区深入传播，引发了云南经济、社会、文化发展划时代的变迁。

一、民族成分和分布格局的重构

自秦汉以来，内地汉族就通过征战、罪徙、谪戍、流宦、经商等各种途径进入云南，甚至在汉晋南北朝时期，移民云南的汉族后裔利用中原地区战火纷飞、王朝纷争之机，在政治上形成了一股以爨、孟、焦、雍、雷等为代表的"南中大姓"势力，把持云南地方政权将近五百年。但由于人口数量较少，进入云南的汉族在当地少数民族的影响下逐渐"夷化"，隐没在云南众多少数民族的汪洋大海中。尤其是唐宋时期，云南处于南诏、大理地方民族政权的统治之下，当时白族在政治上处于绝对的统治地位，受其影响，这一时期居住于云南境内的汉族和其他少数民族表现出明显的"白族化"倾向。直到元代，云南再次纳入中央王朝的统治之下，一系列军事、政治制度的推行，才终止了云南人口"白族化"的进程。

明代，中央政府为使云南之地长治久安，万世不拔，便在云南"度要害地，系一郡者设所，连郡者设卫"，并按照"五千六百人为卫，千一百二十人为千户所，百十有二人为百户所"[101]的建制在云南广设卫所，从中原地区征调了近200万汉族移民进入云南戍守。

同时,针对卫所“兵多民少,粮饷不给”[102]的情况,便在云南广设屯田,组织军民进行屯种。卫所屯田及汉族移民的进入,对云南民族地区的发展产生了具有里程碑意义的影响。

首先,在民族成分上,汉族成为真正意义上的主体民族。如前所述,中原汉族先民虽然早在秦汉时期就有迁入云南的记录。但由于当时人口较少,进入云南的汉族移民几乎完全“异化”为“夷化的汉人”,隐没在云南少数民族的群体当中。洪武十五年(1382年),朱元璋平定云南后,为达到云南境内各民族势力“非惟制其不叛,重在使其无叛耳”[103]的目的,采取了一系列的统治措施。其中重要的一个措施就是留兵屯戍,并向云南大量移民。

按照笔者推算,明代中央政府通过军屯、民屯、商屯等形式从中原迁徙了近200万汉族人口进入云南。在进行军事移民的过程中,明政府为防止进入云南的汉族移民“夷化”到当地少数民族中,便采取了“军士应起解者,皆佥妻”,“如原籍未有妻室,听就彼完娶,有妻在籍者,着令原籍亲属送去完聚”[104]等配套政策,要求征调屯戍的军士妻室同行,到指定地点屯田戍守,有效地保证了云南民族地区民族融合中“以夏变夷”的发展方向。限于当时史料没有云南少数民族人户的统计,无法从历史记载中明确明代云南汉族移民与当地民族的比例。但可以肯定的是,随着大量汉族移民的进入,明代云南汉族移民的数量已完全超过了任何一个土著的“蛮夷”人户,过去“夷多汉少”的状况到明代有了根本改变,汉族成为云南的主体民族。[105]正如谢肇淛《滇略》所载:“高皇帝既定滇中,尽徙江左良家闾右以实之;及有罪窜戍者,咸尽室以行。故其人土著者少,寄籍者多。”[106]明代大规模的汉族移民使云南民族成分发生了划时代的变迁。

其次,在民族分布上,初步形成了云南各民族大杂居、小聚居

的分布格局。长期以来，云南被封建统治王朝和正统封建史家视为“蛮夷之地”、“化外之区”。在云南境内，居住着氐羌系统的彝、白、哈尼、纳西、傈僳、怒、阿昌、景颇等民族的先民，百越系统的傣、壮等民族，以及孟高棉系统的佤、德昂等民族的先民。由于生存环境和生计类型的差异，在长期的发展过程中，各民族先民逐渐形成了相对固定的分布区域。

到了元代，各民族已经形成了相对固定的分布区域。罗罗作为云南人口众多的民族，主要分布在顺元（驻今贵阳）、曲靖、乌蒙、乌撒、越嶲一带，并在蒙化、武定、中庆路的呈贡县、归化县，临安路的建水州、宁州，广西路的弥勒州均有分布。可以说，从滇东、滇中到滇南的交通要道均有分布；僰人主要分布在中庆路、威楚路、大理路直到永昌府一线的城市和城市附近的平坝区；么些则主要聚居在丽江路所属府、州、县，以及柏兴府（诸今四川盐源）、鹤庆路境内；和泥（哈尼族）主要聚居于临安路南部及元江路所属各地，并有一部散居于开南州（今景东）、威远州（今景谷）的百夷地区；百夷分布在澜沧江以西、红河以南的地区。

明代，随着卫、所、哨、堡、铺的设置和屯田的开展，大量的汉族移民进入到以云南省各府、州、县等行政统治中心为主的平坝区，以及连接各府、州、县治所城镇的交通沿线，甚至深入到山区和少数民族聚居区，呈现出在平坝区中心城镇的点状分布及交通沿线的线状分布格局。汉族移民的进入和汉族移民城镇的兴起，将原来少数民族传统的分布区域分割成相互分离的单元，形成了汉族移民与少数民族杂居的状态。同时，汉族移民进入平坝区和交通沿线后，原本居住在平坝区的部分少数民族开始向山区迁徙，导致了云南民族分布格局的重构与调整，并掀起了一股山区开发的热潮，为今天云南形成“汉族住街头，傣族住水头，苗族、彝族住山

头，瑶族住箐头”的民族分布格局奠定了基础。

二、地方城镇化进程的加速

明代，无论是布政司及其下属府、州、县治所，还是都司及其所属卫、所，大都集中在坝区和交通沿线，或是军事冲要之处。随着明代官僚统治机构的设置，一些新兴城镇在云南民族地区不断兴起。明代，各府、州、县治所大多延续了元代地方政府所选之址，并在前代建设的基础上进行了大规模的改建或扩建，有力地促进了一些地方城镇的兴起。现根据万历《云南通志》所载，将明代云南各府府城建筑情况辑录如下：

云南府城在元代基础上于洪武十五年(1382 年)进行了改建，其形制“周围九里有奇，凡六门，东曰咸和，东北曰永清，南曰崇正，西曰广威，西南曰红润，北曰保顺，上各有楼，其崇正门之楼则更漏在焉。前有坊四，曰忠爱、曰安远、曰金马、曰碧鸡。环城有池，可通舟楫”。[107]

大理府城也是洪武年间进行修筑，后来有所改建，其形制“城方三里，围十二里，高二丈五尺，厚二丈。城上敌台十五座，铺舍三十九所，池阔四丈，深者丈五尺，浅者七八尺，城内驰道阔二丈五尺。四门各有楼，东曰通海，南曰承恩，西曰苍山，北曰安远，四陲为角楼”。[108]

临安府城为洪武二十年(1387 年)因旧夯土筑成，后来才砌以砖石。其形制“周围六里，高二丈七尺，开四门，南阜安，北永贞，东迎晖，西清远，各为楼三层，高八丈”。[109]

楚雄府于洪武十六年(1383 年)建，为石城，“高二丈五尺，厚三丈，周围七里三百六十步，池深一丈五尺。开六门，东曰平山，东南曰德化，南曰广运，西南曰仁福，西曰德胜，北曰

永镇，上各有楼”。[110]

曲靖府城为洪武二十年(1387年)建成，“周围六里，开四门，东曰乐耕，南曰来薰，西曰胜峰，北曰迎恩”。[111]

永昌府城于洪武十五年(1382年)在原址上重修筑成，后又进行改建。

澄江府城明代几经迁建，后于隆庆四年(1570年)知府徐可久改迁于舞凤山麓，建筑砖城，其形制“周匝六百八丈，高一丈九尺，厚一丈五尺，楼阁墩台铺舍水洞沟道具备”，门开四道，“东曰拥晖，南曰澄波，西曰览秀，北曰仪凤。城外有濠深五尺，阔丈许”。[112]

蒙化府城于洪武二十三年(1390年)建，“周围四里二百九十二步，开四门，门各有楼，东曰忠武，西曰镇夷，南曰开南，北曰泽润”。[113]

鹤庆府城于洪武十五年(1382年)在元代旧城址上恢复重建，永乐元年(1402年)加筑以砖石，嘉靖十九年(1540年)知府周集扩建了府城，并开筑有四门，“南曰迎恩，北曰镇远，东曰观澜，西曰仰高”。[114]

姚安府城于洪武年间在旧土城基础上改建，甃以砖石，城广二里三分，高二丈，开三门。后于嘉靖八年(1529年)知府王□在城内进行了改建，“帮五尺，增高三尺”。嘉靖三十九年(1560年)，知府杨日赞在南关外修建土城，“高一丈二尺，广一百二十丈左右，建位敌楼，四关，缭以土垣”。[115]

广西府城最初于成化年间知府贺勋命人筑土而成。隆庆五年(1571年)知府戴时雍改土城为砖石构筑，“周围七百二十四丈有奇，高一丈八尺，辟四门，巡抚侍郎邹应龙题，东曰拱化，西曰献瑞，南曰清波，北曰拥祥”。[116]

武定府城于隆庆三年(1569 年)知府六宗寅、同知邓时彦修建而成,其形制“周围六里,高二丈,厚一丈。开四门,上有楼,东曰迎祥,南曰毓秀,西曰宁远,北曰丰阔”。[117]

广南府城于洪武十九年(1386 年)建成,为土城,“周围四里三百一十步,开四门”。[118]

可以说,明代在云南府一级的行政管理机构治所所在地几乎都建有城池。同样,在各府所辖的州县治所所在地大多也都建有城池进行统治。仅以云南府为例,云南府所辖四州:晋宁州、安宁州、昆阳州、嵩明州,九县:昆明县、富民县、宜良县、罗次县、呈贡县、归化县、禄丰县、三泊县、易门县。处于稳定统治的考虑,各州县也都建有城池:晋宁州城初于成化二十三年(1487 年)知州熊弘在旧蒙氏土城的基础上修建而成,立有四门,但多已颓废,起不到应有的防御功能,于是知州喻敬在旧城的基础上筑土墙,墙下种植棘茨,并立有八门;昆阳州城于正德四年(1509 年)由州同知陈阳修筑而成。其形制“周围三百五十丈有奇,立四门,东曰水波,南曰宝山,西曰水清,北曰朝阙”;嵩明州城初于弘治九年(1496 年)筑土为城,隆庆二年(1568 年)改为砖城。其形制“周围计七百丈有奇,为门者四,东曰迎嵩,南曰朝宗,西曰翔凤,北曰拱极,为铺者八”;归化县城筑土为墙,周围一里,知县张斯昞、杨廷楠建;三泊县城于成化十二年(1476 年)知县刘斐筑土为墙而成。“立三门,南曰来薰,西曰福民,北曰迎恩”。隆庆三年(1569 年),知县王拱仁进行了扩建。[119]

除了府、州、县等行政部门的建设外,以都指挥使司及其所辖卫所为主的军事统治机构的建置也有力地促进了云南靠内地区交通沿线一些城镇的发展。这些交通沿线原本也是镇抚一方的军事据点或行政中心,但因长期的兵燹,城池多已毁坏,不具备防卫能

力。因此,明代设置军政机构和汉族移民进入后,为达到对地方的有效统治,他们或构筑新城,或对老城进行修复,使得大规模的城镇在云南兴起。明代云南都司在每个府城设一个或几个军卫,军卫的指挥机关与地方行政机构并处一城,大多形成军政同城而治的格局。如洪武二十年(1387 年)九月,西平侯沐英"自楚雄至景东,每百里置一营屯种,以备蛮寇"。[120]同年十二月,"自永宁,至大理,每六十里设一堡,置军屯田,兼令往来递送,以代驿传"[121]。

另外,按照《明史·兵志二》的统计,明代后期朝廷共在云南设置了 20 卫、20 千户所。从卫所分布及其治所所在情况看,大部分卫所机构都设在府、州、县治所附近,甚至是府、州、县行政统治机构和卫、所军事统治机构同处一城。如云南都指挥司在布政司西南,洪武十五年(1382 年)建;广南卫于洪武二十九年(1396 年)建,初与广南府同城而治,永乐元年(1402 年)"迁建于云南府治东"[122];宜良守御千户所在宜良县址西,洪武二十四年(1391 年)建,"周围三里许,开东南西北四门"[123];安宁守御千户所在安宁州治西,洪武二十四年(1391 年)建,"高一丈,周围二里九分,立四门"[124]。此外,武定守御千户所在武定府城内西南,大理卫在大理府治南,洱海卫在云南县东,临安卫在临安府治东,楚雄卫在楚雄府治东,姚安千户所在姚安府治北,曲靖卫在曲靖府治西,越州卫在曲靖府东南,六凉卫在六凉州治西南,蒙化卫在蒙化府治南,景东卫在景东府治西北,澜沧卫在北胜州治南[125],等等。这些军事机构的设置,连同府、州、县一起对治所所在地区城镇的兴起和发展起到了重要的支撑和拉动作用。如洪武十九年(1386 年),明政府置洱海卫指挥使司并左、右、中、前、后五千户所,以赖镇为指挥佥事。当时洱海卫所辖之地"经兵之余,人民流亡,室庐无复存者",赖镇就任后,在当地"修浚城隍,建谯楼,创庐舍,分市里,立屯堡,

筑堤防,严斥候,又开白盐井以通课利,民始安辑”。[126]

明朝除了在云南设置卫所、建立军政统治机构外,还以打通交通、戍卫干线为务。因此,汉族移民进入云南后,有很大一部分人口沿交通道路成线状分布,特别是在驿、堡、铺、哨世守定居,成为明代云南汉族移民的重要定居方式。驿、堡、铺、哨逐渐发展成为汉族人口的聚居点。[127]即便到了现在,云南各处地名中仍保留着当年明代卫所、屯田等留下的遗迹,凡称“卫”、“所”、“屯”、“堡”者,皆为军屯点,而民屯则多呼为“村”。

三、边疆开发的推进

由于卫所、屯田制度的推行,大批汉族移民进入云南进行戍守或屯种。这些汉族移民在云南开垦土地,兴修水利,并把中原地区先进的生产工具和生产技术带到了云南边疆地区,有力地促进了云南边疆民族地区的开发。

(一)大量土地的垦殖

明军进入云南之初,云南“土地甚广而荒芜居多,宜置屯”[128],自洪武十九年推行屯田制度以来,大量的土地被开垦出来进行屯种。据《明太祖实录》卷一九四载,洪武二十一年(1388 年)南安侯俞通源奏,云南都司田“四十三万五千三十六亩”,短短三年仅通过军屯的形式就在云南屯垦四十三万多亩土地。随着军屯、民屯、商屯等屯种形式的展开,数量巨大的新垦殖土地相继被开辟出来。据正德《云南志》载,明代中期云南布政司官民田共一万七千二百七十九顷一十二亩六分九厘;云南都司屯田一万二千七百六十六顷三十亩九分四厘。到万历年间,云南被屯垦的土地较之前有了不同程度的增加。据万历《云南通志》载,云南布政司官民田

数为"一万七千八百八十四顷五十亩九分九厘三毫二丝八忽",[129]云南都指挥使司所辖屯田数量为"一百一十万七千八百八十亩四分一厘三毫九丝六忽"。[130]如果把民屯和商屯田亩计算在内,屯种面积当不低于全省在册总耕地面积的一半。大量的农田被开垦出来,不仅对于解决戍守云南军队粮饷,维护明代对云南的有效统治具有重要的作用,对于促进云南农业经济的发展,提升云南经济社会发展水平都具有重要的意义。

(二)水利工程的兴修

随着屯田制度的推行和农耕生产在云南的发展,与农业生产紧密相关的水利工程的修建也掀起了高潮。沐英镇滇之初,就对滇池"浚而之广"[131],后对南坝"甃石为闸,设以守者,因水之盈缩而时其启闭,民甚便之"。[132]弘治十四年(1501 年),总兵官黔国公沐崑等令军民夫卒万人对滇池进行治理,"浚其泄处,遇石则焚而凿之",通过这次修整,滇池水"顿落数丈,得池旁腴田数千顷,夷汉利之"[133]。除昆明地区外,其余各地也掀起了一股兴修水利的热潮。曲靖府沾益州之交水河,"其初,以土堰水,每岁随筑随决。宣德十年(1435 年),曲靖卫管屯千户梅用构木凿石为坝。其水利灌田百余顷,军民感之,号曰梅公坝"[134];曲靖府治东北十里之处的西湖,洪武年间开凿有坝闸,"积水以灌田,军民利之"[135];曲靖府境内之大坝,洪武初年指挥刘璧筑坝,"造闸以蓄泄水利,于是东南三乡四堡之田咸受灌溉"[136];澄江府新兴州境内"凡七十五营,水利堰塘四十二处"[137];云南县之宝泉坝,景泰六年(1455 年)指挥佥事吴瑾等组织兴修,"垒石为坝,高三十尺,长二百五十尺,广半其长之数,中为斗门,视水之大小以节启闭。……水之所注,可以溉田万顷,而利民于无穷"。[138]由于水利灌溉系统的改进,大大促进了

云南的农业生产条件，带动了生产力的发展，有利地促进了边疆地区的开发。

（三）先进生产技术的应用

如前所述，明王朝为确保屯田制度得到落实，凡实行军屯之处，“其耕种器具牛只，皆给于官”，并明确规定：“凡屯种合用牛只，设或不敷，即便移文索取。若官厩数多，差人发遣。如果路途窎远，此间地方出产或可以收买，务在公私两便。民间买用，其孳生数目，每岁年终通报。”[139]在政府的大力支持之下，内地一些先进的生产工具和耕作技术随着屯田的兴起传到了云南边疆地区，大大促进了云南生产技术的应用和提高。据檀萃《滇海虞衡志》载，云南“自前明开屯设卫以来，江湖之民云集而耕作于滇，即夷人亦渐习于耕，故牛为重”[140]。由于先进生产工具和耕作技术的传入，云南的生产水平有了较大的提高。洪武二十一年（1388 年）十月，南安侯俞通源奏云南都指挥司所属卫所屯田所产粮只不过“三十三万六千七石”[141]，但到了天启年间，云南军屯屯粮“夏税，四万七千二百五十五石五斗六升三合五勺一抄四撮六圭六粒；秋粮，三十四万六千九百五十石六斗五升三合一勺三抄七撮九圭”[142]，二者加起来总计 394201 石，较洪武年间有较大增长。随着农业生产的发展，制造农具，开发矿产，手工业和城镇经济也在各府、州、县发展起来，云南的社会生产发展到了一个崭新的阶段。

四、社会经济的发展

明代，大量汉族移民的进入，不仅带来了先进的生产技术和生产工具，还带来了中原地区地主经济体制下小农社会的生产、生活模式。因此，随着明朝中后期卫所屯田制度的逐渐废弛，大量汉族

聚居的云南腹里地区地主经济、商业贸易等都不同程度地得到了发展，并逐渐影响到周边民族地区，为明代中后期中央王朝的“改土归流”创造了条件。

（一）地主经济的发展

明朝在推行卫所屯田的同时，为解决屯军的粮食问题，曾采取一系列的鼓励政策，如《明史·食货志》所载，明廷规定：“边地，三分守城，七分屯种。内地，二分守城，八分屯种。每军受田五十亩为一分，给耕牛、农具，教树植，复租赋”[143]。此外，明朝对军户等也有严格的管理制度，“凡军民医匠阴阳诸色户，许各以原报抄籍为定，不许妄行变乱，违者治罪，仍从原籍”[144]，卫所军士既入军籍，则为世籍军户，不许改变和随意迁动。

到了明朝中后期，连年的征战使得军士不能正常屯种，加之卫所军官和地方豪强对屯田土地的掠夺，屯户相率逃亡，明代的卫所屯田制度逐渐废弛。据万历《云南通志》所载：“制田之初，民相参，畛畔相入，欲其旱涝相关，盈亏互察也。自后，豪者诬私为公，贪者卖公为私，致使田虽多而饟不足，兵虽少而食无余。盖因巨奸宿猾饵诱于前，纨绔之子踵袭于后，欲其事事明核亦难矣。然及今究其见存之数，储其可征之财，犹可救十之五六。否则，弥久弥忘，求如今日亦不可得矣。”[145]大量屯田被隐占侵吞，给当时云南省的钱粮征收带来了严重的冲击。据天启《滇志》卷七引庄祖诰《厘正屯田经制公移》载：“滇中钱粮，屯粮居十之七八”。屯政败坏后，“先年派有各该卫所官军俸粮定额，余剩尽解司库充饷，年来额征不清，起存不定，致官吏侵牟，经催沉匿，司帑亏失。屯政弊坏，莫甚今日”。[146]

屯田制度废弛过程中，云南“大凡膏腴之田，多为权豪占据耕

种,及将殷富军余隐占私役"[147]。至正统五年(1439年),"云南军士精壮富实者俱投托大官,或充当跟随,或私耕田土,并不曾操练"[148],各级军官利用职权将大量卫所屯田"隐占"成为自己的"庄田",成为明代云南最早的一批地主。

此外,世守云南的沐氏也在云南私置庄田,至沐晟时"置田园三百六十处,资财充牣,善事朝贵,赂遗不绝"[149]。此后,沐氏不断扩大庄田的数量,到万历十六年(1588年),木氏庄田的数量已达"八千三十顷三十七亩,共税粮二千四百一十九石",[150]几乎占到当时云南布政司官民田总数一万七千八百八十四顷五十亩就九分九厘三毫二丝八忽的百分之四十五。[151]显然,云南"山泽之饶,膏腴之产,半入于镇臣之家",[152]沐氏庄园也成为明代云南最大的地主阶层。

卫所屯田废弛之后,封建国有屯田土地无可挽回地向私有地主经济土地转化,屯田移民逐渐分化为地主经济制度下的自耕农、地主、佃农等不同阶级,加速了云南广大地区地主经济的发展。[153]云南许多地区已经由封建领主经济进入封建地主经济阶段,甚至在昆明、大理等地区占据了统治地位。当然,住在高寒山区的民族,受限于当地的自然条件,生产力还比较低下,有的甚至还处于原始社会的生产阶段。明代云南地主经济得到发展的同时,民族间经济发展水平差距进一步拉大,呈现出不同社会形态多元共存的经济形态,这种状况一直延续到中华人民共和国成立以后才得到彻底解决。

(二)商业贸易的发展

随着汉族移民的进入,水利灌溉系统的完善,耕作技术的提高,云南农业生产的发展,商业贸易也在靠近内地的府、州、县发展起来。其中,最直接的反映就是中心城镇集市贸易的发展。据景

泰《云南图经志书》载，云南府晋宁州“土人每月遇初七、十七、二十七，无间远迩，来集于州治之西平原上，相与交易，每集不下三四千人，若市井然”；[154]马龙州“以十二支所肖为期会作交易，如曰牛街子、狗街子之类是也”；[155]广西府境内的罗罗“颇通商贩，牵牛马载皮囊远近赴市”；[156]者乐甸长官司境内百夷“或五日或十日一集，旦则妇人，日中则男子，更代为市，以毡、布、茶、盐贸易有无”。[157]商业贸易的发展，甚至出现了如大理府“观音街”之类影响较大的集贸市场。观音街每年三月十五、六、七日开街贸易。赶集之时，“十三省物无不至，滇中诸彝物亦无不至，闻数年来道路多阻”，[158]可谓盛况空前。

在进行商业贸易时，已经突破了原始的以物易物的初级贸易形式，出现了交易的中介物。如云南府境内“交易用贝，俗乎贝为贮子，以一为庄，四庄为手，四手为苗，五苗为索，虽租赋亦用之”；[159]武定府“土人懋迁有无，惟以盐块行驶，不用海贮”[160]；者乐甸长官司境内百夷“交易用金银”，各地所用等价物尚不相同。

商业的发展，还使云南第一次有了商税的记载。据万历《云南通志》载，云南布政司所课商税高达银九千六百四十两五钱九分。[161]在诸课中，仅次于矿课、盐课而成为政府的一大收入。

五、汉文化的深入和云南地域文化的变迁

明代，随着卫所制度的推行和大量汉族移民的进入，处于统治的需要，明朝政府在府、州、县及卫所广设官学和书院、社学，使儒学教育机构在元代的基础上不仅数量增多，覆盖范围更广，而且还向社会底层延伸。随着儒学教育的兴起和汉文化的深入，云南各府州县及各民族地区不同程度受到汉文化的影响，推动了云南地域文化和各民族文化的变迁。

(一)儒学教育的兴起和汉文化的深入

云南自古乃蛮夷之地、化外之区。汉文化进入云南,与汉族移民的不断迁入有着密不可分的关系。早在秦汉时期,云南便成为统一多民族国家中不可分割的一部分。秦朝统一全国后,试图经营西南夷,派常頞在原蜀守李冰修筑的从今成都出发,沿青衣江下,经夹江至乐山,又循岷江西下至僰道(今四川宜宾)的"僰青衣道"的基础上,修筑由僰道南下,过石门(盐津豆沙关),经朱提(昭通),达味县(曲靖)的"五尺道"。道路修通后,秦朝还没来的得及对云南进行有效经营,便被农民起义推翻。

汉代,继续经营西南夷,自汉武帝元封二年(109 年)设置益州郡后,西汉不断向云南移民。之后,中原汉族通过屯垦、征讨或罪徙、游宦、经商等途径进入云南。只不过因当时进入云南的汉族移民人数不多,在与当地土著居民的交往过程中,逐渐被"夷化"。虽然如此,汉族移民带来的汉文化还是在云南产生了一定的影响。

汉晋时期,一些汉族移民的后裔在特殊的政治环境中逐渐强大起来,成为一股强劲的政治力量登上了云南的政治舞台,史称"南中大姓"。这些"大姓"依靠太守发展势力,又与当地少数民族首领结成"遑耶"关系,最终形成爨氏称霸南中的局面。爨氏独霸南中时期,汉族移民与当地少数民族融合成了"爨人",汉文化与当地"夷文化"融合成了"爨文化"。

唐宋时期,云南处于南诏、大理国的统治之下。这一时期,又有大量汉族通过军事征伐进入以洱海周边为主的云南境内。如唐天宝年间的三次征讨南诏,史籍记载唐朝二十万大军全军覆没。实际上,当有很多将士流亡当地,最后被同化于白族当中。与唐战争期间,南诏不断侵扰戎州、巂州等地。仅大和三年(829 年),南

诏就连陷唐朝邛、戎、嶲三州，攻入成都，“掠子女、工技数万引而南”，大大提高了南诏国的汉文化和工艺水平，导致“南诏自是工文织，与中国埒”。[162]在南诏与唐朝和好的时期，南诏统治者曾先后派遣大批青年到成都学习，“业就辄去，复以他继，如此垂五十年，不绝其来，则其为学于蜀者不啻千百”。[163]由于大量汉族进入，汉文化也相继进入云南，对当时的统治阶级产生了较大的影响，异牟寻说他的“先祖有宠先帝，后嗣率蒙袭王，人知礼乐，本唐风化”[164]。丰佑更是“慕中国(汉文化)，不肯连父名”[165]。这一时期留下的《南诏德化碑》、《段氏与三十七部盟誓碑》等碑刻都是用的汉文。

需要注意的是，唐宋时期虽然汉文化进一步传入云南，但主要集中在王公贵族等统治阶层，并未深入到社会底层，成为一种普遍的文化现象。据《册府元龟》载，这一时期的昆明夷“椎髻跣足，首领披虎皮，下者披毡”；僚人“多散居山谷，不辨姓氏，又无名字，所生男女，惟以长幼次第之”；西洱河一带的松外蛮则“处女、淫泆，不坐，有夫而淫，男女俱死”。[166]从以上记载可以推断，居住在云南境内的广大原住居民在婚丧、服饰等方面并未受到汉文化的影响，仍然保持着自身传统的习俗。正如陈文《云南图经志书·序》所言，云南远在荒外，汉武时始通中国，然而蜀、晋、隋、唐等朝虽在其地设置郡县，不过遥制以为羁縻而已，宋代将其地置之度外。由于长期游离于中央王朝统治的之外，云南各民族间在高山深壑为特征的地理单元的阻隔下各自发展，导致云南民族文化和地域文化逐渐呈现出异彩纷呈的多元文化特征，与中原汉文化保持着较大的差异性。

元代，再次把云南纳入中央政府的统治之下。随着行省制度的推行，政府为加强对云南的文化统治，积极向云南推行儒学教育。至元十一年(1274 年)，由云南第一任平章政事赛典赤倡导，张立道经理其事，在中庆路建立了大成庙，成为云南孔庙的肇始。

而后,元朝政府于至元十九年(1282年)夏四月,“命云南诸路建学以祀先圣”,先后在中庆、大理、临安、威楚、澄江等发达地区设置了儒学教育机构。然而,整个元代自忽必烈定国号起,仅有98年的统治时间,儒学教育在云南的推行时间较短,成效甚微。正如天启《滇志》所载:“今考旧志,终元之世,所载甲科之选,仅仅五人焉。”[167]另外,元代云南儒学教育机构设置多在府、州一级行政机构,尚未深入到县级辖区,广大居民接受汉文化教育的机会并不多。以至于“云南尊王羲之,不知尊孔、孟”,[168]元朝政府在府、州设立文庙供奉孔子,还被当地居民称为“汉佛”。明代居住在中庆、威楚、大理、永昌等地僰人“有家室者名师僧,教童子多读佛书,少读六经”,到了谈婚论嫁的年龄,“处子孀妇,出入无禁。少年子弟号曰妙子,暮夜游行,或吹芦笙,或作歌曲,声韵之中皆寄情意,情通私耦,然后成婚”。[169]又云南境内的罗罗,“夫妇之礼,昼不相见,夜同寝,子生十岁不得见其父,妻妾不相妒忌”。[170]显然,不论是白族还是彝族的先民,元代云南少数民族还没有受到汉文化纲常礼教的影响。正如景泰《云南图经志书》所言,元代对云南“仅能一而抚之,然治教晦塞,气习犹自异于内地”。[171]也就是说,元代虽然积极在云南推广儒学教育,但整体上说,汉文化还没有深入到广大少数民族先民当中。

明代是云南推行儒学教育的重要历史时期。朱元璋虽出生低贱,确非常重视学校教育。早在洪武二年(1369年),就诏谕中书省臣:“朕惟治国以教化为先,教化以学校为本。京师虽有太学,而天下学校未兴。宜令郡县皆立学校,延师儒,授生徒,讲论圣道,使人日渐月化,以复先王之旧。”[172]于是明朝在全国广建学校,大兴儒学,府设教授,州设学正,县设教谕招收学徒教授汉文化。

平定云南后,明朝政府也从恢复元代府学开始,逐渐在云南

府、州、县兴建儒学教育机构。从洪武朝到景泰年间，明朝政府共在云南兴建了云南、澄江、曲靖、临安、元江、楚雄、姚安、大理、蒙化、鹤庆及景东卫和金齿军民指挥使司等12所府学，在晋宁、安宁、昆阳、嵩明、石屏、宁州、阿迷、镇南、南安、北胜、赵州、邓川、剑川等13个州建立了州学，在呈贡、通海、河西、嶍峨、蒙自、楚雄、太和、云南、浪穹等9个县设立县儒学。[173]也就是说，到了景泰间年，云南只有寻甸、武定、广西、广南、镇沅、顺宁、永宁、丽江及蒗蕖州等设置土府的府州及车里、缅甸、八百、木邦、老挝、孟养等推行土司制度的宣慰司没有设置府一级的儒学机构。

后经过成化、弘治、正德、嘉靖、万历等朝的发展，到天启年间，云南的儒学教育机构已经遍及云南各流官统治的城乡，甚至还扩展到部分土司统治的地区。相较而言，明代儒学教育在办学形式、教学机构数量和覆盖面等方面均远远超过了元代。

形式上，明代云南的儒学教育机构除了府、州、县学之外，还出现了社学和书院。社学是古代设在乡镇对儿童进行启蒙教育的基层学校。洪武八年(1375年)，朱元璋便诏天下设立社学，以教民间子弟，导民善俗。云南因远在西南，直到成化年间(1465—1487年)才开始设立社学。后经嘉靖、万历等朝不断增设，到天启年间(1621—1627年)，社学已经遍及云南、大理、临安、姚安、鹤庆等府州的城乡。据天启《滇志·学教志》统计，明代云南社学达到160余所。除了社学外，明代还在云南广设书院，进行儒学教育。书院之名始见于唐，发展于宋，本是富室、学者自行筹款建立的民间教育机构。到明代，书院已经演变成为各地官府主创，划拨学田的官学性质的教育机构。弘治十一年(1498年)，浪穹县知县蔡肖杰在县城北建立龙华书院，这是明代最早建立的书院。[174]此后，云南、澄江、曲靖、临安、楚雄、大理等府州县陆续建立大批书院，到天启年

间(1621—1627 年)云南全省书院已经达到 56 所。[175]社学、书院的设置,与府、州、县学互为补充,极大地丰富了明代云南儒学教育的形式,推动了汉文化在云南的传播。

数量上,元代仅在中庆、大理、临安、威楚、澄江等发达地区设置了 10 余所儒学教育机构。到了明代景泰年间,政府已经在云南、澄江、曲靖、临安、元江、楚雄、姚安、大理、蒙化、鹤庆等地设置了 12 所府学,13 所州学,9 所县儒学。而后,随着府、州、县儒学的不断增设,以及社学、书院等教育机构的兴起,到了天启年间,明代的儒学教育机构已经达到府、州、县及卫学 60 余所,社学 160 余所,书院 65 所。也就是说,到了明代末期,云南的儒学教育机构已经达到 280 余所,已经远远超过了元代的数量。

覆盖面上,元代的儒学教育机构仅限于滇池、洱海等经济文化程度发展较高的地区,且只设置了路、州一级的儒学教育机构,并没有深入到各县。到了明代天启年间,儒学教育机构已经覆盖了包括寻甸、武定、广西、广南、顺宁、丽江等土府在内的广大地区,形成了覆盖府、州、县、卫、乡、村的完整的官学教育体系。如临安府新平县共有社学四,“一在城隍庙前,一在普龙村,一在炼庄村,一在白木苴村”,[176]使居住在乡村的居民也有机会接受儒学教育。

明代云南儒学教育机构遍及政府设置的各府、州、县,以此为载体,汉文化也深入到了云南包括汉人在内的居民当中。明代云南儒学的兴起,有力地推动了云南的汉文化发展进程,促进了云南地域文化的变迁。正如天启《滇志》所载:“北朝列圣,喜意文教,庙学之盛,六十有余,士出其门者斌斌焉。”[177]

(二)云南地域文化的变迁

明代,中央王朝平定云南以后,“高皇帝复三皇五帝之境土,

施三皇五帝之教化”[178]，通过采取“任勋戚荩臣领重兵而世守之，莅以藩镇，肃以臬司，因革其郡县，制其田里，闾井其民以施治，遍立学校以施教，又简命练达重望之臣以巡抚之”等一系列的统治政策，加强对云南民族地区的统治。经过近三百年的发展，云南地域文化发生了具有里程碑意义的深刻变化，社会文明程度远非此前任何朝代可比。

文化上，随着儒学的兴起，先进的汉文化在云南得到了前所未有的传播。一方面，随着汉文化的不断深入，云南境内的罗罗、僰人、百夷、么些等民族已经不同程度地接受了汉文化，本民族传统的文化习俗正发生着历史性的变迁。正如景泰《云南图经志书》所载：“圣化渐被，无间穷僻，椎卉化为衣冠，嗢咿变为雅颂，熙熙皞皞，亦何下于内地哉！由此而观，则皇明之有云南，不特一其地示舆图之广，然定为经制，以成其治教之盛，实亘古所未有也。”[179]此外，万历《云南通志》也载，明代云南“士知向学，科第相仍；男事耕艺，女务纺织”，“衣冠文物，不异中土”。[180]到了明代末期，这种情况更为普遍。云南府“民遵礼教，畏法度，士大夫多材能、尚节义，彬彬文献，与中州埒”，大理府“科第显盛，士尚气节”，永昌府“衣冠礼仪，悉效中土”，楚雄府“文教日兴，士风驯实”，鹤庆府“文化丕兴，科第不乏”，寻甸府“置流间学以来，其俗渐改，人文可睹”，武定府“建学之后，旧习渐迁”，顺宁府“设流之后，渐化汉俗”。[181]可见，汉文化已经渗透到云南广大地区的民族文化中，各民族文化的汉文化倾向日趋明显。

另一方面，一大批汉、夷子弟通过科举考试进入仕宦阶层，造就了一批精通儒家文化的本土文化人。科举制度是隋唐到清代的封建王朝分科考选文武官吏及后备人才的制度，它始终与封建儒学教育有着密不可分的关系。明代，随着云南大量儒学教育机构

的设立，科举考试也逐渐在云南发展起来。洪武二十二年（1389年），云南首次选贡赴应天府参加乡试。当年中举者有李忠、杨崇二人。随着参加科考人数不断增多，永乐九年（1411年），朝廷准许云南举行乡试。后乡试在云南逐渐形成一种制度，三年一试，按朝廷的统一规定开科取士。据统计，明代云南共举行乡试81次，至天启年间，云南全省共考中进士及第者216人，举人者2206人。其中以滇池和洱海周边居多，云南府共中举697人，大理府475人，临安府477人，鹤庆府234人，澄江府91人，楚雄府88人，曲靖府86人，蒙化府71人。[182]云南科举的兴盛和本土文化人的崛起，不仅是汉文化深入民间的有力佐证，反过来又推动了云南各民族的汉化进程。

习俗上，随着明代汉族移民大规模进入和汉文化在各民族中的广泛传播，在长期的民族交往中，云南的风土民情也发生了改变，很多风俗已经与中原内地无甚区别，文化习俗上与内地汉文化更加趋同。兹录万历《云南通志》所载全省土风如下[183]：

元日，桃符门神往来贺岁。

春日，春盘赏春以饼酒相馈。

上元，彩灯、鼓乐、蹴鞠、游遨，日走百病，村落有秋千。

二月，祈年佛会；清明，插柳墓祭。

三月二十八日，东岳庙烧香灯。

四月八日，浴佛，献乌饭。

端午，艾虎悬门角，黍蒲酒相馈。

六月一十五日，束松明为火炬照田苗，以火色占农。

七夕，妇女陈瓜乞巧。

七月中元，祭祀堂焚冥衣，楮镪如寒食。

中秋，以瓜饼祭月相馈。

重阳，赏菊、登高、馈糕。

腊八日，作五味粥。

二十四日，祭灶送五祀之神。

除夕，爆竹守岁，饮分岁酒，先少后老，四更接造。

以上所载云南土风，比之元代《云南志略》所载"盖其人生多狂悍，不闲礼教"，以及"云南尊王羲之，不知尊孔、孟"[184]的情况当有较大的改变。由此可以判断，明代经过多年的文化交融，云南地域文化在保持荡秋千、过火把节等具有民族特色文化元素的同时，已经和中原汉族一样过清明、端午、七夕、中秋、重阳、除夕等传统的节日，云南文化与中元内地的文化趋同更加明显。正如同书所载："云南节物交际列郡皆同，与中土亦无以异。惟货用贝，祓祭四时上冢，节日食赤豆羹，葬用火化，与中土殊俗。"[185]

此外，明代汉族移民所引发的少数民族地区的社会进步更加显著。如大理地区"理学名儒，项背相望，此岂独出于中国名家大姓之裔哉"，"士大夫坦白恂谨，无矜奇骇俗之行。贵不陵贱，富不骄贫"。太和县汉文化兴盛，儒学发展，在少数民族中"教人捐佩刀，读儒书，明忠孝五常之性"；浪穹夷民"初亦悍猛，近皆向学，知礼法，争延师以教子弟，而刀弩之习渐可衰止矣"。[186]虽然有些记载的是清代初年的情况，但从文化的传承来说，也从另一个侧面反映出明代云南民族文化的发展与变迁，从中不难看出明代汉族移民进入和儒学教育发展对云南社会的深刻影响。

总而言之，明代大规模汉族移民进入后，在各民族的交融中，云南地域文化在呈现出多元化发展趋势的同时，与中原地区汉文化的融合趋势越加明显，云南在文化上加速了与中原文化的一体化进程，一个以汉文化为主导，各民族文化异彩纷呈的地域特色文化正在形成。关于汉文化所引发的云南各民族的文化变迁，本书

将在第四章中进行专门的论述,故不赘述于此。

注　释

1 《方国瑜文集》第三辑,云南教育出版社,2003 年版,第 332 页。

2 正德《云南志·序》。载《云南史料丛刊》第六卷,云南大学出版社,2000 年 1 月版,第 103 页。

3 《明史·兵一》,中华书局标点本,1974 年版,第 2175 页。

4、5 《明史·兵二》,中华书局标点本,1974 年版,第 2193 页。

6 (明)王世贞撰,魏连科点校:《弇山堂别集》卷八十五,第四册,第 1627 页。

7 《明实录·明太祖实录》卷一百四十一。中央研究院历史语言研究所出版,国立北平图书馆红格钞本微卷 1962 年影印版,第 2235 页。

8 以下材料据《太祖洪武实录》、《明史》卷四十六《地理七·云南　贵州》、景泰《云南图经志书》、万历《云南通志》等整理。

9 《明实录·明太祖实录》卷一百四十三。中央研究院历史语言研究所出版,国立北平图书馆红格钞本微卷 1962 年影印版,第 2245 页。

10 《明实录·明太祖实录》卷二百一。中央研究院历史语言研究所出版,国立北平图书馆红格钞本微卷 1962 年影印版,第 3009 页。

11 《明实录·明太祖实录》卷一百四十三。中央研究院历史语言研究所出版,国立北平图书馆红格钞本微卷 1962 年影印版,第 2258 页。

12 《明实录·明太祖实录》卷一百四十三。中央研究院历史语言研究所出版,国立北平图书馆红格钞本微卷 1962 年影印版,第 2391 页。

13 《明实录·明太祖实录》卷一百四十三。中央研究院历史语言研究所出版,国立北平图书馆红格钞本微卷 1962 年影印版,第 2527 页。

14 正德《云南志》卷二《云南府》。转引自《云南史料丛刊》第 6 卷,云南大学出版社,2000 年 1 月版,第 126 页。

15 天启《滇志·艺文志》,云南教育出版社,1991 年 12 月版,第 592 页。

16 《明实录·明太祖实录》卷一百七十九。中央研究院历史语言研究所出版,国立北平图书馆红格钞本微卷 1962 年影印版,第 2709 页。

17 《明史·食货一》,中华书局标点本,1974 年版,第 1883—1884 页。

18 查继佐:《罪惟录》志卷十一《屯田制》。转引自《云南史料丛刊》第 3 卷,云南大学

出版社,1998 年 5 月版,第 496—497 页。

19 正德《云南志》卷二《云南府·屯田》。转引自《云南史料丛刊》第 6 卷,云南大学出版社,2000 年 1 月版,第 126 页。

20 《明会典》卷二百二《屯田清吏司》。转引自《云南史料丛刊》第三卷,云南大学出版社,1998 年 5 月版,第 752 页。

21 《明实录·明太祖实录》卷一百八十四。中央研究院历史语言研究所出版,国立北平图书馆红格钞本微卷 1962 年影印版,第 2771 页。

22 《明实录·明太祖实录》卷一百八十五。中央研究院历史语言研究所出版,国立北平图书馆红格钞本微卷 1962 年影印版,第 2783 页。

23 《明实录·明太祖实录》卷二百〇二。中央研究院历史语言研究所出版,国立北平图书馆红格钞本微卷 1962 年影印版,第 3028 页。

24 《明史·食货一》,中华书局标点本,1974 年版,第 1884 页。

25 《明会要》卷五十三。

26 《明实录·明英宗实录》卷一百〇四。中央研究院历史语言研究所出版,国立北平图书馆红格钞本微卷 1962 年影印版,第 2105 页。

27 《明实录·明英宗实录》卷一百二十九,中央研究院历史语言研究所出版,国立北平图书馆红格钞本微卷 1962 年影印版,第 2574 页。

28 《明史·食货一》,中华书局标点本,1974 年版,第 1884 页。

29 参见方国瑜:《明代在云南的军屯制度与汉族移民》,载《方国瑜文集》第三辑,云南教育出版社,2003 年 3 月版,第 239—245 页。

30 《明实录·明太祖实录》卷一百八十五。中央研究院历史语言研究所出版,国立北平图书馆红格钞本微卷 1962 年影印版,第 2776 页。

31 《明实录·明太祖实录》卷二百一十。中央研究院历史语言研究所出版,国立北平图书馆红格钞本微卷 1962 年影印版,第 3028 页。

32 《明实录·明英宗实录》卷一百四十八。中央研究院历史语言研究所出版,国立北平图书馆红格钞本微卷 1962 年影印版,第 2905 页。

33 《明史·食货一》,中华书局标点本,1974 年版,第 1884 页。

34 《明史·食货一》,中华书局标点本,1974 年版,第 1880 页。

35 (明)诸葛元声:《滇史》卷十,德宏民族出版社校点本,1994 年版。(明)《太祖洪武实录》卷一百八十六。

36 《明实录·明太祖实录》卷一百八十六。中央研究院历史语言研究所出版,国立北平图书馆红格钞本微卷1962年影印版,第2788页。

37 《滇粹·云南世守黔宁王沐英传附后嗣十四世事略》,转引自陆韧:《变迁与交融——明代云南汉族移民研究》,云南教育出版社,2001年12月版,第72页。

38 (光绪)《武定直隶州志》卷三《户口》,光绪刻本。

39 (宣统)《楚雄县志》卷二《地理》,宣统稿本。

40 (民国)《大理县志稿》卷六《社交部·社会》,1917年铅印本。

41 《明太祖洪武实录》卷五十,卷二十五。转引自陆韧:《变迁与交融——明代云南汉族移民研究》,云南教育出版社,2001年12月版,第78页。

42 (明)查继佐:《罪惟录》志卷十一《屯田制》。转引自《云南史料丛刊》第三卷,云南大学出版社,1998年5月版,第496—497页。

43 《明史·单安仁传附朱守仁传》卷一百三十八,中华书局标点本,1974年版,第3972页。

44 《明实录·明太祖实录》卷一百四十八。中央研究院历史语言研究所出版,国立北平图书馆红格钞本微卷1962年影印版,第2338页。

45 《明实录·明太祖实录》卷一百八十二。中央研究院历史语言研究所出版,国立北平图书馆红格钞本微卷1962年影印版,第2754页。

46 《明实录·明太祖实录》卷二百〇七。中央研究院历史语言研究所出版,国立北平图书馆红格钞本微卷1962年影印版,第3083页。

47 《明实录·明太祖实录》卷二百十六。中央研究院历史语言研究所出版,国立北平图书馆红格钞本微卷1962年影印版,第3183页。

48 《明史·食货一》,中华书局标点本,1974年版,第1885页。

49 《明史·食货一》,中华书局标点本,1974年版,第1953页。

50 《明史·食货一》,中华书局标点本,1974年版,第1953页。

51 《明实录·明太祖实录》卷一百四十二。中央研究院历史语言研究所出版,国立北平图书馆红格钞本微卷1962年影印版,第2240页。

52 《明实录·明太祖实录》卷一百五十。中央研究院历史语言研究所出版,国立北平图书馆红格钞本微卷1962年影印版,第2370页。

53 《明实录·明太祖实录》卷二百二十四。中央研究院历史语言研究所出版,国立北平图书馆红格钞本微卷1962年影印版,第3275页。

54 《明实录·明太祖实录》卷一百七十七。中央研究院历史语言研究所出版,国立北平图书馆红格钞本微卷1962年影印版,第2677页。

55 《明实录·明太祖实录》卷一百八十二。中央研究院历史语言研究所出版,国立北平图书馆红格钞本微卷1962年影印版,第2740页。

56 《明实录·明宣宗实录》卷四十二。中央研究院历史语言研究所出版,国立北平图书馆红格钞本微卷1962年影印版,第1034页。

57 《明实录·明宣宗实录》卷七十七。中央研究院历史语言研究所出版,国立北平图书馆红格钞本微卷1962年影印版,第1793页。

58 《明实录·明英宗实录》卷五十二。中央研究院历史语言研究所出版,国立北平图书馆红格钞本微卷1962年影印版,第1000页。

59 《明实录·明太祖实录》卷一百九十七。中央研究院历史语言研究所出版,国立北平图书馆红格钞本微卷1962年影印版,第2957页。

60 《明实录·明太宗实录》卷十七。中央研究院历史语言研究所出版,国立北平图书馆红格钞本微卷1962年影印版,第315—316页。

61 《明实录·明宣宗实录》卷二十八。中央研究院历史语言研究所出版,国立北平图书馆红格钞本微卷1962年影印版,第732—733页。

62 《明实录·明英宗实录》卷五十二、五十六、六十一。中央研究院历史语言研究所出版,国立北平图书馆红格钞本微卷1962年影印版,第991—1172页。

63 《明实录·明太祖实录》卷一百七十七。中央研究院历史语言研究所出版,国立北平图书馆红格钞本微卷1962年影印版,第2677页。

64 《明实录·明太祖实录》卷一百九十七。中央研究院历史语言研究所出版,国立北平图书馆红格钞本微卷1962年影印版,第2957页。

65 《明实录·明太祖实录》卷一百七十七。中央研究院历史语言研究所出版,国立北平图书馆红格钞本微卷1962年影印版,第1793页。

66 《明实录·明太祖实录》卷一百四十八。中央研究院历史语言研究所出版,国立北平图书馆红格钞本微卷1962年影印版,第2338页。

67 《明实录·明太祖实录》卷一百八十四。中央研究院历史语言研究所出版,国立北平图书馆红格钞本微卷1962年影印版,第2771页。

68 《明实录·明太祖实录》卷一百八十五。中央研究院历史语言研究所出版,国立北平图书馆红格钞本微卷1962年影印版,第2783页。

69 《明实录·明太祖实录》卷一百八十五。中央研究院历史语言研究所出版,国立北平图书馆红格钞本微卷1962年影印版,第2777页。

70 《明实录·明太祖实录》卷一百八十六。中央研究院历史语言研究所出版,国立北平图书馆红格钞本微卷1962年影印版,第2788—2789页。

71 《明实录·明太祖实录》卷一百八十八。中央研究院历史语言研究所出版,国立北平图书馆红格钞本微卷1962年影印版,第2819页。

72 《明实录·明太祖实录》卷一百九十一。中央研究院历史语言研究所出版,国立北平图书馆红格钞本微卷1962年影印版,第2880页。

73 《明实录·明太祖实录》卷一百九十九。中央研究院历史语言研究所出版,国立北平图书馆红格钞本微卷1962年影印版,第2982页。

74 《明实录·明太祖实录》卷二百一十。中央研究院历史语言研究所出版,国立北平图书馆红格钞本微卷1962年影印版,第3009页。

75 方国瑜:《明代在云南的军屯制度与汉族移民》,载《方国瑜文集》第三辑,云南教育出版社,2003年3月版,第162—170页。

76 转引自陆韧:《变迁与交融——明代云南汉族移民研究》,云南教育出版社,2001年12月版,第37页。

77 许立坤:《明代移民政策及其对边疆民族地区的影响》,载《广西民族学院学报(哲学社会科学版)》,1998年9月版,第284页。

78 转引自陆韧:《变迁与交融——明代云南汉族移民研究》,云南教育出版社,2001年12月版,第48页、136页。

79 《明实录·明太祖实录》卷一百九十四。中央研究院历史语言研究所出版,国立北平图书馆红格钞本微卷1962年影印版,第2909页。

80 《明实录·明太祖实录》卷二百〇二。中央研究院历史语言研究所出版,国立北平图书馆红格钞本微卷1962年影印版,第3032页。

81 方国瑜:《方国瑜文集》(第三辑),云南教育出版社,2003年3月版,第154页。

82 《明史·地理七》,中华书局标点本,1974年版,第1171页。

83 万历《云南通志》卷之七《兵食志第四》。1934年昭通龙氏灵源别墅铅印本,第2页。

84、85 万历《云南通志》卷之七《兵食志第四》。1934年昭通龙氏灵源别墅铅印本,第4—25页。

86 《明史·兵二》,中华书局标点本,1974 年版,第 2193 页。
87 《元史·兵四》卷一百〇一,中华书局标点本,1976 年版,第 2583 页。
88 《明实录·明太祖实录》卷一百四十二。中央研究院历史语言研究所出版,国立北平图书馆红格钞本微卷 1962 年影印版,第 2232 页。
89 《明会典》卷一百四十五《驿传一》。转引自《云南史料丛刊》第三卷,云南大学出版社,1998 年 5 月版,第 740 页。
90 正德《云南志》卷二《云南府》。转引自《云南史料丛刊》第六卷,云南大学出版社,2000 年 1 月版,第 129 页。
91 《明实录·明太祖实录》卷一百五十四。中央研究院历史语言研究所出版,国立北平图书馆红格钞本微卷 1962 年影印版,第 2409 页。
92 《明实录·明太祖实录》卷一百八十七。中央研究院历史语言研究所出版,国立北平图书馆红格钞本微卷 1962 年影印版,第 2805 页。
93 《明实录·明英宗实录》卷八十四。中央研究院历史语言研究所出版,国立北平图书馆红格钞本微卷 1962 年影印版,第 1671 页。
94 《明实录·明英宗实录》卷九十。中央研究院历史语言研究所出版,国立北平图书馆红格钞本微卷 1962 年影印版,第 1815 页。
95 方国瑜:《中国西南历史地理考释》(下册),中华书局 × × 年版,第 1148—1150 页。
96 正德《云南志》卷二《云南府》。转引自《云南史料丛刊》第 6 卷,云南大学出版社,2000 年 1 月版,第 129 页。
97 陆韧:《明代云南的释堡铺哨与汉族移民》,《思想战线》,1999 年第 6 期,第 86 页。
98 正德《云南志》卷二《云南府》。转引自《云南史料丛刊》第六卷,云南大学出版社,2000 年 1 月版,第 129—130 页。
99 《明会典》卷一百四十九《驿传五》。
100 陆韧:《明代云南的释堡铺哨与汉族移民》,《思想战线》,1999 年第 6 期,第 87 页。
101 《明史·兵二》,中华书局标点本,1974 年版,第 2193 页。
102 《明实录·明太祖实录》卷一百六十三。中央研究院历史语言研究所出版,国立北平图书馆红格钞本微卷 1962 年影印版,第 2527 页。
103 《明实录·明太祖实录》卷一百四十二。中央研究院历史语言研究所出版,国立北平图书馆红格钞本微卷 1962 年影印版,第 2235 页。
104 《明会典》卷一百五十五。

105 林超民:《汉族移民与云南统一》,《云南民族大学学报(哲学社会科学版)》,2005年第3期,第111页。

106 谢肇淛:《滇略》卷四《俗略》。转引自《云南史料丛刊》第六卷,云南大学出版社,2000年1月版,第699页。

107 万历《云南通志》卷五《建设志第二》,1934年昭通龙氏灵源别墅铅印本,第10页。

108 万历《云南通志》卷五《建设志第二》,1934年昭通龙氏灵源别墅铅印本,第16页。

109 万历《云南通志》卷五《建设志第二》,1934年昭通龙氏灵源别墅铅印本,第22页。

110 万历《云南通志》卷五《建设志第二》,1934年昭通龙氏灵源别墅铅印本,第31页。

111 万历《云南通志》卷五《建设志第二》,1934年昭通龙氏灵源别墅铅印本,第34页。

112 万历《云南通志》卷五《建设志第二》,1934年昭通龙氏灵源别墅铅印本,第37页。

113 万历《云南通志》卷五《建设志第二》,1934年昭通龙氏灵源别墅铅印本,第40页。

114 万历《云南通志》卷五《建设志第二》,1934年昭通龙氏灵源别墅铅印本,第43页。

115 万历《云南通志》卷五《建设志第二》,1934年昭通龙氏灵源别墅铅印本,第45页。

116 万历《云南通志》卷五《建设志第二》,1934年昭通龙氏灵源别墅铅印本,第47页。

117 万历《云南通志》卷五《建设志第二》,1934年昭通龙氏灵源别墅铅印本,第51页。

118 万历《云南通志》卷五《建设志第二》,1934年昭通龙氏灵源别墅铅印本,第56页。

119 万历《云南通志》卷五《建设志第二》,1934年昭通龙氏灵源别墅铅印本,第10—11页。

120 《明实录·明太祖实录》卷一百八十五。中央研究院历史语言研究所出版,国立北平图书馆红格钞本微卷1962年影印版,第2776页。

121 《明实录·明太祖实录》卷一百八十七。中央研究院历史语言研究所出版,国立北平图书馆红格钞本微卷1962年影印版,第2805页。

122 万历《云南通志》卷七《兵食志第四》,1934年昭通龙氏灵源别墅铅印本,第7页。

123、124 万历《云南通志》卷五《建设志第二》,1934年昭通龙氏灵源别墅铅印本,第10页。

125 万历《云南通志》卷七《兵食志第四》,1934年昭通龙氏灵源别墅铅印本,第10—25页。

126 《明实录·明太祖实录》卷一百七十七。中央研究院历史语言研究所出版,国立北平图书馆红格钞本微卷1962年影印版,第2689页。

127 陆韧:《变迁与交融——明代云南汉族移民研究》,云南教育出版社,2001年12月版,第179页。

128 《明实录·明太祖实录》卷一百七十九。中央研究院历史语言研究所出版,国立北平图书馆红格钞本微卷1962年影印版,第2709页。

129 万历《云南通志》卷之六《赋役志第三》,1934年昭通龙氏灵源别墅铅印本,第2页。

130 万历《云南通志》卷之七《兵食志第四》,1934年昭通龙氏灵源别墅铅印本,第2页。

131 《明史·沐英传》,中华书局标点本,1974年版,第3759页。

132 景泰《云南图经志书》卷之一《云南布政司》,云南民族出版社,2002年8月版,第7页。

133 正德《云南志》卷二《云南府》。转引自《云南史料丛刊》第六卷,云南大学出版社,2000年版,第125页。

134 景泰《云南图经志书》卷之一《云南布政司》,云南民族出版社,2002年8月版,第126页。

135、136 正德《云南志》卷九《曲靖军民府》。转引自《云南史料丛刊》第6卷,云南大学出版社,2000年1月版,第183页。

137 正德《云南志》卷六《澄江府》。转引自《云南史料丛刊》第六卷,云南大学出版社,2000年1月版,第164页。

138　嘉靖《大理府志》卷二彭时《宝泉坝碑记》。

139　《明会典》卷二百二《屯田清吏司》。转引自《云南史料丛刊》第三卷,云南大学出版社,1998年5月版,第752页。

140　檀萃《滇海虞衡志》卷七《志兽》。转引自《云南史料丛刊》第十一卷,云南大学出版社,2001年8月版,第200页。

141　《明实录·明太祖实录》卷一百九十四。中央研究院历史语言研究所出版,国立北平图书馆红格钞本微卷1962年影印版,第2909页。

142　天启《滇志·兵食志第五》,云南教育出版社,1991年12月版,第249页。

143　《明史·食货志一》,中华书局标点本,1974年版,第1884页。

144　《明会典》卷十九《户口》。

145　万历《云南通志》卷之七《兵食志第三》,1934年昭通龙氏灵源别墅铅印本,第1页。

146　天启《滇志·兵食志》第五《厘正屯粮经制公移》,云南教育出版社,1991年版,第269页。

147　《明实录·明英宗实录》卷一百四十七。中央研究院历史语言研究所出版,国立北平图书馆红格钞本微卷1962年影印版,第2894页。

148　《明实录·明英宗实录》卷一百四十七。

149　《明史·沐英传》,中华书局标点本,1974年版,第3762页。

150　天启《滇志·艺文志》第十一《缴查庄田册疏》,云南教育出版社,1991年版,第760页。

151　万历《云南通志》卷之六《赋役志第三》,1934年昭通龙氏灵源别墅铅印本,第2页。

152　邓渼:《请革总庄疏》第二疏,《南中奏牍》卷六。转引自《莱芜集》,第103页。

153　陆韧:《变迁与交融——明代云南汉族移民研究》,云南教育出版社,2001年12月版,第268页。

154　景泰《云南图经志书·晋宁州》,云南民族出版社,2002年8月版,第46页。

155　景泰《云南图经志书·马龙州》,云南民族出版社,2002年8月版,第132页。

156　景泰《云南图经志书·广西府》,云南民族出版社,2002年8月版,第181页。

157　景泰《云南图经志书·者乐甸长官司》,云南民族出版社,2002年8月版,第257页。

158 （明）徐弘祖:《徐霞客游记·滇游日记八》,朱惠荣校注版,云南人民出版社,1985年6月版,第994页。

159 景泰《云南图经志书·云南府》,云南民族出版社,2002年8月版,第3页。

160 景泰《云南图经志书·武定军民府》,云南民族出版社,2002年8月版,第144页。

161 万历《云南通志》卷之六《赋役志第三》,1934年昭通龙氏灵源别墅铅印本,第2页。

162 《新唐书·南蛮中》,中华书局简体字本,2005年3月版,第4763页。

163 《孙樵集》卷三,“四将军边事”,转引《云南史料丛刊》31辑,第318页。

164 《新唐书·南蛮上》,中华书局简体字本,2005年3月版,第4757页。

165 《新唐书·南蛮中》,中华书局简体字本,2005年3月版,第4763页。

166 《册府元龟》卷九百六十,转引自《云南史料丛刊》第二卷,云南大学出版社,1998年5月版,第294—295页。

167 天启《滇志·学教志》,云南教育出版社,1991年版,第275页。

168 李京:《云南志略》,转引自《云南史料丛刊》第三卷,云南大学出版,1998年5月版,第128页。

169 李京:《云南志略》,转引自《云南史料丛刊》第三卷,云南大学出版,1998年5月版,第128页。

170 李京:《云南志略》,转引自《云南史料丛刊》第三卷,云南大学出版,1998年5月版,第128页。

171 景泰《云南图经志书·重修云南志序》,云南民族出版社,2002年8月版,第3页。

172 《明史》卷六十九《选举一》,中华书局标点本,1974年版,1686页。

173 据景泰《云南图经志书》各府学校记载统计。

174 沈海梅:《儒学与云南民族文化变迁(1381—1662)》,载《新松集》,云南大学出版社,1996年12月版,第459页。

175 据天启《滇志·学敎志》统计。

176 天启《滇志·学敎志》,云南教育出版社,1991年版,第305页。

177 天启《滇志·学敎志》,云南教育出版社,1991年版,第275页。

178 万历《云南通志》卷之一《地理志第一》,1934年昭通龙氏灵源别墅铅印本,第29页。

179 景泰《云南图经志书·重修云南志序》,云南民族出版社,2002年8月版,第3页。

180　万历《云南通志》卷之二《永昌军民府·风俗》，1934 年昭通龙氏灵源别墅铅印本，第 66 页。

181　天启《滇志·地理志》，云南教育出版社，1991 年版，第 110—111 页。

182　以上数据据天启《滇志·学教志》统计。

183　万历《云南通志》卷之一《地理志第一》，1934 年昭通龙氏灵源别墅铅印本，第 30—31 页。

184　李京：《云南志略》。转引自《云南史料丛刊》第三卷，云南大学出版社，1998 年 5 月版，第 124、128 页。

185　万历《云南通志》卷之一《地理志第一》，1934 年昭通龙氏灵源别墅铅印本，第 33 页。

186　康熙《大理府志》卷十二《风俗》。

第四章

汉文化渗透过程中的云南民族文化变迁

有明一代，伴随着卫所屯田制度的推行，大批汉族移民从中原迁徙到云南，并一跃成为云南的主体民族，打破了各少数民族传统的分布状况，形成了大杂居、小聚居的分布格局。在强大汉民族和强势汉文化的影响和渗透下，居住在平坝区和交通沿线周边地区的少数民族在与汉族的长期交往过程中民族文化发生了的变迁，各民族对中原汉文化的认同进一步加深。正如谢肇淛《滇略》所载：

> 高皇帝既定滇中，尽迁江左良家闾右以实之，及有罪窜戍者，咸尽室以行，故其人土著者少，寄籍者多，衣冠礼法，言语习尚，大率类建业；二百年来，薰陶渐染，彬彬文献与中州埒矣。然惟云南、大理、临安、鹤庆、永昌诸郡，四民乐业，守法度，子弟颖秀，士大夫多材能，尚节义；曲靖、楚雄、姚安、微江之间，山川夷旷，民富足而生礼义，人文日益兴起；其他夷、夏杂处，然亦蒸蒸化洽，淳朴易治，庶几所谓一变至道者矣。[1]

李元阳万历《云南通志》也说云南“土住者少，宦戍多大江东南人，熏陶所染，彬彬文献，与中州埒矣”。[2] 各民族对汉族文化和

中央王朝统治制度认同的不断加深，加速了云南地区在文化上融入中华民族文化的进程。

另一方面，明王朝在云南推进政治、经济、文化一体化进程的同时，也考虑到云南民族社会发展的不平衡性，在民族地区设立宣慰司、宣府司、招讨司、安抚司、长官司等统治机构，利用当地少数民族上层进行间接统治。土司制度的推行，客观上尊重和承认了民族文化的多元存在。于是，在明代云南民族文化变迁的过程中，汉文化倾向并没有完全取代民族文化的多元化发展趋势。由于少数民族传统的居住区域被分割成不同的地理单元和不同的聚居区，在长期的发展过程中同一民族的民族文化发生了进一步的分化，差异逐渐明显。如罗罗（今之彝族），几乎在云南全省都有分布，并分化成白罗罗、黑罗罗、撒弥罗罗、撒完罗罗、阿者罗罗、鲁屋罗罗、干罗罗、妙罗罗、罗婺、摩察等不同的支系，不仅不同的支系在文化习俗上有较大的差别，即便是同一种支系由于受到不同地域周边民族文化的影响也产生了文化差异。如白罗罗：

> 在云南、澄江、临安、永昌者，渐习王化，同于编氓。其在蒙自、定边，尚称顽梗。在曲靖者，于夷为贱种。在江川、大理、姚安，皆称撒马都。大抵寡弱易治。[3]

同样，百夷在“滇之西南，旷远缅平，滨海多湿，僰夷宅之。其种数十，风俗稍别，名号亦殊”[4]。

正是明代民族文化变迁过程中呈现出与中原文化一体化和内部多元化发展的趋势，造就了今天云南地域文化在与内地文化保持紧密联系的同时，仍保存着独具魅力、异彩纷呈的民族文化现象。

第一节　罗罗的文化及其变迁

一、明代罗罗的文化

天启《滇志·种人》条中，将罗罗称为爨蛮，即认为“爨蛮之名，相沿最久，其初种类甚多，有号卢鹿蛮者，今讹为罗罗，凡黑水之内，依山谷险阻者皆是”。[5]说明明代罗罗的分化更加明显，其内部出现了白罗罗、黑罗罗、撒弥罗罗、撒完罗罗、阿者罗罗、鲁屋罗罗、干罗罗、妙罗罗、罗婺、摩察、普特、母鸡、仆剌、扯苏、土人、野人等不同的称呼，可谓“名号差殊，语言嗜好”各不相同，呈现出多元化发展的趋势。

明代罗罗的文化已非常丰富多彩，现具体分析如下：

第一，生产方式与经济状况。由于罗罗分布区域较广，所以并不能以“寡则刀耕火种，众则聚而为盗”[6]进行简单的概况。罗罗仍以农业为主要生计来源，如黑罗罗“其在曲靖者，居深山，虽高岗硗陇，亦力耕之，种甜、苦二荞自赡”[7]。同时也有一定的牲畜业和手工业以及简单的贸易，他们：

“善畜马，牧养蕃息。器皿，用竹筐、木碗。交易称贷无书契，刻木而析之，各藏其半。市以丑戌日”[8]。

其他支系也大多如此：

撒弥罗罗：

居山者耕瘠土，贩薪于市，终岁勤动。滨水者浮家捕鱼，仅能自给。[9]

撒完罗罗：

勤于耕作，捕食虫豸及鼠类而甘之。[10]

妙猓猡：

以樵采耕艺为事。[11]

仆刺：

垦山，种木绵为业。[12]

扯苏：

耕山、种荞麦。[13]

土人：

耕田弋山。寅、午、戌田，入城交易。[14]

除了以定居农耕为主的生产方式外，也还有部分罗罗以游耕、捕猎为主，如阿者罗罗：

耕山捕猎，性好迁徙。[15]

摩察：

执木弓药矢，遇鸟兽射无不获。所逢必劫，遇强则拒，……巢居深山，捕狐狸，松鼠而食之。[16]

也有个别支系以捕鱼为生，如普特：

以渔为业。……竟日水中，与波俱起，口啮手捉皆巨鱼。滇池旁碧鸡山下，其类千余，乘风扬帆，所居无定。[17]

第二，服饰及相关文化。明代罗罗的服饰有一些基本特点，男子发型为椎结，摘去髭须，妇人剪发齐眉，披发。妇女一般人穿黑衣服，披羊皮，贵族妇女穿较为华丽的衣服；未婚少女耳穿大环，剪

发齐眉，穿短裙。但由于罗罗内部支系较多，在服饰文化上也有各自的个性特点：

白罗罗：

（男人）裹头跣足。妇人耳带铜环，披衣如袈裟，以革带系腰。[18]

黑罗罗：黑罗罗的服饰则较复杂，男女区别大，等级区别大。男子挽发，用布带束之，耳带圈坠作为耳坠，披毡佩刀，时刻不离身；妇女则头上蒙有一块黑布，身穿短衣，在短衣上又披袈裟，下着桶裙，跣足，手戴象牙圈。由于黑罗罗是罗罗中的贵族，所以他们的服饰较为华丽繁杂。土官妻子的服饰就更加华丽，体现出鲜明的等级差异：

土官妇缠头彩缯，耳带金银大圈，服两截杂色锦绮，以青缎为套头，衣曳地尺许，身披黑羊皮（按，黑罗罗以黑色为贵），饰以金银铃索[19]。

一般小头人的妻子则有明显区别：

各营长妇，皆细衣短毡，青布套头。[20]

撒弥罗罗：男子挽发，着长衣短裩，腰间系一布带。妇女着短衫和五色短裳。

妙罗罗：妙罗罗服饰与黑、白罗罗又有明显不同：

珥圈环，常服用梭罗布。妇女衣胸背妆花，前不掩胫，后常曳地，衣边弯曲如旗尾，无襟带，上作井口，自头笼罩而下，桶裙细摺（按即今所谓百褶裙）。[21]

罗婺：

男子髻束高顶，戴笠披毡，衣火草布。其草得于山中，缉而织之，粗恶而坚致，或市之省城，为囊囊以盛米贝。妇女辨发两绺垂肩上，杂以砗磲缨络，方领黑衣，长裙跣足[22]。

总体上显得十分朴实，又不失民族特点。

母鸡：

(男子)蓬首椎结，标以鸡羽，形貌丑恶。妇女尤甚，挽髻如角向前，衣文绣，短不过腹，项垂缨络饰其胸[23]。

仆剌：仆刺应该是罗罗各支系中发展较为缓慢者，仍然保留罗罗服饰文化的两大特点，即跣足、披羊皮：

蓬首跣足，衣无浣濯，卧具簟牛皮、覆以羊革毡衫。在王弄山者一名马喇，首插鸡羽，红经白纬衣，妇衣白[24]。

第三，婚姻文化。在早期的文献中对罗罗的婚姻文化记录不多，天启《滇志》中开始有详细记录，而且还提到了罗罗中盛行姑舅优先婚。当时的婚姻文化为：

夫妇昼不相见，生子十岁，乃见其父。妻妾不相妒嫉。嫁娶尚舅家，无可配者，方许别婚[25]。

具体到不同支系又有不同：

白罗罗：白罗罗的婚姻是严格的族内婚，有抢婚习俗：

婚姻惟其种类，以牛马为聘，及期聚众讧于女家，夺其女而归[26]。

阿者罗罗：

婚以牛为聘，婿亲负女而归[27]。

罗婺：

“男以水泼女足为定”，[28]“婚姻庆事，结松棚为宴会”。[29]

第四，宗教信仰。罗罗的宗教信仰是以祭师为中心，盛行占卜。祭师“巫号大觋皤，或曰拜马，或曰白马”。占卜以鸡骨卜为主，也有草卜。鸡骨卜时“取雏鸡雄者生刳，取其两髀束之，细刮其皮骨，有细窍，刺以竹签，相其多寡向背顺逆之形”。[30]通过鸡骨上的痕迹来占卜凶吉。草卜则是“或取山间草，齐束而拈之，略如蓍法，其应如响”。[31]绝大多数祭祀都由精通夷经的白马主持，“民间皆祭天，为台三阶，亦白马为之祷”。[32]记录夷经的文字如蝌蚪，故有人将之称为蝌蚪文，但通常则称为爨字。精通夷经者能知天象、断阴晴，还能“在酋长左右，凡疑必取决焉”，具有较高的社会地位。

以上是罗罗大部分支系共有的情况，各支系也有一些独特的信仰。如白罗罗：

> 信鬼畜蛊。以手量裙边，投夷于水，验其浮沉，以当占卜。[33]

这当是“投麦于水占”，属神明裁判范畴。罗罗中土人的神明裁判方式为“有争者，告天，煮沸汤投物，以手捉之，屈则糜烂，直者无恙”。[34]

第五，丧葬习俗。罗罗长期以来一直沿袭氐羌先民火葬的习俗。贵族上层甚至是“死以豹皮裹尸而焚，葬其骨于山，非骨肉莫知其处”。[35]

在罗罗火葬的传统之下，各个支系在细节上又有一些差别：

黑罗罗支系虽然同是火葬但上层贵族火化前“裹以皋比”，而一般人则用羊皮裹尸，然后“焚诸野而弃其灰”，而干罗罗则是“丧

以牛皮裹尸，束锦而衣之以薪”[36]。

白罗罗的丧葬习俗史记载较为全面，对丧葬过程描述详细，由于火葬，故“葬无棺”。对于亡人，首先将亡人的尸体用火麻缠起来，再用毡子包住，用竹椅抬着，前边有7人身披甲胄，这7人一边走一边向四方射箭，名叫“禁恶止杀”，最后在山上火化。火化之后，也有一系列的仪式：“既焚，鸣金执旗，招其魂，以竹签裹絮少许置小篾笼，悬生者床间”[37]。这是在灵魂指导下的招魂活动，从现代民族学的调查看，小篾笼就是灵魂栖息之所。在此之后，“祭以丑月念三日，插山榛三百枝于门，列篾笼地上，割烧豚，每笼各献少许，佐以酒食，诵夷经，罗拜为敬”[38]。

第六，武装力量及相关法律规定。从《蛮书》开始，对乌蛮的军事制度就有记载。明代罗罗许多习俗仍然沿用故俗，上层贵族“多养死士，名曰苴可”[39]。平时对这些苴可给予很高的生活待遇，但每遇战事，则让他们在前冲锋陷阵。

罗罗的土兵没有严格的队列军规，每有战事先蹲着行进，每人拿3支标枪，见敌便挥标跃起，3支标枪“发其二必中二人，其一则以击刺不发也”[40]。此外，苴可还有“劲弩毒矢”，击破出血而死，以这种“劲弩毒矢”去狩猎，是不能吃中箭部位的肉的，因那儿有剧毒。

罗罗贵族称为“撒颇”，民众都十分忠于“撒颇”，即“夷皆憨而恋主”。“撒颇”在执行法律时十分严格：

> 诸酋果于杀戮，每杀人，止付二卒携持至野外，掘一坑，集其亲知泣别，痛饮彻夜[41]。

这种场面是相当动情和感人的，到了天明杀头，检查是否死亡，最后才让亲人收尸。即使是平时的友人，当杀则杀，只要令出，

没有人敢求情,死者家属也不敢埋怨。

第七,民族性格。黑罗罗"性皆鸷悍,好攻掠"[42]。那些不能或不善于外出"攻掠"的人是找不到妻子的。这主要是因为黑罗罗总体上处于生态环境较为恶劣之地的原因,而居住在滇池周边各县的撒弥罗罗则"无盗贼",但这种情况不多,总体上外出"攻掠",是他们的民族性格之一,史载较为突出的是"鲁屋罗罗持矛盾之利,性尤狰狞,好驰马纵猎。……干罗罗,岁终,遍索乡民鸡豚酒米,谓之'年例',饱其欲则一村无虞,不尔,辄勾东川夷劫掠。近岁武(定)、寻(甸)大扰,为乡导者,皆此曹也"[43]。

二、明代罗罗文化的变迁

明代的罗罗各部绝大多数开始被纳入统一多民族国家的行政体制之中,加上各自的地理环境不同,与汉民族接触程度的差异,各部之间发展的不平衡性和区域特征更加显著,生产生活方式的变化使不同支系开始有了区别,这种情况一直沿袭到当代。

罗罗分布在云南府、澄江府、临安府、永昌府这些汉文化集中地方者,已基本纳入郡县统治,因而他们已"渐习王化,同于编氓"[44]。而在边远地区或罗罗聚居区内,情况仍有不同,"其在蒙自、定边,尚称顽梗;……在江川、大理、姚安,皆称撒马都。大抵寡弱易治"[45]。天启《滇志·羁縻志》亦载:"(罗罗分布在)姚安者,性狡悍,好为盗贼"。[46]按,"好为盗贼"虽有夸大,但喜掠夺却是一些民族在特定时期、特定条件下的一种生存方式,如匈奴这样的游牧民族,多以掠夺的手段获得大量农业民族的粮食。分布在"新兴者(今云南玉溪市),居昌明里,力田为生"[47]。这已经是以农业为主要的生计方式。分布在滇西"腾越者,专资射猎",农业生产不发达,但却"善于射猎"[48]。

随着生产方式的变化，以及与周边民族交往的增多，商品交易也逐渐在罗罗聚居区兴起。曲靖府境内：

僰罗杂处，而罗罗尤务不识文字。凡有交易借贷，辄以片木刻其物品、日期、多寡之数于上，析而分之，彼此各藏其半，以取信，参古之遗风。然亦有爨字，如蝌蚪状，盖其同类自用耳。以十二支所肖为期会作交易，如曰牛街子、狗街子之类是也[49]。

同样，在广西府：

郡中夷罗杂处，有曰广西蛮者，乌蛮之别部，其性犷悍，据险以居。其颇通商贩，牵牛马，载皮囊，远近赴市，盖近于僰罗之习者也[50]；

在武定府：

土人懋迁有无，惟以盐块行使，不用海吧[51]；

在姚安府：

姚安诸夷，曰散摩都、俜俜，强悍好斗，交易用盐、米，一日一小市，五日一大市。[52]

从文化习俗看，罗罗各支系之间也有诸多差异，北胜罗罗与四川建昌罗罗同类，“纯服毡毳，男女俱跣足”[53]。但在踏歌打跳时，就要穿上皮底靴，“男吹芦笙，女衣缉衣，跳舞而歌，各有其拍”[54]。而顺州的罗罗被汉族史家记为“落罗蛮”，衣服与北胜罗罗又有不同：“男鹊帽襞秋衣，妇三尖冠，以樵采耕艺为事”[55]。新化州的罗罗因为小腿上束有白布，故被称为“白脚罗罗”。由此可见，明代罗罗各部开始产生经济生活发展的不平衡性，文化习俗开始出现

各部的地区特征。

此外,由于这一时期罗罗分布在不同的地域范围内,在与周边民族长期交往中民族文化因受到周边民族文化的影响产生了融合现象。如定远县的撒摩都,“近年以来稍变其故俗,而衣服、饮食亦同汉、僰,更慕诗书,多遣子入学,今亦有中科第者”[56];陆凉州的罗罗,“器皿用竹筐、篚、木碗、房舍饮食,颇类汉人,惟不事佛”[57];楚雄府的罗罗“近年亦有富者纳粟为义官,及作生员者,其俗渐同汉僰矣”[58]。

尤其是大量汉文化的移入,以及明朝中央政府大力兴办儒学,开科取士以后,罗罗的民族文化表现出明显的汉化趋势。如曲靖军民府:

自国初开立学校以来,士风渐盛,而科第人材后先相望,殆与中州埒焉[59];

姚安军民府:

本州土人有四种,曰僰人、曰罗罗、曰百夷、曰散摩都。……我朝建学立师,收其秀者而教之,比年以来屡有登科请举者,而风俗亦渐美矣[60];

武定军民府:

土人有黑爨罗或白爨罗、口木察、百夷、僰人,种类不一。其婚姻丧祭之礼甚陋。字习阿田可爨字,体蚪斗。后知府凤英葬母,以用家礼,又延师教子,习读经书,自是民多慕之,口陋之俗少革,而近府乡塾习汉字者亦多[61]。

第二节　僰人的文化及其变迁

一、明代僰人的文化

明代,随着大量汉族移民的进入,以儒家思想为主的汉文化在云南坝区和交通沿线广泛传播。僰人在这一场文化交融过程中更多地吸收了汉文化的元素,从而在继承传统民族文化的基础上,民族文化出现了较大的转型,为白族成为今天云南汉文化程度最高的少数民族奠定了坚实的基础。

生产习俗方面,由于僰人大多居住在平坝区,适宜进行农耕。因此,明代僰人主要从事农业耕作,并有较为频繁的商贸活动。正如正德《云南志》所载姚安府一样:

境内之地多平衍肥饶,宜粳秫。其民尽力畎亩,岁有常收,而家给者众[62]。

因此,明代僰人大多:

"服劳耕稼","男女勤于耕织",并使用牛耕技术,"犁则二牛三夫,前挽中压后驱"[63]。

在生产发展的基础上,明代僰人聚居区出现了定期交易的街子。至于交易的日期,则各地不同,马龙州:

"以十二支所肖为期会作交易,如曰牛街子、狗街子之类是也"[64];

姚安府:

"一日一小市,谓之小街子;五日一大市,谓之大街子"[65];

澄江府：

“府前清平坊懋迁街为东街子，府西十里点苍乡为西街子，二处一日一市，汉夷男妇负戴四集于此交易，民甚便之。又以卯日为市，于府治南梅玉村演武场之坝，名兔街子，百物骈揍，尤胜二处”[66]；

大理府则出现了规模较大的观音街，其日期为每年三月十五、六、十七日。赶集之时：

“云南各州县商旅各预赉货物，至期毕集于城西教场内贸易”[67]。

明代著名旅行家徐霞客在其《徐霞客游记》中对大理白族观音街的盛况有如下描述：“十三省物无不至，滇中诸彝物亦无不至，闻数年来道路多阻。”[68]明代全国只有十三省，所谓“十三省物无不至”，说明当时集市的影响已遍及全国。随着商业贸易的发展，在交易中使用贝作为等价物，并形成了固定的计量单位。据景泰《云南图经志书》载，云南府：

“俗乎贝为吧子，以一为庄，四庄为手，四手为苗，五苗为索，虽租赋亦用之”。[69]

饮食方面，洱海周边僰人在饮食上延续了元代以前的习俗，“贵食生，土人凡嫁娶燕会，必用诸品生肉细剁，名曰‘剁生’，和蒜泥食之，以此为贵”[70]。这种喜欢吃“剁生”的饮食习惯一直延续至今。此外，云南府境内僰人“房舍四围皆床榻，中置火炉与床平，上用铁三脚架锅为炊，刳全木为甑”；楚雄府境内的僰人“服食器用及婚姻丧葬燕会馈饷之俗，大抵(汉僰)同风”[71]。显然，居住在楚雄境内的僰人，由于散居于汉族等其他民族当中，其饮食习俗在

民族交往中已经与当地汉族别无二至。蒙化府境内的僰人则“会饮序齿”,在饮食方面还讲究尊卑长幼之秩序。

节日方面,明代僰人延续了传统的星回节,即在每年的六月二十五日:

> “以高竿缚火炬烛天,以占岁之丰凶,明则稔,暗则灾。幼者各燃松炬,往来亲邻之家照燎一回为戏”[72]。

这种杀牲祭祖,点火把,撒松香之习俗一直延续至今。云南、楚雄府境内的僰人还保留了每月以戌日祀祖,每年伏月、腊月二十四日具酒馔上坟的习俗。上坟祭祖之时:

> “告曰某节之期至矣,敢请回家享祭,告毕相聚饮宴而散”[73]。

此外,境内僰人因信奉佛教,因此在每年二月八日还有一个赛佛会(按云南府境内为迎佛会)。届时,“佛车、纸塔填塞道路,男女纵观,亲戚相贺,七日方罢”[74]。至于过年习俗,则大抵与汉族相同。

婚姻方面,虽然受到儒家礼教纲常的影响,但明代云南僰人大多保留了以前婚恋自由的习俗。“处子孀妇,出入无禁”[75],“某少年美声气,喜讴歌,清朝良夜放意自适,处处相闻,或以娱饮,或以劝耕,虽妇人女子亦为之,而靦然无愧”[76]。然在蒙化府境内,僰人显然受到汉文化的影响,“婚姻必察性行,皆非前代之故习矣”。[77]

丧葬方面,明代大部分地区的僰人保留了古代氐羌民族的火葬习俗:

> “死则浴尸,束缚置方棺中,或坐或侧卧,以布方幅,令有室僧名阿吒力者,书梵咒八字其上,曰‘地水火风,常乐我净’,而饰以五采,覆之于棺。不问僧俗,皆送之野而焚之,或五日或

七日，收骨贮瓶中，择日而葬之”[78]。

此外，正德《云南志》也载，楚雄府境内：

“人死则置于中堂，请阿吒哩僧咒之，三日焚于野，取其骨贴以金箔，书梵咒其上，以磁瓶盛而瘗之”[79]。

不过，在汉文化的影响下，部分地区僰人民众在丧葬方面已经发生了变化：

“婚姻、丧葬、燕会、馈饷之俗，大抵（汉僰）同风”[80]。

宗教信仰方面，明代僰人大多“俗尚浮屠”，延续了宋元以来“家无贫富，皆有佛堂，旦夕击鼓恭礼，少长手不释念珠，一岁之中，斋戒几半”[81]的习俗。具体来说，则是信奉阿吒力教，“其僧有二种，居山寺者曰净戒，居室家者曰阿吒力”，人死之后，还要请阿吒力僧遍咒三日，方能焚骨而葬。此外，明代僰人民众中还存在原始的鬼神崇拜，“土人有病，多祭鬼，少求医服药，或以牛角咂血”。[82]

二、明代僰人文化的变迁

自古以来，以洱海周边为核心的僰人聚居区就是云南文化较为发达的地区之一。在几千年的发展历程中，白族与其他民族曾经创造了在云南文化史上与滇文化、爨文化齐名的南诏大理文化。在南诏、大理国时期，洱海周边与中原汉文化交流颇多，深受汉文化的影响。宋人郭松年《大理行记》就载洱海周边“宫室、楼观、言语、书数，以至冠昏丧祭之礼，干戈战陈之法，虽不能尽善尽美，其规模、服色、动作、云为，略本于汉。自今观之，犹有故国之遗风焉”[83]。

元代虽然在云南设行省，兴学校，办儒学，但汉文化并没有深入到白族社会底层。元代李京虽然在《云南志略》记载白族先民“其俊秀者，颇能书，有晋人笔意”，然而，这时的白族地区“佛教甚盛”，“教童子多读佛书，少读六经者”，以至于“故云南尊王羲之，不知孔、孟。我朝收附后，分置省府，诏所在立文庙，蛮自为汉佛”。[84]可见，元代汉文化在白族地区并没有深入。

明代，中央王朝在以洱海为中心的僰人地区实行了大规模的卫所屯田制度，恢复和发展了儒学教育体系，“庠序星布，教化风行，至于遐陬僻壤，莫不有学”[85]。这样，伴随着大规模汉族移民的进入，汉文化深入到僰人社会阶层，导致僰人文化发生了根本性的转折。

查明代云南几本方志，相关僰人学习汉文化的记载不绝于书。如景泰《云南图经志书》所载，云南府僰人：

“迨今渐被华风，服食语言，多变其旧，亦皆尚诗书，习礼节，渐与中州齿”；

澄江府僰人：

“初不知学，今以岁久，渐被文教，有以科第跻月无仕而封及其亲者。于是闾里翕然向学，相率延师训子，而家有诵读之声，皆乐于仕，非复昔之比矣”；[86]

大理府：

“郡中之民，少工商而多士类，悦习经史，隆重师友，开科之年，举子恒胜他郡，其登黄甲跻华要者今相属焉”；[87]

蒙化府：

“盖自开设学校以来，闻礼义之教，且近于大理，其亦有所渐

染者欤”[88]。

此外，正德《云南志》也载，曲靖府境内僰人：

“自国初开立学校以来，士风渐盛，而科第人材后先相望，殆与中州埒焉”[89]；

姚安军民府：

“我朝建学立师，收其秀者而教之，比年以来屡有登科请举者，而风俗亦渐美矣”[90]；

鹤庆军民府：

“自设立学校以来，士慕诗书，争先入学，而登科之士常不乏人”[91]。

由于明代学校教育的进一步发展，儒家思想及汉文化在僰人中广为传播，僰人民众的汉文化水平得到了空前的提高。据初步统计，自永乐九年(1411年)形成制度后，明代云南的乡试每三年举行一次。有明一代，全省共举行乡试81次，中举人2457人，其中僰人聚居的大理府、蒙化府、鹤庆府及楚雄府定边县、永昌府永平县等地区共中举人686人，占全省的28%。整个明代，云南考中进士者234人，其中僰人聚居的三府二县共有75人，占全省中进士人数的32%。[92]汉文化在僰人当中的广泛传播，为今天白族成为云南汉文化水平最高的少数民族奠定了坚实的基础。

此外，由于汉文化的广泛传播，明代僰人的文化习俗也因之发生了变迁。据景泰《云南图经志书》载，鹤庆军民府僰人：

“渐被华风，而语言、服食、吉凶、庆吊之俗，俱变其旧矣”[93]。

此外，在云南、楚雄等府，僰人由于长期与汉族相处，其“服食

器用及婚姻丧葬燕会馈饷之俗，大抵同风”[94]。

婚姻方面，在明代汉文化尚未深入僰人社会各阶层之前，僰人婚恋自由：

“处子孀妇出入无禁。少年子弟号曰妙子，暮夜游行，或吹芦笙，或作歌曲，声韵之中皆寄情意，情通私耦，然后成婚”[95]。

显然，元代白族并未受到儒家所谓“门当户对”，“父母之命，媒妁之言”等纲常礼教的约束和影响。明代，僰人婚俗需按照内地封建礼仪进行。据天启《滇志》载，僰人：

“婚六礼，各郡同省会。有谢肯，有求亲，敦请士大夫四人于家，宴而拜之；至妇家，拜致主人意，妇家宴之。次日，各往谢宾。由聘礼至亲迎，仪物丰俭，列郡邑各殊”。[96]

显然，这是的僰人婚礼习俗已经与汉人没有多少差别。

丧葬方面，元代白族仍行火葬习俗。李京《云南志略》载：

“人死，浴尸束缚，令坐，棺如方柜，击铜鼓送丧，以剪发为孝，哭声如歌而不哀，既焚，盛骨而葬。”[97]

到了明代嘉靖年间，政府下令禁止火葬，推行土葬：

“今则以法律之，不复火化矣”[98]，

对僰人的火葬习俗产生了影响。然而，并未彻底革除传统的火葬习俗，天启《滇志》载：

“火化，止行之夷民，然百年以来，即夷民亦有卜葬者。”[99]

宗教信仰方面，虽然在南诏、大理国时期就出现了儒释合流的情况，元代郭松年《大理行记》中便有“师僧有妻子，然往往读儒书。段氏而上，有国家者设科选士皆出此辈”[100]的记载。但在明

代,儒学与当地佛教文化的交融达到了一个新的高度,“士夫无不谈禅,僧亦无不欲与士夫结纳”,“山僧与居士评诗,居士与山僧谈禅”,佛门僧人和士大夫变成了儒释参半的人。[101]

第三节 么些的文化及其变迁

一、明代么些的文化

明代,么些经济社会在元代的基础上继续发展,农业生产水平有了较大的发展,兴修了大量的水利工程,人民懂得了休耕和牛耕的生产技术。据《徐霞客游记》载,丽江府内沟河纵横,水利资源丰富,当地居民经常栏河造坝,引水灌田。十河一带“今引水东行坞脊,无涓滴下流涧中,仅石梁跨其上。度梁之东,即南随引水行,四里,望十河村落在西,甚盛”[102]。这时,人们已经掌握了休耕和牛耕技术。“其地田亩,三年种禾一番。本年种禾,次年即种豆菜之类,第三年则停而不种。又次年,乃复种禾”[103],很明确地记载了当时休耕的具体耕作方式。农业的发展,么些地区农作物的种类也比前代大大增加,甚至出现土官家设宴时“大肴八十品,罗列甚遥,不能辨其孰为异味”[104]的奢华场面。

明代,由于社会经济的发展,民族间交流和外来文化的影响,滇西北么些社会习俗在继承元代的基础上,出现了一些新的变化,逐渐呈现出多元文化的特征。

服饰方面,么些男子:

“头绾二髻,傍剃其发,名为三塔头。”[105]

天启《滇志》卷三十也载:

“男子发梳二缕,以绳子缠之,耳戴绿珠。”[106]

永宁府一带则:

“常披毡衫,富者加至二三领,虽盛暑亦然”[107]。

妇女服饰:

“结高髻于顶,衣服止用麻布”[108],

天启《滇志·羁縻志》载:

“妇人布冠,好蓄牛羊”相同。蒗蕖州一带么些妇女“跣足,大环高髻。女子剪发齐眉,以毛绳为裙,既嫁,则异之”[109]。

与丽江府稍有不同,由其生活方式所决定。另外,这一时期的么些“能制坚甲利刃”:

“土人男女无论老少长出入常带大小二刀,以锋利为尚。大者长至三尺许,头有环者谓之环刀,无环者为之大刀,以革为系,挂自右肩绕于左肋。小者长尺余,谓之解手,亦以革为系,绕身一围,悬刀于系当右肋之际。凡刀皆有室,富贵者刀错以金银,饰以砗磲等物。喜则抚刀相移,怒则拔刀相向,虽死无憾。凡相仇杀,两家妇女和解乃罢。”[110]

永宁府纳西先的么些民还能制作一种牦牛尾帽:

“重且厚,俗呼喜鹊窠,皆非矢镝所能穿”[111],

有很高的工艺水平,其主要用途是战斗。

饮食方面,这时期么些社会已经进入到农耕或半农半牧的状态,饮食和生产生活资料都有了较大的发展。人们已经掌握了休耕和牛耕技术,已经掌握了按节气时令进行农事活动的经验,人们

赖以为生的粮食作物品种大幅度的增加。肉类食品方面,除了元代的马、猎犬、野猪、猴、鹰鹞、牛羊外,品种和数量也比以前增加。但是,这一时期么些民众大多还是过着"俗俭约,饮食疏薄"[112]的生活,且贫富差距比元代更大,富者"岁暮,竞杀牛、羊相邀,请一客不至,则深为耻"[113],甚至出现像木氏一样一餐饮食就有"大肴八十品,罗列甚遥"的奢华场面。而一些偏远地区如北胜州的么些则仍处于"巢处山林,挟兵带弩,以采猎为生而已"[114]的生活状况。

居住条件方面,虽然么些土司这时期建盖了豪华的土府衙门和华丽庄严的道观寺庙,但大部分"麽些蛮所居,用圆木纵相架层,而高三至十八尺,椽桁覆之,以板石压其上;房内四面皆施床榻,中置火炉高于床齐,用铁掌刳木甑炊爨其上"[115]。另据景泰《云南图经志书》载,永宁府么些"所居多在半山之中,屋用木板覆之,气习大抵与丽江各处所居者同"。这说明明代丽江纳西先民普遍居住在类似于今天的木楞房中。

丧葬习俗方面,么些"不祀神佛,唯正月五日登山祭天"[116]的歌舞习俗一直传承了下来。其丧葬习俗仍然是实行火葬,即:

> "死者无棺椁,以竹箦舁至山下,贵贱皆焚一所,不收其骨,候冬日走马到焚所,用毡覆地,呼死者之名,隔毡抓之,或骨或炭,但得一块,取之以归家祭之,祭毕,送之山涧弃之。非命死者,则别焚之"。[117]

土官死后的葬俗则稍有不同,将死者置于床上,将其生前的衣服玩好鹰犬等物置于床前,其:

> "妻子无衰絰,衣文绣返胜平日","当焚骨之际,则以鞍辔、玩好皆付诸火,其马则以斧击杀之"。[118]

节庆习俗方面，丽江么些蛮“不事神佛，惟每岁正月五日，具猪羊酒饮，极其严洁，登山祭天，以祈丰祓灾。祭毕，男女百数执手圆旋，歌舞为乐”[119]，“若口哑酒、星回节等俗大抵与各府相同”。[120]不同的是，明代由于么些木氏土司采取了一种兼容并蓄的政策，使得东巴教、道教、汉传佛教、藏传佛教等宗教在么些社会中不断普及，么些社会呈现出多元化发展的特征。

民族性格方面，明代么些保持了古代氐羌游牧民族彪悍好斗的民族性格，“好喜戏猎，挟短刀，以砗渠为饰，少不如意，鸣钲鼓相仇杀，两家妇女投场和解乃罢”。[121]同样，正德《云南志》也载：“多麽些蛮，好负险立寨，少不如意，暴戾之色发于面目，急于战斗而勇不顾身，论者以为浴之能如古法，则可使之勇于公战，怯于私斗矣。”[122]

二、明代么些文化的变迁

明代，么些聚居的丽江坝子成为滇西北一个重要的商业贸易集散地，与内地、藏区均有密切的贸易往来。商业贸易的发展，汉文化的深入促进了滇西北地区的民族融合，并由此引发了么些民族文化的交融和变迁，吸收了大量汉、藏、白等民族文化元素，为纳西族最终成为一个多元文化综合体奠定了基础。

明初，从江浙、湖广一带迁徙了一大批汉人到云南，随着卫所的设置，大量汉族和周边少数民族进入丽江地区。这些外来人口进入丽江后，么些木氏土司规定“流寓入籍者必改姓和”[123]，将这些人强行“夷化”到么些当中。据《徐霞客游记·滇游日记七》载：

“国初汉人戍此者，今皆从其俗矣。盖国初亦为军民府，而今则不复知有军也。止分官、民二姓，官姓木，民姓和，无他

姓者。"[124]

盖这一时期,进入么些地区的汉族和其他少数民族民众不但更改了原来的姓氏,连生活习俗都纳西化了。

当然,民族融合往往是双向的,进入么些社会的这部分汉人中,有一部分是商贾、医师、画匠、道士及手工业者。这些人进入么些地区后,带来了先进的生产技术和知识,促进了么些社会的进步和发展。见诸记载比较突出者有医师杨成初,他"精于岐黄","指应如神,全活甚众",使得原本不事医药的丽江风俗大为改变,被巡道李兴祖称为"边塞华佗",乃至后来"丽之业医者,皆其传也"[125]。此外,这一时期,么些木氏土司除崇尚传统的民族宗教外,还笃信藏传佛教、汉传佛教等多种宗教,使得么些地区成为一个多宗教交汇融合之地,留下了众多的寺庙殿宇和宗教壁画。在众多的宗教壁画中,最具代表性的便是白沙护法堂、大定阁、琉璃殿、大宝积宫等处的壁画。这些壁画往往在一幅壁画里兼有佛教、道教、喇嘛教的风格和内容,呈现出多种宗教、多种教派融合的状况。

这一时期,另一个突出的特点是么些的汉化。其中,最为突出的代表莫过于明代丽江木氏土司。木氏家族在明代热衷于学习汉文化,聘请内地文人到丽江传授其子弟学习汉文化,著名大旅行家徐霞客就应邀到丽江,并为木增诗集《淡墨》分门标类,还为土司子弟批改作文。同时,木氏土司还在丽江建了"玉嵩书院"和"万卷楼",楼中凡宋明各善本以数万卷,为土司子弟的教育提供了一个良好的外部环境。由于明朝的政策引导和木氏几代土司的文化积淀,到明朝中后期,木氏作家群在滇西北崛起。据乾隆《丽江府志略》载:

"有明一代,(木氏)世守十数辈矣,惟雪山(木公)振始音于前,生白(木增)绍家学于后,与张禺山(张志淳)、李中溪(李元阳)相唱和,用修杨太史(杨慎)亦为揄扬"。[126]

可见,木氏的汉文化素养已经达到很高的境界,能和当时的滇中名士进行文化交流,有"知诗书好礼守义"[127]之美誉。

当然,明代丽江儒学并未深入到么些民间:

"土酋木氏,虞民用智而难治,因如秦人之愚黔首,一切聪颖子弟俱抑之奴隶中,不许事《诗》、《书》"。[128]

由于木氏的文化垄断政策,使得广大么些民众丧失了学习汉文化的机会,一定程度上阻碍了么些社会的发展进程。

此外,么些的其他民族化主要是随着木氏的军事扩张,每占一地便"屠其民而徙么些戍焉"。到明末清初,其势力"于金沙江外则中甸、巴塘、里塘等处,江内则喇普、处旧、阿墩子等处,直至江卡拉、三巴、东卡,皆其自用兵力所辟"[129]。大量的纳西族先民被迁徙到新征伐的地区戍守,造成了数量不少的么些外流现象。么些民众进入其他民族地区,促进了这一地区的经济文化交流。进入到滇、川、藏区的么些民众推动了纳藏两族之间的贸易。同时,么些还将梯田种植稻谷的技术传到藏区。因此,滇西北的一些藏民也成为种植稻米的能手。在中甸藏族中,流传着木氏统治时期,在小中甸等地推广种植红米,但由于气候海拔等原因未能成功的故事。[130]

第四节 和泥的文化及其变迁

一、明代和泥的文化

哈尼族在明代相关文献中称"和泥",也称"窝泥"或"斡泥",

应当是对同一民族的同音异写。由于远居深山,明代和泥见诸史籍记载的情况较为简略。其文化习俗大致如下:

服饰方面,男子比较简单"珥环跣足",磅嘉和泥男子"剪发齐眉,衣不掩胫",而妇女就较为复杂,衣"花化布衫,以红白锦绳辨发数绺,续海贝杂珠,盘旋为螺髻,穿青黄珠,垂胸为络;衣裳无襞积,红黑纱缕相间杂饰其左右"。[131]对于已经出嫁的妇女,则"以藤束膝下为识"。

丧葬文化方面,明代和泥仍然保持氐羌系统民族的火葬习俗,葬礼仪式也较为复杂,并不是一来就举行火葬仪式。首先,"吊者击锣鼓摇铃,头插鸡尾跳舞,名曰洗鬼,忽泣忽饮"。要如此进行三天,然后才采来松木架起来,"焚而葬其骨"。楚雄府安南州西南的和泥"死者葬,以鸡雌、雄各一殉之"。[132]

祭祀用牛羊(也有只用鸡作为祭品的),配以歌舞,"挥扇环歌,拊掌踏足,以铓鼓芦笙为乐"。[133]

哈尼历史上曾用贝作为货币,而且在他们的观念中,贝币还可以带到"阴间"。他们一生省吃俭用,"积贝一百二十索为一窖,死则嘱其子,'我生平藏币若干矣,汝取某处窖中,余留为来生用'"[134]。

其他方面,和泥日常的娱乐活动是饮酒踏歌为乐,饮酒之后,人们乘着酒性,"以一人吹芦笙为首,男女连手周旋,跳舞为乐"。[135]由于农业生产对于劳动力的需要,所以和泥对结婚多年不能生育的妇女,是可以"出之、休之"的。

二、明代和泥文化的变迁

由于分布较为分散,又没有形成势力较大的土司政权。因此,明代靠近内地的和泥文化受到了汉文化的影响,发生了一定的变

迁。如临安府之亏容甸、溪处甸、思陀甸、落恐甸长官司等地，“各长官俱本土罗罗、和泥人，原无姓名，各从族汇本语定名，或随世递承其父名末字，更接一字相呼。弘治初，知府陈晟以百家姓首二句，司分一姓，加以各名之上，唯纳楼未受”[136]。按临安府哈尼和彝族各土司明代以前并无汉姓，皆采用父子连名制，这是云南氐羌系统各民族传统的命名方式。但到了明代，受到汉文化的影响，当地一些哈尼族已开始采用汉姓。

此外，分布在楚雄等其他民族为主或其他民族土司统治下的和泥，在长期的民族交往中，其民族文化也发生了变迁。如楚雄府安南州境内的和泥，“男子剪发齐眉，衣不掩胫；妇人头缠布，或黑或白，长五尺，以红索尺许缀海贝、青绿珠为璎珞，桶裙无襞积；女子以红黑布相间，缀于裙之左右，既适人，则以藤丝圈束膝下。婚姻，男以水泼女足为定。饮酒，以一人吹芦笙为首，男女牵手周旋跳舞为乐。死者葬，以鸡雌、雄各一殉之”[137]。则其民族文化有部分已经与当地彝族相同。又在钮兀长官司（今红河县南）境内，“民皆倭泥，类蒲蛮（布朗族）。男子冠髻于顶，白布缠头，妇人白皙，盘头露顶，以花布为套头，见人无礼拜”[138]。显然，这一带的和泥在文化上趋同于蒲蛮。

居住在元江军民府、临安府等今哈尼族核心分布区的和泥则保留了更多自元代延续下来的文化习俗。受汉文化及周边各民族的影响，明代和泥的民族文化已经显现出多元化的发展趋势。

第五节　西番与古宗的文化及其变迁

一、明代云南西番的文化及其变迁

明代云南境内永宁、北胜、蒗蕖一带被称为“西番”者，大多被识别为今天的普米族。由于远离城镇等汉文化核心区域，明代西番汉化倾向不明显，文化习俗受当地么些影响较大。

服饰方面，由于过着随畜迁徙的生活，所以西番的服饰还带有浓厚的游牧文化色彩。据天启《滇志》载，明代西番“辨发，杂以玛瑙、铜珠为缀，三年一栉之。衣杂布革，腰束文花毳带，披琵琶毡，富者至二三领，暑热不去”。[139]又景泰《云南图经志书》载，永宁府及蒗蕖州境内的西番“佩刀披毡”，“亦以毡为衣，而领无襞积，性生拗多疑，身之左右常佩刀，虽会亲见官，刀亦不去，夜卧则枕之。群聚之日，则取刀之锐者，以相跨尚”。[140]

居住方面，明代西番由于从事游牧，其居住上也带有明显的游牧民族的痕迹。据景泰《云南图经志书》载，永宁府境内的西番“无室屋，夏则山巅，冬则平野以居，而畜多牛马，有草则住，无草则移，初无定所”[141]。然发展到明末，云南境内的西番已经从游牧逐渐定居下来。据天启《滇志》载，永宁、北胜、蒗蕖一带的西番“住山腰，以板覆屋”[142]。则这一时期的西番主要居住在山腰可供畜牧之地，住房长期保留着以木板覆盖屋顶的习俗。

饮食方面，相关史籍没有详细的记载，仅天启《滇志·羁縻志》中有关于西番“和酥酪于茶”的记载，则明代西番已经有喝酥油茶的饮食习俗。

民族习性方面，明代的西番“俗尚勇力，尚射”。因此，其民族

性格所表现出来的行为特征被当时的史家记载为“性最暴悍”，[143]甚至是“喜则人，怒则兽”[144]。同时，明代云南西番内部发展也不平衡，存在少量经济社会发展十分缓慢的群体，被称为“野西番”，“倏去倏来，尤不可制”。[145]

宗教信仰方面，明代西番受周边藏族、纳西族的影响信奉藏传佛教。天启《滇志》中就有西番“有缅字经，以叶书之，祀神逐鬼取而诵，为厌胜”[146]的记载。

有明一代，滇西北多处于丽江木氏土司的操控之下。尤其是明朝中后期开始，丽江木氏开始向周边进行军事扩张，其势力范围曾一度达到了维西、中甸、永宁、蒗蕖，乃至四川巴塘、里塘一带。随着木氏的扩张，么些的民族文化也进入到这些地区并产生了广泛的影响。因此，明代云南境内的西番在民族文化上多受么些的影响。景泰《云南图经志书》载蒗蕖州境内的西番“其风俗大概与摩些同”[147]。又清代余庆远《维西见闻录》则更加明确维西一带的巴苴（又名西番），由于“与麽些杂居，亦麽些头目治”，因此，不但“衣服同于麽些”，就连“婚丧、信佛与麽些无异，惟兄弟死，嫂及弟妇归于一人，俗颇劣于麽些”[148]。由此观之，经过明代的不断融合，西番的民族文化受周边纳西、藏等民族的影响是比较突出的。

二、明代云南古宗的文化及其变迁

明代古宗是今天藏族的先民，主要居住在永宁、蒗蕖、北胜的滇、川交界处。明代古宗从事游牧生活，因此其民族文化更具游牧经济特点。

服饰方面，古宗男女“头发辫成百缕，披垂前后，经年不梳，梳则宰牲。祭祀会众，不事盥濯”[149]，上身“披长毡裳，以牦牛或羊尾织之”。妇人则“青白磁珠与砗磲相杂，悬于首”。[150]其服饰文化与

今天滇西北之藏族较为相似。

饮食方面，明代古宗有食生肉习俗，其他主食还有蔓菁、麦牟和稗。

由于明代古宗分布于滇西北，与西番、么些等民族杂居，很少受到汉文化的影响。正德《云南志》载其“气习悍暴，言语鴃舌”[151]。也正因如此，明代古宗尚未进入史家的视野，对于其文化习俗的记载也比较简略。除服饰和饮食方面较为详细外，明代景泰、正德、天启等几本方志对于古宗的其他风俗只有一句描述，即“风俗大抵与西番同”。[152]

第六节 峨昌、力些、怒人、野人的文化及其变迁

一、明代峨昌的文化及其变迁

明代峨昌分布区域分散，其生产生活也有一定的差距。总体而言，因为是山地游牧民族，所以生性畏惧暑湿，居住在山区，从事刀耕火种的农业生产。但随着生产的发展，在其他民族的影响下，明代峨昌不但“善孳畜佃种，又善商贾”，[153]商品买卖和商业意识在峨昌中已经比较普遍。

服饰方面，明代峨昌“采野葛为衣”，[154]“男子顶髻，戴竹兜鍪，以毛熊皮缘之，上以猪牙、雉尾为顶饰，衣无领袖”，[155]妇女服饰则“以花布系腰为裙，胫裹青花行缠”，[156]腾冲军民指挥使司境内的峨昌妇女还“以五采帛裹其髻为饰”。[157]

饮食方面，明代峨昌从事刀耕火种的农牧生产，正德《云南志》载：“蒲人、阿昌、哈刺、哈杜、怒人皆居山巅，种苦荞为食。”[158]饮食上嗜酒，腾冲军民指挥使司境内的峨昌能“种秫为酒”，并“歌

舞而饮，以糟粕为饼，晒之以待乏”。[159]明代峨昌还喜欢生食禽兽昆虫，天启《滇志·羁縻志》载峨昌“弗择污秽，觅禽兽虫豸，皆生啖之”。[160]又景泰《云南图经志书》及正德《云南志》均载云龙州境内的峨昌“好食蛇，赤手握之置之于器，负而卖之，不畏其啮”。[161]此外，明代峨昌还喜欢吃狗肉。景泰《云南图经志书》载云龙州峨昌蛮“宴备必杀狗”。谢肇淛《滇略》也有峨昌“性嗜犬，祭必用之”[162]的记载。

婚姻习俗方面，云龙州境内的峨昌杂居于蒲蛮当中，但在婚嫁方面却“婚娶不杂，惟求其同类而已”，[163]实行严格的族内婚，并有用牛马作为聘礼的习俗。居住在腾冲、金齿等地的峨昌蛮，受同区域的百夷土司统治，其婚俗也受到百夷的影响。据景泰《云南图经志书》及正德《云南志》载，腾冲军民指挥使司境内的峨昌妇女生孩子以后，“不令人知，三日乃浴其子于江，治生如常”[164]，这与同时期的百夷颇为相似。此外，这一时期的峨昌也有族内转房婚的习俗，“父兄死，则妻其母嫂”[165]。但到明代已经有一些变化，如罗板寨百夫长早正死，“其妻方艾，自矢不失节，遂饿而死”，便说明了族内转房婚及相关习俗的变革。

在信仰方面，天启《滇志》有峨昌蛮杀犬祭祀，占卜“用竹三十三根，略如筮法”[166]的记载。

有明一代，居住在云龙、北胜州境内的峨昌蛮受罗罗、僰人等民族的影响，而生活在腾冲、金齿一带的峨昌则受当地百夷及汉族移民的影响，文化上发生了变迁，内部的文化差异日渐明显。在云龙、北胜境内的峨昌在明代逐渐融合到当地彝族或白族等民族当中。因此，近代永胜、华坪一带已不再有“峨昌”。而在腾冲、金齿一带的峨昌则一方面受到汉族移民的影响，腾冲军民指挥使司“境内各夷俗甚陋，自本朝立学以来，民间俊秀子弟奋发，以读书

自励,科不乏人,而其父兄亦各向慕,革其旧染矣"[167],金齿军民指挥使司境内"今近城居者咸汉俗,而吉凶之礼多变"[168]。另一方面,居住在边远地区与蒲人、哈剌、缅人等杂居的峨昌蛮发展则较为滞后,习俗与哈剌、蒲人等相似,并逐渐演化成今天景颇族的载瓦支系。

二、明代力些的文化及其变迁

明代力些为今天傈僳族的先民,从今天人口普查统计资料看,云南傈僳族拥有 60.97 万人。但由于明代力些多居住在远离交通沿线的山区,经济社会发展较为缓慢,受汉文化影响不大,文献中也鲜有详细的记载。其文化习俗大致如下:

服饰方面,力些男子"囚首跣足,衣麻布直撒衣,被以毡衫,以毳为带束其腰",妇女则"裹白麻布衣"[169]。

这一时期,力些狩猎和采集经济大约是其主要的经济生活来源,还没有农业生产的相关记载。景泰《云南图经志书》载北胜州境内力些"居山林,无室居,不事产业,常带药箭弓弩,猎取禽兽。其妇人则掘取草木之根,以给日食"[170]。由于经常从事狩猎,明代力些"善用弩,发无虚矢,每令其妇负外小木盾径三四寸者前行,自后发矢中其盾,而妇人无伤"。[171]当然,此弩也在民族间发生矛盾冲突时使用,"以此制伏西番"。[172]

三、明代怒人的文化及其变迁

明代史书对怒人的记载较为简略,正德《云南志》及谢肇淛《滇略》中载:"怒人,颇类阿昌","皆居山巅,种苦荞为食。余则居平地或水边也。语言皆不相通"[173]。则明代怒人和阿昌一样,居住在高寒山区,从事着较为粗放的农业生产。

服饰方面,怒人男子“发用绳束,高七八寸”,妇人“结布于发”。[174]另据钱古训、李思聪所撰《百夷传》记载:“弩人,目稍深,貌犹黑,额颅及口边刺十字十余。”[175]则明代怒人尚有纹面的习俗。

此外,明代怒人的民族性格“刚狠好杂”,其他习俗与么些相同,由此也说明了怒人与么些同属一个族系。由于怒人住地远离平坝区和交通沿线,当时史家对其了解尚不深入,相关怒人的记载显得少而零星。

四、明代野人的文化及其变迁

作为景颇先民中发展滞后的群体,明代野人仍然“居无屋庐,夜宿于树巅。……以树皮为衣,毛布掩其脐下”。对狩猎经济极为依赖,“采捕禽兽,茹毛饮血,食蛇鼠。”服饰也与这种经济生活有关,“首戴骨圈,插鸡尾,缠红藤,执钩刀大刃”。性格十分凶悍,“登高涉险如飞,逢人即杀”。[176]当然,“逢人即杀”过于夸张,历史上从未有过这样的民族。

第七节　百夷的文化及其变迁

一、明代百夷的文化

百夷是今傣族的先民,见诸明代史籍记载除百夷之称呼外,还有“白夷”、“僰夷”等,并又根据不同的特征冠之以不同的称谓:“百夷之俗,以金裹两齿,曰金齿蛮,漆其齿曰漆齿蛮,纹其面曰绣面蛮,刺其足曰花脚蛮,以彩绳撮髻曰花角蛮。”[177]

元代以前,对百夷的记载尚不多见,到明代这种情况有所变化,使我们较为详细地了解了明代百夷的分布、政治制度及民族文

化。在西南各少数民族中,百夷的文化习俗较有特色,文献记载也较为详细。现具体分析如下:[178]

第一,作为各种文化基础的等级制度。百夷将宣慰使称为"昭",相当于汉语"主人"之意。昭下面分别有叨孟、昭录、昭纲,他们相互之间是一种臣属关系,存在着森严的等级制度。叨孟总理政事,兼管军民,所管辖的军民"多者数十万,少数不下数万",[179]昭录管万余人,而昭纲就只管千余人甚至几十人。被他们统治的民众,都要听从调遣,"赏罚皆任其意,……皆听其使令,食其赋,取用无制节"。[180]看来近代所说的领主制度在明代就已在百夷的主要分布区存在了。因此,明代百夷的一切文化都贯穿着十分森严的等级制度。

第二,等级制度下的人际关系礼仪。明代百夷出行以乘象为贵,贵族所乘之象是精心装饰的,"十数银镜为络,银铃银钉为缘,象鞍三面,以铁为栏,藉重裀,悬铜铃鞍后"。[181]表现等级的仪仗是"象奴一人,铜帽花裳,执长钩,制象为疾徐之节,招摇于道"[182]。行人相遇于道,"长于己者,则跪拜,有所谕,则叩头受之"。贵族之间也按等级高低如此行事,"虽贵为叨孟,见宣慰莫敢仰视,凡有问对,则膝行而前,三步一拜,退亦如之"。一般小辈见长辈,下级见上级,都必须持此礼仪。从长辈或贵族面前通过"必躬身而趋"。宴会时,让贵人上座,"僚属、侧移以次列坐于下"。[183]

第三,服饰作为一种文化符号,也有充分显示等级的作用。明代百夷贵族和平民都"冠箬叶,累金玉诸宝为高顶,上悬小金铃,遍插翠花翎毛,后垂红缨"[184]。但贵族与平民在衣服制作原料上有较大区别,"贵者衣纻丝绫锦,以金花金钿饰之"[185]。其他显示等级区别的还有:"妇人挽独髻脑后,以白布裹之,窄袖白布衫,皂布桶裙,贵者锦绣,白行缠跣足"[186]。即使是新生儿,一出生也就

有了贵贱之别,"凡妻生子,贵者以水浴于家,贱者浴于河,三日后,以子授其夫,耕织自若"。[187]在婚姻家庭方面,虽然以一夫一妻为主导,有多妻的习俗,但仍有尊卑之别,"头目之妻百数,婢亦百数人,少者数十,庶民亦数十妻,无妒忌之嫌"。[188]可是庶民是没有婢女的。

百夷的服饰文化除了有尊卑等级区分之外,还有地域性的区别。同在滇南,孟定、南甸的百夷男子"长衫宽襦,无裙",而陇川、猛密、孟养的百夷则"俱短衫小袖,有裙"。[189]而在散居区的百夷情况就十分复杂多样,分布在金沙江南岸的禄丰、罗次、元谋等县的百夷,男戴黑布帽,穿窄袖白衫,白布扁帽桶裙;分布在越州卫的百夷被称为白脚百夷,"男妇俱短衣长裳,茜齿文身,戴笠跣足";[190]分布在临安(今建水县)的百夷,男人以黑布交叉缠头,穿皮底靴,"衣有襞积,妇人白帨束发,缠叠如仰螺";[191]分布在顺宁(今凤庆县)的百夷"冠玄而锐其顶,珥环踏屦,好素衣";[192]分布在镇南县(今南华县)的百夷,男子穿短装,妇女桶裙跣足。

第四,车里的音乐及宴饮。车里百夷的音乐可以分为三类,分别是百夷乐、缅乐、车里乐。所谓百夷乐是学汉族制作筝、笛、胡琴、响盏等乐器,大多是唱汉族的乐曲;而缅乐则是用缅人制作的排箫、琵琶等乐器,大家拍手而和音乐节奏的音乐;车里乐则是车里当地人所作的鼓(今天的象脚鼓),"以羊皮为三五长鼓,以手拍之,间以铜铙、铜鼓、拍板(作伴奏),与中国僧道之乐无异"。[193]这些大约是较为正式的演出形式,而"乡村燕饮,则击大鼓,吹芦笙,舞牌为乐"。[194]贵族们宴饮时的气氛是十分热烈的,"有客十人,则令十人举杯,齐行十客之酒。酒初行,乐作,一人大呼一声,众人和之,如此者三。既就坐,先进饭,次具醪馔有差,食不用箸。每客一卒,跪坐侧,持水瓶盥帨。凡物必祭而后食"。[195]这样的宴饮给一

般的民众增加的负担是不小的,"凡一头目出,象马兵戈及木榻器皿,仆妾财宝之类皆从,动辄数百人,随处宴乐,小民苦之"。[196]

第五,相关的制度文化。文书方面,百夷是云南少数民族中使用文字的几个民族之一,其中以车里百夷使用得最为广泛,即"天中国文字,……大事书缅字为檄,无文案"。[197]而小事就刻木纪事。

赋税方面,车里百夷贵族没有常规的"仓廪租赋",仅是"每秋冬,遣亲信往各甸计房屋征金银,谓之'取差发',每屋一楹,输银一两或二三两。承使从者,象马动以千百计,恣其所取而后输于公家"。[198]

法律方面,由于传统的法律以严惩为主,"其法,杀人与奸者皆死,窃盗一家皆死,为寇盗一村皆死"。[199]所以治安较好,可以做到"夜不闭户,道不拾遗"。

军事方面,作为一个以稻作农耕为主要生计方式的农业民族,百夷虽然有过大的政治权力机构,但并无严格意义上的常备军,"军民无定籍,每三五人,充军一人。正军谓之昔剌,犹中国言壮士"。[200]每当行军打仗,昔剌持兵器战斗,还有众多的人"负荷供饷",在号命有条不紊的指挥下,依靠象队的气势作战。每次打仗,"胜则骄惰争功,负则逃窜山谷"。[201]

信息传递方面,由于百夷长期处在较为封闭的农业社会之中,所以信息传递方式十分古老,无驿路无邮传,仅仅是"一里半里许构一小草楼,五人守之,千里有报,闻在旦夕"[202]。当然,这种方式的作用仍不可小视。

第六,丧葬习俗。百夷的生死观与汉民族不同,人死亡后有"娱尸"的习俗,"人死,用妇人祝于尸前,亲邻相聚,少年数百人饮酒作乐,歌舞达旦,谓之娱尸"。[203]与此同时,众多妇女聚到一起,相互敲击碓杵为戏,如此数日之后,才将亡人下葬。下葬之时,死

者的亲人持火把和刀为前导，到了坟地，以木板作为葬具，亡人生前的器皿、甲胄、戈盾等物都砸坏放在墓侧，此后不再进行祭祀。

第七，竹楼民居习俗。所有百夷的民居在明代几乎都是干栏式民居建筑形式，即使是车里地区的百夷"众廨与民居无异，虽宣慰亦止竹楼数十间"[204]。其他则大致相同：禄丰、罗次、元谋的百夷"好楼居"；江川、路南的百夷"构竹楼，临水而居，楼之下以畜牛马"[205]。临安的百夷"山居构草楼，家人狎处，稍以帷帐间其卧具"[206]。干栏式竹楼是中国南方众多少数民族为了避湿热暑气、避蚊虫野兽侵扰的一种特殊民居建筑，楼上住人，在楼下饲养牲口；百夷与众多民族不同是"家人狎处"，即全家老少男女都睡一个地方，仅仅是"稍以帷帐间其卧具"而已。

第八，文身习俗。断发文身是古代百越民族特有的文化符号，明代百夷仍然保存着这一古老习俗，"官民皆髡首黥足，有不髡，则酋长杀之"[207]。看来是具有强制性的，因此也就成了一种文化传统，天启《滇志》记载有此习俗的百夷是：越州卫百夷"茜齿文身"；十八寨百夷因为髡头，被称为"光头百夷"，"额上黥刺月牙，所谓雕题也"[208]。

二、明代百夷文化的变迁

由于受到周边民族的影响，明代百夷文化在传承过程中发生了变迁，"其种数十风俗稍别，名号亦殊"，[209]有了一些地域性特征。兹分述如下：

金沙江南岸的百夷主要分布在禄丰、罗次、元谋、剑川、姚安等县，其生产生活习俗亦各有不同。禄丰、罗次、元谋三县的百夷在服饰上都是男戴黑布帽，上穿窄袖白衫，下着白布扁帽桶裙，基本上都住竹楼，善于冶陶，"釜甑俱以陶瓦，釜深中而宽边，状类箨

笠”[210]。节日有土主会和秋千会,从这两个节日可以看出,这三个县的百夷受当地氐羌系统民族的影响很大。因为土主会和秋千会主要是当地氐羌后裔乌蛮各部的节日活动。在土主会上,百夷表现出一种“奢侈”,“称贷以炫其饰,信出息偿人不惜”[211],为了把自己打扮得更美,借贷为之也在所不惜。秋千会则是男女交流的好时机。

百夷自身特点的是生性柔弱,但被当时的人误认为是“见人多所忌讳”。作为百越后裔仍保留的文化有“信息好诉”,丧葬时“有棺材而少哀戚”,喜食异物,“掘鼠炙虾蟆,以敬宾客”。[212]剑川县的百夷由于与僰人杂居,所以在人们的眼中显得与众不同,他们一说话被认为是“言语侏离”;因为种水稻需要在温度高一点的地方,故被认为是“所居瘴疠”;人死之后的葬具“棺如马槽,以板为之”;性格上“惧公信鬼,多为奸盗”。[213]从百夷的传统文化和民族性格看,认为他们“多为奸盗”是不确切的。剑川百夷以稻作为主,也精于冶陶。

分布在姚安府(下辖姚安州、大姚县和白盐井盐提举司)的百夷,从其文化特征看,还保存着稻作农耕的文化特点,如“滨水好浴,腰系竹笼,捕虫鱼动物入笼中为醢”[214],这是百越系统民族几千年以来喜食异物的习性。但由于与境内氐羌系统民族杂居,所以许多方面都表现出他们受到姚安罗罗的文化影响,具有游牧文化的特征,如“婚用牛羊,至女家,以水泼女足为定,箨叶为尖顶帽。擅土布,羊毛之利”[215]。既然有大量的羊毛来织布,说明百夷饲养着很多羊,羊成为他们经济生活的一个重要组成部分,这与聚居区内的百夷有了很大的区别,这样的文化变迁,是民族文化交流、相互影响的结果,是百夷自身对客观生活环境进行文化选择的结果。

分布在曲靖府越州卫、澄江府、江川县、路南州、临安府各州县的百夷也同样是除具有百越系统民族的一些文化特征外，还有一些地方文化的特点。

在越州卫的百夷，因为男女都穿短衣长裳，被称为白脚百夷，并保持着“茜齿文身，戴笠跣足”[216]的传统文化习俗。

在江川县、路南州的百夷，民族传统保持较好，在水边建竹楼而居，妇女戴大耳环，婚礼以羊为祭礼；生产方面是“知蚕桑，勤于耕织”，[217]民族性格柔和，“畏法度，见人退让”。[218]

临安府的百夷在服饰、民居上仍是百越民族系统的特点，如不论寒暑都坚持喜浴，亡者之妻如果不改嫁，被称为“鬼妻”；喜食糯米制品和昆虫；在丧葬祭祀时却要请哈尼拜马请夷经，“丧，衣绯架木，置尸其上，以竹箅裹而舁之山”。[219]

蒙自、阿迷的百夷又与上述各地的百夷不同，分布在蒙自者，“插鸡尾笠端，出则捕猎，居则纺绩”；[220]阿迷州的百夷却相反，“为镇庄佃民，习同蒲人”。[221]

十八寨的百夷在众多百夷中显得十分异类，“性俭好杀，畜蛊饵毒，捕鱼食鼠，焚骨而葬”。[222]首先是百夷性柔弱，此处则“好杀”；其次百夷行完全土葬，而此处则要“焚骨”，而且在下葬之后不去再扫墓，“或焚亡者，昧爽至冢上，设一石祀之曰：‘勿使返也’”。以上都表明当时一些百夷处在文化变迁之中。当然他们所恪守的传统文化也不是没有，如文身，在额上黥刺月牙，即所谓的雕题。婚姻方面有自由恋爱，“男女先通而后娶”的习俗。[223]

顺宁府、镇南州、腾越州的百夷与主要聚居区的百夷离得较近，故文化变迁不多。但却在总体相同的前提下，表现出各自的区域性特点。[224]

婚丧方面，顺宁府的百夷戴黑顶尖帽子，大耳环皮底靴，穿白

色衣服，还有服役姻存在，“婚聘用牛，贫不能具者，佣女家三年”。[225]镇南州百夷则“男子短衣，妇桶裙跣足。婚礼，夷歌侑饮”。[226]丧葬习俗都各有不同，顺宁府的百夷“丧有棺殓，封藏以石”。[227]镇南州百夷在有人去世之时，“令亲者捉刀尸傍，昼夜守之，亲朋以絜酒奠，捉刀人呼死者之名，灌诸口中，如是者三日而葬”。[228]

有关习俗也多有不同。顺宁府百夷，以帮人种田为主，表现出柔弱的民族性格，与周边民族和谐相处；腾越百夷地近百夷聚居区，所以“习缅字”，食异物，“火炙肉食，不求其熟，或取蜂槽而食之，……器用粗磁”[229]。镇南州百夷“每村植树以为神，未月念四日，集众燃炬，哗而赛神。所居在山之巅”[230]。

从天启《滇志》的记载来看，元江百夷普遍有巫蛊之术，“能为鬼魅”，具体是用一把扫帚系在衣后，这扫帚马上就可以变成象、马、猪、羊、猫、犬等动物，站在大街上，凡避之不及被碰到的人，“即为所魅”。“鬼魅”进入人的腹中，吃掉人的五脏，再放入泥土。此外，还在食物中放毒药，“中之必不治”，这主要是针对过往的生意人，“估客娶夷女者，欲出必问还期，或一二年，或三四年，女即以毒饵之，如期至，更以药解救，亦无他，若不尔，必毒发而死。其所许还期，即死日也。”[231]当然，他们并不毒一般善良之人，“信实朴厚者累出入亦无伤”，而那些“偿约失信及和窥其妻女者，必毒之”。[232]元江百夷除了农业外，还广种槟榔“种莳如中国农桑，葩时杀犬洒血污树，乃成实”。[233]过往的商人，多因此获利，“故驰走如骛”。

元江百夷虽地近滇中，但仍以象为战骑，还使用火枪，然而由于民族性格柔弱，冲锋陷阵能力较弱，常常是花钱请乌蛮后裔罗夷作为“佣用军”。

此外,受到汉族文化的影响,明代一些地区的百夷也呈现除汉文化的倾向和特征。据景泰《云南图经志书》载,金齿军民指挥使司自明代设治以来久无儒学,士风委靡,“正统间始建学,选卫子弟之秀者而立师以教之,于是士风渐振,以读书自励而举于乡试者,科不乏人”[234];又如姚安军民府有僰人、罗罗、百夷、散摩都等四种民族,“僰与汉同风,散摩都类罗罗,百夷皆强悍好斗。我朝建学立师,收其秀者而教之,比年以来屡有登科请举者,而风俗亦渐美矣”[235]。此外,谢肇淛《滇略》也有关于百夷“近来内地皆有其人,间有读书入库者矣”[236]的记载。

第八节 土僚、侬人、沙人的文化及其变迁

云南百越系统的民族除百夷外,还有土僚、侬人、沙人等,他们大都在20世纪被识别为壮族,细分则又是壮族中的不同支系。

一、明代土僚的文化及其变迁

土僚主要分布在石屏、嶍峨、路南及师宗、弥勒等地,各地土僚文化存在较大的差异。

生产生活方面,各地土僚各有不同。分布在嶍峨的土僚,除农耕生产外,更多是“樵苏自给”;分布在路南的土僚“为人佃种,屋庐与僰人同”;分布在新兴州(今玉溪市红塔区)的土僚“服食昏丧,习同白罗”。[237]在上述地区,今天已经没有多少土僚后裔,他们已融入当地彝族先民之中。

服饰方面,石屏、嶍峨、路南等地土僚男子“首裹青帨,服白麻衣,领上缀红布一方”。妇人则“冠红巾,衣花绣胸背衣”[238]。而居住在师宗、弥勒、邱北等地的土僚,其服饰则“与罗罗无异,惟其妇

人黑线绣布，裹头缠腰”[239]，则与罗罗妇女不同。

饮食方面，居住在师宗、弥勒、邱北等地的土僚“以犬为珍味，不得犬则不敢以祭”[240]。其他地方的土僚则“服食昏丧，习同白猓”[241]，受到周边彝族的影响，与彝族逐渐趋同。

丧葬节日方面，土僚“以每岁十二月为节”，“以孟冬朔日为岁首”。人死，则“掘窨置棺，于上乱击之，名曰‘击土鼓’，二日畀出焚之”。[242]

二、明代侬人的文化及其变迁

居住方面，侬人和其他百越民族一样，民居建筑为干栏式建筑，“楼居，无几凳，席地而坐，脱履梯下而后登”。[243]

饮食方面，侬人“饮食无美味，尝醢鼷鼠、捕飞虫而啖之”，[244]还有喜食异物的习惯。此外，天启《滇志·羁縻志》载侬人“甘犬嗜鼠”，则与其他壮族支系一样有贵食狗肉的习俗。

服饰方面，妇人“绾发跣足”，“衣短衣长裙”，男子“首裹青花帨，衣粗布”，“男服青衣曳地，贱者掩胫”。[245]

此外，侬人的文化习俗“大率与百夷同”，只是民族民间医药不发达，生病不服药，“惟务祭鬼而已”。[246]

大约是处在民族杂居区，民族之间多有矛盾冲突，所以“刀盾枪甲，寝处不离，日事战斗”。[247]

三、明代沙人的文化及其变迁

沙人与侬人在很多方面几乎相同，但性格更为剽悍，分布在广西府、富州、罗平等地，分别受本民族土司龙氏、李氏、沈氏统治，相互之间经常为水、土地发生矛盾冲突。

由于同属壮族支系，因此沙人与侬人在文化习俗上无甚太大

差别。据天启《滇志·羁縻志》载:“沙人习俗多同侬人,漂劲过之。”[248]看来,沙人在习性上要比侬人更为强悍一些。又谢肇淛《滇略·夷略》载,广南府的沙人“男女同事犁锄”,正德《云南志》也有“沙人善治田”[249]之记载,似乎沙人在农业生产方面要比侬人更为超前。

此外,天启《滇志》也记录了罗平州境内的沙人习俗,“器用木,昏丧以牛为礼”。[250]则各地沙人在文化习俗上也显现出一定的差异。

第九节 蒲人的文化及其变迁

一、明代蒲人的文化

蒲人在元代文献中多记为“朴蛮”。明代文献中,除称之为“蒲人”外,还有“蒲蛮”、“朴子蛮”等称呼。明代蒲人内部的分化还不太明显,普遍分布在永昌、凤溪、施甸及十五宣、二十八寨,是今天孟高棉语族中布朗族和德昂族的先民。因为有蒲人的分布,至今还留下了蒲干、蒲缥等地名。明代蒲人的民族文化如下:

生产方式方面,临安府境内蒲蛮“以采猎为生,获禽多者称为同类之最也”;[251]元江军民府马龙他郎甸长官司境内的蒲蛮“居高山之上,垦山为田,艺荞稗,不资水利。然山地硗薄,一岁一移其居,以就地利,暇则猎兽而食之”[252];金齿军民指挥使司境内的蒲蛮“以采猎为务,骑不用鞍,跣足,驰走如飞”[253];永昌凤溪、施甸二长官司及十五喧三十八寨等地的蒲蛮则“皆勤力耐劳苦,事耕锄,所种:荞麦、棉花、黑豆”[254]。可见,不同地域的蒲人受到生存环境的影响,生产生活方式存在着较大的差异,有从事采猎为生的,也

有的从事农业生产。

服饰方面,在临安府境内的蒲人"短衣跣足,首插雉尾,身佩甲兵"[255];在顺宁府境内的蒲人男子椎髻跣足,穿用两幅布缝制而成的冠头衣,而且出现了贫富差别,"富者以红黑丝间其缝,贫者以黑白线间之,无襟袖缘,两臂露出"。妇女绾髻于脑后,耳戴重环,身着红黑线织成的衣服,形如僧人的袈裟,"搭于右肩,穿过左胁,而扱于胸前,下无里衣,用布一幅,或白或黑,缠蔽其体"[256],腰间系有海吧,手上带着铜钏作为装饰品;永昌、凤溪、施甸等地的蒲人服装,男人"裹青红布于头,系青绿小条绳,多为贵,贱者则无之。衣花套长衣,膝下系黑藤数遭"。[257]从服饰文化上显示出了人的社会尊卑。妇女"挽髻脑后,头带青绿珠,以花布围腰为裙,上系海贝十数围,系莎罗布于肩上"[258];而散居在新兴(今玉溪)、禄丰、阿迷(今开远)、镇南的蒲人服饰又有一定的差别,男人"形质纯黑,椎结跣足,套头短衣,手铜镯,耳铜圈,带刀弩长牌,饰以丝漆,上插孔雀尾。妇女簪骨簪"。[259]

饮食方面,由于明代蒲人从事采猎和农耕,因此其饮食除了耕种所得,大多依赖采猎所获之物。据正德《云南志》载,蒲人"凡饮食不用箸,惟以手捻,酷嗜犬鼠,凡土蜂、蛇虺、虾蟆、蜻蜓、蜘蛛、蝼蚁、水虫之类无不食之,其恶陋甚于诸夷"。[260]

婚丧方面,明代蒲人到了谈婚论嫁的年龄,家庭会"令女择配"[261]。既嫁,遇到丈夫外出,则妇女"杜门绝客,禁杵臼,静坐以待其至"[262]。人死,"用莎罗布裹尸而焚之"[263]。

其他礼俗方面,明代蒲人大多不行儒家礼仪,处于原始宗教崇拜阶段,"见人无拜礼,但屈膝而已。不知节序,不奉佛教,惟信巫鬼"[264]。在日常生活中,遇有战斗,则"杀犬分肉为令,击木为号",讲和则"斫牛为誓,刻木为信"。要是犯了族规,则"无分轻重,酋

长皆杀之”。[265]

二、明代蒲人文化的变迁

如前所述,明代蒲人主要居住在临安、元江、金齿、顺宁等府州,与汉、罗罗、百夷等民族相杂而居,内部发展存在较大的差异性。因而在生产方式、生活习俗等方面出现了分化,存在着较大的差异。

蒲人由于内部发展的差异,在民族性格上呈现出不同的外在表现。分布在蒙自及教化三部、十八寨的蒲人,大约因为社会经济发展较为缓慢,被称为野蒲,“桀骜甚诸夷”;分布在景东的蒲人则性格淳朴,以农业生产为主;分布在顺宁沿澜沧江的蒲人,又被称为普蛮(当为蒲蛮的又一种记音),或称朴子蛮,在汉族史家的眼中,朴子蛮的诸特征更为突出,“性尤悍恶,专为盗贼”,战斗力很强,甚为勇猛,“不鞍而骑,徒跣短甲,不蔽颈膝,驰突迅疾,善用枪弩”。服饰也区别于其他地方的蒲人,男子“以布二幅缝合挂身,无襟袂领缘”,妇人“织红黑布搭于右肩,穿左胁而及于胸,别以布一幅蔽腰,见人不知拜跪”[266]。

在与周边民族的交往过程中,明代蒲人的民族文化也受到周边民族的影响,出现了融合趋向。据景泰《云南图经志书》载,马龙他郎甸长官司境内的蒲蛮因受周边罗罗的影响,其“器用木杓,大略与罗罗风俗同”[267]。同样,在车里军民宣慰使司境内,百夷“髡发文身,又曰和泥、蒲刺习俗大抵多同”。[268]反过来讲,境内的蒲蛮,由于受到周边白夷、和泥的影响,习俗多有趋同之处。

此外,明朝在西南设置统治机构以后,中原汉族文化对蒲人的文化变迁也产生了较大的影响。据正德《云南志》载,金齿军民指挥使司境土人有僰人、阿昌和蒲蛮,随着汉文化的不断深入,“今近城居者咸汉俗,而吉凶之礼多变”[269]。同样,随着与周边民族交

往的增多,蒲人与其他民族间出现了商品交易,《滇略》中便有蒲人"皆勤力耐劳苦,事耕锄,所种:荞麦、棉花、黑豆;知汉语,通贸易"[270]的记载。

注　释

1　谢肇淛:《滇略》卷四《俗略》。转引自《云南史料丛刊》第六卷,云南大学出版社,2000 年 1 月版,第 699 页。

2　万历《云南通志》卷之二《地理志·云南府风俗》,1934 年昭通龙氏灵源别墅铅印本,第 20 页。

3　天启《滇志·羁縻志》,云南教育出版社,1991 年 12 月版,第 995 页。

4　天启《滇志·羁縻志》,云南教育出版社,1991 年 12 月版,第 996 页。

5、6　天启《滇志》,云南教育出版社,1991 年版,第 994 页。

7、8、9、10　天启《滇志》,云南教育出版社,1991 年版,第 995 页。

11　天启《滇志》,云南教育出版社,1991 年版,第 996 页。

12　天启《滇志》,云南教育出版社,1991 年版,第 999 页。

13、14　天启《滇志》,云南教育出版社,1991 年版,第 1000 页。

15、16　天启《滇志》,云南教育出版社,1991 年版,第 996 页。

17　天启《滇志》,云南教育出版社,1991 年版,第 998 页。

18、19、20、21　天启《滇志》,云南教育出版社,1991 年版,第 995 页。

22　天启《滇志》,云南教育出版社,1991 年版,第 996 页。

23、24　天启《滇志》,云南教育出版社,1991 年版,第 999 页。

25　天启《滇志》,云南教育出版社,1991 年版,第 994 页。

26　天启《滇志》,云南教育出版社,1991 年版,第 995 页。

27　天启《滇志》,云南教育出版社,1991 年版,第 996 页。

28　谢肇淛:《滇略》卷九《夷略》。转引自《云南史料丛刊》第六卷,云南大学出版社,2000 年 1 月版,第 781 页。

29　天启《滇志·羁縻志》,云南教育出版社,1991 年版,第 996 页。

30、31　天启《滇志》,云南教育出版社,1991 年版,第 994 页。

32、33　天启《滇志》,云南教育出版社,1991 年版,第 995 页。

34　天启《滇志》，云南教育出版社，1991 年版，第 1000 页。

35　天启《滇志》，云南教育出版社，1991 年版，第 995 页。

36　天启《滇志》，云南教育出版社，1991 年版，第 996 页。

37、38、39、40、41、42、43、44、45　天启《滇志》，云南教育出版社，1991 年版，第 995 页。

46、47、48　天启《滇志》，云南教育出版社，1991 年版，第 996 页。

49　正德《云南志》卷九《曲靖军民府》。转引自《云南史料丛刊》第 6 卷，云南大学出版社，2000 年 1 月版，第 185 页。

50　正德《云南志》卷七《广西府》。转引自《云南史料丛刊》第 6 卷，云南大学出版社，2000 年 1 月版，第 176 页。

51　正德《云南志》卷七《广西府》。转引自《云南史料丛刊》第 6 卷，云南大学出版社，2000 年 1 月版，第 199 页。

52　谢肇淛：《滇略》卷九《夷略》。转引自《云南史料丛刊》第 6 卷，云南大学出版社，2000 年 1 月版，第 781 页。

53、54、55　天启《滇志》，云南教育出版社，1991 年版，第 996 页。

56　景泰《云南图经志书》卷之四《楚雄府》，云南民族出版社，2002 年 8 月版，第 206 页。

57　正德《云南志》卷九《曲靖军民府》。转引自《云南史料丛刊》第 6 卷，云南大学出版社，2000 年 1 月版，第 184—185 页。

58　正德《云南志》卷五《楚雄府》。转引自《云南史料丛刊》第 6 卷，云南大学出版社，2000 年 1 月版，第 157 页。

59　正德《云南志》卷九《曲靖军民府》。转引自《云南史料丛刊》第 6 卷，云南大学出版社，2000 年 1 月版，第 184 页。

60　正德《云南志》卷九《姚安军民府》。转引自《云南史料丛刊》第六卷，云南大学出版社，2000 年 1 月版，第 189 页。

61　正德《云南志》卷十《武定军民府》。转引自《云南史料丛刊》第 6 卷，云南大学出版社，2000 年 1 月版，第 199 页。

62　正德《云南志》卷九《姚安军民府》。转引自《云南史料丛刊》第六卷，云南大学出版社，2000 年 1 月版，第 189 页。

63　景泰《云南图经志书》卷之一《云南府・风俗》。转引自《云南史料丛刊》第 6 卷，云南大学出版社，2000 年 1 月版，第 4 页。

64 景泰《云南图经志书》卷之二《马龙州·风俗》,云南民族出版社,2002年8月版,第132页。

65 正德《云南志》卷九《姚安军民府》。转引自《云南史料丛刊》第六卷,云南大学出版社,2000年1月版,第189页。

66 正德《云南志》卷六《澄江府》。转引自《云南史料丛刊》第6卷,云南大学出版社,2000年1月版,第165页。

67 正德《云南志》卷三《大理府志》。转引自《云南史料丛刊》第6卷,云南大学出版社,2000年1月版,第139页。

68 (明)徐弘祖:《徐霞客游记·滇游日记八》,朱惠荣校注版,云南人民出版社,1985年6月版,第994页。

69、70 景泰《云南图经志书》卷之一《云南府·风俗》,云南民族出版社,2002年8月版,第3页。

71 景泰《云南图经志书》卷之四《楚雄府·风俗》,云南民族出版社,2002年8月版,第206页。

72 景泰《云南图经志书》卷之一《云南府·风俗》,云南民族出版社,2002年8月版,第3页。

73 景泰《云南图经志书》卷之四《楚雄府镇南州·风俗》,云南民族出版社,2002年8月版,第214页。

74 正德《云南志》卷六《澄江府》。转引自《云南史料丛刊》第6卷,云南大学出版社,2000年1月版,第165页。

75 景泰《云南图经志书》卷之一《云南府·风俗》,云南民族出版社,2002年8月版,第3页。

76 正德《云南志》卷六《澄江府》。转引自《云南史料丛刊》第6卷,云南大学出版社,2000年1月版,第165页。

77 景泰《云南图经志书》卷之五《蒙化府·风俗》,云南民族出版社,2002年8月版,第7页。

78 景泰《云南图经志书》卷之一《云南府·风俗》,云南民族出版社,2002年8月版,第3页。

79 正德《云南志》卷五《楚雄府》。转引自《云南史料丛刊》第6卷,云南大学出版社,2000年1月版,第158页。

80　正德《云南志》卷五《楚雄府》。转引自《云南史料丛刊》第6卷,云南大学出版社,2000年1月版,第157页。

81　(元)李京:《云南志略·诸夷风俗》。转引自《云南史料丛刊》第三卷,云南大学出版社,1998年5月版,第128页。

82　景泰《云南图经志书》卷之一《云南府·风俗》,云南民族出版社,2002年8月版,第3页。

83　郭松年:《大理行记》,王叔武校注本,云南民族出版社,1986年版。

84　(元)李京:《云南志略·诸夷风俗》。转引自《云南史料丛刊》卷三,云南大学出版社,1998年5月版,第128页。

85　童轩:《重修云南县儒学记》,转引自天启《滇志》卷二十《艺文志》之三。

86　景泰《云南图经志书》卷之二《澄江府·风俗》,云南民族出版社,2002年8月版,第106页。

87　景泰《云南图经志书》卷之五《大理府·风俗》,云南民族出版社,2002年8月版,第261页。

88　景泰《云南图经志书》卷之五《蒙化府·风俗》,云南民族出版社,2002年8月版,第298页。

89　正德《云南志》卷九《曲靖军民府》。转引自《云南史料丛刊》第6卷,云南大学出版社,2000年1月版,第184页。

90　正德《云南志》卷九《曲靖军民府》。转引自《云南史料丛刊》第6卷,云南大学出版社,2000年1月版,第189页。

91　正德《云南志》卷十《鹤庆军民府》。转引自《云南史料丛刊》第6卷,云南大学出版社,2000年1月版,第195页。

92　张丽剑:《明代汉文化在大理白族地区的传播和影响》,转引自林超民主编《新浪集》,云南大学出版社,2001年7月版,第266页。

93　景泰《云南图经志书》卷之五《鹤庆军民府·风俗》,云南民族出版社,2002年8月版,第303页。

94　景泰《云南图经志书》卷之四《楚雄府·风俗》,云南民族出版社,2002年8月版,第206页。

95　(元)李京:《云南志略·诸夷风俗》。转引自《云南史料丛刊》第三卷,云南大学出版社,1998年5月版,第128页。

96 天启《滇志·地理志》,云南教育出版社,1991年版,第109页。

97 (元)李京:《云南志略·诸夷风俗》。转引自《云南史料丛刊》卷三,云南大学出版社,1998年5月版,第128页。

98 万历《云南通志》卷之一《地理志》,1934年昭通龙氏灵源别墅铅印本,第32—33页。

99 天启《滇志·地理志》,云南教育出版社,1991年版,第109页。

100 (元)郭松年:《大理行记》,《云南史料丛刊》第三卷,云南大学出版社,1998年5月版,第137页。

101 董秀团:《论明清时期白族文化的转型》,载《云南民族大学学报(哲学社会科学版)》,2004年第4期,第101页。

102 徐弘祖著,朱惠荣校注:《徐霞客游记·滇游日记六》,云南人民出版社,1985年6月版,第930—931页。

103 徐弘祖著,朱惠荣校注:《徐霞客游记·滇游日记七》,云南人民出版社,1985年6月版,第938页。

104 徐弘祖著,朱惠荣校注:《徐霞客游记·滇游日记七》,云南人民出版社,1985年6月版,第933页。

105 景泰《云南图经志书》卷之五《丽江军民府·风俗》,云南民族出版社,2002年8月版,第313页。

106 天启《滇志·羁縻志》,云南教育出版社,1991年版,第999页。

107 景泰《云南图经志书》卷之四《永宁府·风俗》,云南民族出版社,2002年8月版,第244页。

108 景泰《云南图经志书》卷之五《丽江军民府·风俗》,云南民族出版社,2002年8月版,第313页。

109 景泰《云南图经志书》卷之四《蒗蕖州·风俗》,云南民族出版社,2002年8月版,第249页。

110 正德《云南志》卷十一《丽江军民府·风俗》。转引自《云南史料丛刊》第六卷,云南大学出版社,2000年1月版,第208页。

111 景泰《云南图经志书》卷之四《永宁府·风俗》,云南民族出版社,2002年8月版,第244页。

112 天启《滇志·羁縻志》,云南教育出版社,1991年版,第999页。

113、114　谢肇淛:《滇略》卷九《夷略》。转引自《云南史料丛刊》第六卷,云南大学出版社,2000 年 1 月版,第 780 页。

115　正德《云南志》卷十一《丽江军民府·风俗》。转引自《云南史料丛刊》第六卷,云南大学出版社,2000 年 1 月版,第 207—208 页。

116　谢肇淛:《滇略》卷九《夷略》。转引自《云南史料丛刊》第六卷,云南大学出版社,2000 年 1 月版,第 780 页。

117、118　景泰《云南图经志书》卷之五《宝山州·风俗》,云南民族出版社,2002 年 8 月版,第 317 页。

119　正德《云南志》卷十一《丽江军民府·风俗》。转引自《云南史料丛刊》第 6 卷,云南大学出版社,2000 年 1 月版,第 207 页。

120　正德《云南志》卷十一《丽江军民府·风俗》。转引自《云南史料丛刊》第 6 卷,云南大学出版社,2000 年 1 月版,第 208 页。

121　天启《滇志·羁縻志》,云南教育出版社,1991 年版,第 999 页。

122　谢肇淛:《滇略》卷九《夷略》。转引自《云南史料丛刊》第 6 卷,云南大学出版社,2000 年 1 月版,第 780 页。

123　乾隆《丽江府志略·官师略》,丽江纳西族自治县县志编纂委员会办公室编,第 137 页。

124　徐弘祖著、朱惠荣校注:《徐霞客游记》,云南人民出版社,1985 年 6 月版,第 938—939 页。

125　乾隆《丽江府志略·人物略》,丽江纳西族自治县县志编纂委员会办公室编,第 128 页。

126　乾隆《丽江府志略·艺文略》,丽江纳西族自治县县志编纂委员会办公室编,第 219 页。

127　《明史·云南土司传》,中华书局标点本,1974 年版,第 8100 页。

128　杨馝:《迁建丽江府学记》,载乾隆《丽江府志略·艺文略》,丽江纳西族自治县县志编纂委员会办公室编,第 248—249 页。

129　倪蜕辑,李埏点校:《滇云历年传》卷十一,云南大学出版社,1992 年 6 月版,第 528 页。

130　杨福泉博士论文:《纳西族与藏族的历史关系研究》,第 220 页。

131　天启《滇志》,云南教育出版社,1991 年版,第 999 页。

132 谢肇淛:《滇略》卷九《夷略》。转引自《云南史料丛刊》第六卷,云南大学出版社,2000年1月版,第781页。

133、134、135 天启《滇志》,云南教育出版社,1991年版,第999页。

136 天启《滇志》,云南教育出版社,1991年版,第997页。

137 谢肇淛:《滇略》卷九《夷略》。转引自《云南史料丛刊》第六卷,云南大学出版社,2000年1月版,第781页。

138 天启《滇志》,云南教育出版社,1991年版,第993页。

139 天启《滇志》,云南教育出版社,1991年版,第1000页。

140 景泰《云南图经志书》卷之四《蒗蕖州·风俗》,云南民族出版社,2002年8月版,第249页。

141 景泰《云南图经志书》卷之四《蒗蕖州·风俗》,云南民族出版社,2002年8月版,第245页。

142、143 天启《滇志》,云南教育出版社,1991年版,第1000页。

144 景泰《云南图经志书》卷之四《蒗蕖州·风俗》,云南民族出版社,2002年8月版,第249页。

145、146 天启《滇志》,云南教育出版社,1991年版,第1000页。

147 景泰《云南图经志书》卷之四《蒗蕖州·风俗》,云南民族出版社,2002年8月版,第249页。

148 (清)余庆远《维西见闻录》。转引自《云南史料丛刊》第十二卷,云南大学出版社,2001年5月版,第64页。

149 景泰《云南图经志书》卷之五《巨津州·风俗》,云南民族出版社,2002年8月版,第321页。

150 天启《滇志·羁縻志》,云南教育出版社,1991年版,第1000页。

151 正德《云南志》卷十一《丽江军民府》。转引自《云南史料丛刊》第六卷,云南大学出版社,2000年1月版,第207页。

152 见景泰《云南图经志书》卷四、正德《云南志》卷十一志十一,及天启《滇志·羁縻志》卷三十。

153 景泰《云南图经志书》卷之六《腾冲军民指挥使司·风俗》,云南民族出版社,2002年8月版,第341页。

154 天启《滇志·羁縻志》,云南教育出版社,1991年版,第1001页。

155　正德《云南志》卷十三《腾冲军民指挥使司》。转引自《云南史料丛刊》第六卷,云南大学出版社,2000 年 1 月版,第 223 页。

156　正德《云南志》卷四十一《诸夷传六》。转引自《云南史料丛刊》第六卷,云南大学出版社,2000 年 1 月版,第 181 页。

157　正德《云南志》卷十三《腾冲军民指挥使司》。转引自《云南史料丛刊》第六卷,云南大学出版社,2000 年 1 月版,第 223 页。

158　正德《云南志》卷四十一《诸夷传六》。转引自《云南史料丛刊》第六卷,云南大学出版社,2000 年 1 月版,第 181 页。

159　景泰《云南图经志书》卷之六《腾冲军民指挥使司·风俗》,云南民族出版社,2002 年 8 月版,第 341 页。

160　天启《滇志·羁縻志》,云南教育出版社,1991 年版,第 1001 页。

161　景泰《云南图经志书》卷之五《云龙州·风俗》,云南民族出版社,2002 年 8 月版,第 283 页。

162　谢肇淛:《滇略》卷九《夷略》。转引自《云南史料丛刊》第 6 卷,云南大学出版社,2000 年 1 月版,第 778 页。

163　景泰《云南图经志书》卷之五《云龙州·风俗》,云南民族出版社,2002 年 8 月版,第 283 页。

164　景泰《云南图经志书》卷之六《腾冲军民指挥使司·风俗》,云南民族出版社,2002 年 8 月版,第 341 页。

165、166　天启《滇志·羁縻志》,云南教育出版社,1991 年版,第 1001 页。

167　正德《云南志》卷十三《腾冲军民指挥使司》。转引自《云南史料丛刊》第六卷,云南大学出版社,2000 年 1 月版,第 223 页。

168　正德《云南志》卷十三《腾冲军民指挥使司》。转引自《云南史料丛刊》第六卷,云南大学出版社,2000 年 1 月版,第 220 页。

169　天启《滇志·羁縻志》,云南教育出版社,1991 年版,第 999 页。

170　景泰《云南图经志书》卷之四《北胜州·风俗》,云南民族出版社,2002 年 8 月版,第 253 页。

171、172　天启《滇志·羁縻志》,云南教育出版社,1991 年版,第 999 页、1000 页。

173　正德《云南志》卷四十一《诸夷传六》。转引自《云南史料丛刊》第六卷,云南大学出版社,2000 年 1 月版,第 481 页。

174 天启《滇志·羁縻志》,云南教育出版社,1991年版,第1000页。

175 (明)钱古训、李思聪等:《百夷传》。转引自《云南史料丛刊》第五卷,云南大学出版社,1998年5月版,第365页。

176 天启《滇志》,云南教育出版社,1991年版,第1002页。

177 正德《云南志》卷十三《金齿军民指挥使司》。转引自《云南史料丛刊》第六卷,云南大学出版社,2000年1月版,第219页。

178 从天启《滇志羁縻志》卷十二所转引自来看,绝大部分内容讲的是车里宣慰司使的情况,附带有散杂居地区僰人的简要情况。

179、180 天启《滇志》,云南教育出版社,1991年版,第996页。

181 天启《滇志》,云南教育出版社,1991年版,第996、997页。

182、183 天启《滇志》,云南教育出版社,1991年版,第997页。

184、185 天启《滇志》,云南教育出版社,1991年版,第996页。

186、187、188 天启《滇志》,云南教育出版社,1991年版,第997页。

189、190 天启《滇志》,云南教育出版社,1991年版,第997页。

191、192 天启《滇志》,云南教育出版社,1991年版,第998页。

193、194、195 天启《滇志》,云南教育出版社,1991年版,第997页。

196、197、198、199、200 天启《滇志》,云南教育出版社,1991年版,第997页。

201、202、203、204、205 天启《滇志》,云南教育出版社,1991年版,第997页。

206 天启《滇志》,云南教育出版社,1991年版,第998页。

207 天启《滇志》,云南教育出版社,1991年版,第997页。

208 天启《滇志》,云南教育出版社,1991年版,第998页。

209、210、211、212 天启《滇志》,云南教育出版社,1991年版,第997页。

213、214 天启《滇志》,云南教育出版社,1991年版,第998页。

215 天启《滇志》,云南教育出版社,1991年版,第998页。

216 天启《滇志》,云南教育出版社,1991年版,第997页。

217、218、219、220 天启《滇志》,云南教育出版社,1991年版,第998页。

221、222、223 天启《滇志》,云南教育出版社,1991年版,第998页。

224 从文化发展的角度看,南部边境一线是百夷的聚居区,传统文化保持较好,是百夷文化的核心区;而顺宁府、楚雄府、镇南州、永昌府的腾越州及沿金沙江一线是百夷的散杂居区,可称为百夷文化变异区。

225、226　天启《滇志》,云南教育出版社,1991 年版,第 998 页。

227、228、229、230、231　天启《滇志》,云南教育出版社,1991 年版,第 998 页。

232、233　天启《滇志》,云南教育出版社,1991 年版,第 998 页。

234　景泰《云南图经志书》卷之六《金齿军民指挥使司·风俗》,云南民族出版社,2002 年 8 月版,第 325 页。

235　正德《云南志》卷九《姚安军民府》。转引自《云南史料丛刊》第六卷,云南大学出版社,2000 年 1 月版,第 189 页。

236　谢肇淛:《滇略》卷九《夷略》。转引自《云南史料丛刊》第六卷,云南大学出版社,2000 年 1 月版,第 778 页。

237　天启《滇志·羁縻志》,云南教育出版社,1991 年版,第 1000 页。

238　天启《滇志》,云南教育出版社,1991 年版,第 1000 页。

239、240　正德《云南志》卷七《广西府》。转引自《云南史料丛刊》第 6 卷,云南大学出版社,2000 年 1 月版,第 176 页。

241　天启《滇志》,云南教育出版社,1991 年版,第 1000 页。

242　正德《云南志》卷七《广西府》。转引自《云南史料丛刊》第 6 卷,云南大学出版社,2000 年 1 月版,第 176 页。

243　天启《滇志·羁縻志》,云南教育出版社,1991 年版,第 1001 页。

244　景泰《云南图经志书》卷之三《广南府·风俗》,云南民族出版社,2002 年 8 月版,第 191 页。

245　谢肇淛:《滇略》卷九《夷略》。转引自《云南史料丛刊》第六卷,云南大学出版社,2000 年 1 月版,第 780 页。

246　景泰《云南图经志书》卷之三《广南府·风俗》,云南民族出版社,2002 年 8 月版,第 190 页。

247　天启《滇志》,云南教育出版社,1991 年版,第 1001 页。

248　天启《滇志·羁縻志》,云南教育出版社,1991 年版,第 1001 页。

249　正德《云南志》卷七《广西府》。转引自《云南史料丛刊》第 6 卷,云南大学出版社,2000 年 1 月版,第 176 页。

250　天启《滇志·羁縻志》,云南教育出版社,1991 年版,第 1001 页。

251　景泰《云南图经志书》卷之三《临安府·风俗》,云南民族出版社,2002 年 8 月版,第 156 页。

252 景泰《云南图经志书》卷之三《元江军民府·风俗》,云南民族出版社,2002 年 8 月版,第 196 页。

253 景泰《云南图经志书》卷之六《金齿军民指挥使司·风俗》,云南民族出版社,2002 年 8 月版,第 325 页。

254 谢肇淛:《滇略》卷九《夷略》。转引自《云南史料丛刊》第六卷,云南大学出版社,2000 年 1 月版,第 778 页。

255 景泰《云南图经志书》卷之三《临安府·风俗》,云南民族出版社,2002 年 8 月版,第 156 页。

256 景泰《云南图经志书》卷之四《顺宁府·风俗》,云南民族出版社,2002 年 8 月版,第 240 页。

257、258、259 天启《滇志》,云南教育出版社,1991 年版,第 1000 页。

260 正德《云南志》卷八《顺宁府》。转引自《云南史料丛刊》第六卷,云南大学出版社,2000 年 1 月版,第 180 页。

261 天启《滇志·羁縻志》,云南教育出版社,1991 年版,第 1000 页。

262 景泰《云南图经志书》卷之六《金齿军民指挥使司·风俗》,云南民族出版社,2002 年 8 月版,第 325 页。

263 天启《滇志·羁縻志》,云南教育出版社,1991 年版,第 1000 页。

264 景泰《云南图经志书》卷之四《顺宁府·风俗》,云南民族出版社,2002 年 8 月版,第 240 页。

265 景泰《云南图经志书》卷之六《金齿军民指挥使司·风俗》,云南民族出版社,2002 年 8 月版,第 325 页。

266 天启《滇志·羁縻志》,云南教育出版社,1991 年版,第 1000 页。

267 景泰《云南图经志书》卷之三《马龙他郎甸长官司·风俗》,云南民族出版社,2002 年 8 月版,第 203 页。

268 正德《云南志》卷十四《车里军民宣慰使司》。转引自《云南史料丛刊》第六卷,云南大学出版社,2000 年 1 月版,第 226 页。

269 正德《云南志》卷十三《金齿军民指挥使司》。转引自《云南史料丛刊》第六卷,云南大学出版社,2000 年 1 月版,第 220 页。

270 谢肇淛:《滇略》卷九《夷略》。转引自《云南史料丛刊》第六卷,云南大学出版社,2000 年 1 月版,第 778 页。

结　　语

从洪武十五年(1382年),朱元璋派傅友德、沐英、蓝玉率三十万大军征讨云南,在云南设置“三司”及府、州、县进行统治开始,至崇祯十六年(1643年)清军入关,明王朝灭亡止,在260年的时间里,明王朝在继承元代统治的基础上,在云南设三司节制、划府州县统辖,开卫所屯田、移汉民戍边,行土司制度、任用土司土官,兴儒学教育、推汉文化入滇。作为元明清时期中央王朝推行行省制度和土司制度承上启下的朝代,明王朝一系列统治政策的推行,不仅使得明朝在云南的统治更加深入,统一多民族国家更加巩固,客观上还使云南经济社会发展产生了划时代的变迁,云南各民族在政治、经济和文化方面更进一步融入到统一多民族国家中,为云南富有特色的多元地域文化的形成和发展产生了重要的影响。

第一,明朝平定云南前后,为加强对云南的统治,在继承元代行省制度的基础上,对云南的行政区划进行了调整。一方面,将元代属于云南行省罗罗斯等处宣慰司统辖的建昌、德昌、会川三路及柏兴府等地,以及原属于乌撒乌蒙等处宣慰司统辖的乌撒、乌蒙、东川、芒部等府划归四川行省管辖。另一方面,明王朝为保证征讨云南的30万将士的军需给养及往返道路的通畅,加强了对原属于

四川、云南、湖广三省统辖的贵州地区的治理,并最终于永乐十一年(1413年)设置了贵州布政使司。从此,贵州成为一个独立建制的省级行政单位。明代行政区划的调整,使得滇、川、黔三省的省级行政设置发生了重大的变革,对清代乃至今天三省行政区划的形成和发展产生了重要的影响。此外,明朝在云南行省下设置了府、州、县三级管理体系。洪武十五年(1382年)领府58个,州75个,县55个,蛮部6个。后经过调整领府19,御夷府2,州40,御夷州3,县30,宣慰司8,宣抚司4,安抚司5,长官司33,御夷长官司2。明代云南府州县的设置,大部分继承了元代路、府、州、县的建制,并充分考虑了云南民族分布区域的基本现状。明代政区的设置和调整,客观上促进了云南政治经济文化中心从洱海向滇池地区的转移,并奠定了滇、川、黔三省行政区划的基本雏形,对云南境内各民族经济社会发展产生了重要的影响。

第二,明代卫所屯田制度的实施,大量汉族移民进入云南,引发了云南民族社会划时代的变迁。从民族构成上讲,云南从一个"夷多汉少"的"蛮夷之地"变成"汉多夷少"的民族聚居区,原来世居云南的"土著"居民由于大量汉族的进入而变成真正意义上的"少数民族"。从民族分布上看,由于明代卫所大多集中在交通沿线和平坝区,并与府、州、县等行政机构同城而治或在其周围,有力地推动了云南城镇化建设的进程。同时,大量汉族移民占据了原来罗罗、僰人等居住的地区,促使一些少数民族向山区迁移,促进了云南山区的开发,奠定了云南各民族大杂居、小聚居,以及"汉族住街头,傣族住水头,苗族、彝族住山头,瑶族住箐头"的民族分布格局。从文化变迁来说,伴随着大量汉族移民的进入,儒学教育的推广,汉族文化和生产、生活习俗在云南的传播更加深入。在长期的民族交往中,受汉文化影响较大的地区和与汉族接触较

多的少数民族在文化上与汉文化产生了融合。云南不仅在政治上进一步融入统一多民族国家中，云南地域文化对中原汉文化的文化认同趋向更加明显。在文化的变迁过程中，原来土著的“夷人”与土著化的汉族移民相互依存、相互交流、相互帮助、相互融合，形成“云南人”。“云南人”称谓的出现，在云南民族历史上有着极为重要的意义，它不仅是中原居民对云南居民的认同，也是云南居民对华夏的认同。这种双向认同，对于推进国家统一，维护祖国整体发展有极大的历史意义。[1]

第三，明中央政府在云南广设府、州、县进行统治的同时，考虑到云南“云南诸夷杂处，威则易以怨，宽则易以纵”[2]的复杂性和特殊性，为对云南境内各民族势力进行有效控制，达到“使其无叛”的目的，继承并完善了元代的土司制度，在云南设置了宣慰司、宣抚司、招讨司、安抚司、长官司等机构，任命当地少数民族上层做宣慰使、宣抚使、招讨使、安抚使等职，实行“羁縻统治”。即使在一些府州县，“正印为流官，亦必以土司佐之”[3]。作为中国古代中央政府治理民族地区和处理民族关系的一种民族政策，土司制度的推行充分考虑和尊重了云南与内地，以及云南境内各民族和民族地区经济社会发展不平衡的基本现状，对不同的地区采取了不同的统治策略，这不仅使明王朝在云南的统治更加稳固和深入，为云南民族地区经济发展提供了良好的政治环境，还为云南民族文化的传承和多元化发展提供了空间和土壤。同时，随着云南经济社会的发展，从明朝中后期开始，明王朝便对条件成熟的鹤庆、寻甸、武定、顺宁等府州进行了改土归流，进行直接统治的尝试。明代的改土归流，为清代云南大规模的改土归流，以及改土归流时尊重民族地区发展差异制定“江内宜流不宜土”，“江外宜土不宜流”的政策提供了历史借鉴。作为全国设置土司最多的省区，明代云南土

司制度的推行顺应了当时的历史发展和时代潮流,其对云南社会历史发展所产生的影响一直延续到中华人民共和国成立以后。

第四,明朝中央政府在与今云南相邻的缅甸、老挝、泰国境内设置了麓川、缅甸、木邦、八百大甸、孟养、老挝、大古剌、底兀剌、底马撒、车里等地宣慰使司,以及孟艮、孟定御夷府等大小不等的土司,任命当地的民族上层进行控制。然而,随着西方资本主义国家的强盛,葡萄牙殖民主义者于明正德十四年(1519 年)以武力强占了白古属地马达班,并支持缅甸洞吾王朝进行扩张。而此时,云南境内麓川、木邦、孟养、陇川等各土司之间正为争夺土地或土司继承权而争战不休。明朝中后期,中央政府在处理民族矛盾和民族危机的过程中,违背了明初设置土司,"抚绥得人,恩威兼济,则得其死力而不足为患"[4] 的初衷,于正统年间,三次征调大军对麓川进行征讨,既"老师费财,以一隅骚动天下"[5],又激化了民族矛盾,引发的更大的边疆危机。缅甸洞吾王朝趁机东侵八百、老挝、孟艮,北扰木邦、孟养,导致明代西南疆域大为龟缩,使居住在这一地区的部分百夷、峨昌、蒲人等沦为外域居民,逐渐演变成今天的跨境民族。以此为肇始,英国、荷兰、法国等西方列强的纷至沓来,引发了清代中国西南边疆更加严重的危机。明代中后期中央王朝治理边疆的政策和处理边疆民族矛盾失当,以及由此引发的边疆危机值得我们今天在处理边疆、民族、宗教等问题上认真研究,引以为鉴。

总而言之,明代是云南政治、经济、文化发生重大变革的历史时期。明朝中央政府在云南推行的卫所屯田、汉族移民、土司制度等一系列的统治政策引发了云南民族社会一系列的重大变革。正如倪蜕在《滇云历年传》中所言:"滇云一隅之地,著于唐虞,历于三代,通于秦、汉,乱于唐,弃于宋,启于元,盛于明。然亦困于明,

极坏于明，不可收拾于明”。[6] 在这场重大的历史变革中，云南各民族在政治、经济和文化等诸多方面加速了与中原内地的一体化进程。云南作为统一多民族国家的一部分，更深层次地融入到统一多民族国家的历史发展之中。在云南各民族经济文化与中原内地趋同的同时，由于中央王朝正视云南民族地区发展不平衡的特殊现状，采取了一系列变通的统治政策，这些政策的实施，客观上又促进了云南民族文化的多元化发展趋势，使今天云南形成以各民族多元文化共存为特色的地域文化成为可能。

当然，明代作为元明清时期中央王朝治理云南承上启下的朝代，无论是行政区划的调整，土司制度的推行，还是对民族地区的治理，汉文化的推行，从历史发展的整体性上看，明代都处于一种过渡和变革的过程当中，很多问题直到清代乃至近现代才有一个完整的结束。也正因如此，明代对民族地区的治理和由此引发的民族地区的变迁也是有历史局限的。这种变迁主要集中在滇东陆良、曲靖坝子周围，滇中滇池周边，以及滇西的洱海周围统治较为稳固，受汉文化影响较深的地区，而其他民族地区或受自然条件限制明王朝统治尚未深入，或因当地民族势力强大难以驾驭，生活在这些地区的民族较少受到明王朝政治、经济、文化等统治秩序的影响，仍处于一种相对缓慢的发展和变迁过程中，这种状况直到清代才有所改变。

注　释

1　林超民：《汉族移民与云南统一》，载《云南民族大学学报(哲学社会科学版)》，2005 年第 3 期，第 111 页。

2　《明太祖洪武实录》卷一百四十二。中央研究院历史语言研究所出版，国立北平图书馆红格钞本微卷 1962 年影印版，第 2235 页。

3 《明史·云南土司》,中华书局标点本,1974年版,第8063页。

4 《明史·云南土司》,中华书局标点本,1974年版,第7981页。

5 《明史》卷一百七十一《王骥传》,中华书局标点本,1974年版,第4559页。

6 倪蜕辑,李埏点校:《滇云历年传》,云南大学出版社,1992年版,第367页。

参考文献

一、历史文献

[1]《明实录》

[2](清)张廷玉等修:《明史》,中华书局,1974 年版

[3]《明会典》

[4]《大明一统志》

[5]《新唐书》

[6]《元史》

[7]李京:《云南志略》

[8]查继佐:《罪惟录》

[9]钱古训、李思聪等撰:《百夷传》

[10]佚名纂:《土官底簿》

[11]毛奇龄:《云南蛮司志》

[12]顾祖禹:《读史方舆纪要》

[13]朱孟震:《西南夷风土记》

[14]徐弘祖著,朱惠荣校注:《徐霞客游记》,云南人民出版社,1985 年 6 月版

[15]顾炎武:《肇域志》

[16]陈文等撰,李春龙、刘景毛校注:景泰《云南图经志书》,云南民族出版社,2002 年 8 月版

[17]周季凤等撰:正德《云南志》

[18]李元阳撰:万历《云南通志》,1934 年昭通龙氏灵源别墅铅印本

[19](明)刘文征撰,古永继校点:天启《滇志》,云南教育出版社,1991 年版

[20]谢肇淛撰:《滇略》

[21]诸葛元声撰:《滇史》

[22]沈德符撰:《万历野获编》

[23]张志淳撰:《南园漫录》

[24]云南省博物馆供稿:《丽江木氏宦谱》影印本,云南美术出版社,2001 年版

[25]倪辂:《南诏野史》

[26](清)倪蜕辑,李埏点校:《滇云历年传》,云南大学出版社,1992 年 6 月版

[27]魏源:《雍正西南夷改流记》

[28]冯甦:《滇考》

[29]檀萃:《滇海虞衡志》

二、著作

[1]方国瑜主编:《云南史料丛刊》(卷三之卷九),云南大学出版社,1998 年 5 月至 2001 年 5 月版

[2]方国瑜著:《方国瑜文集》,云南教育出版社,2001 年 8 月版

[3]方国瑜著:《中国西南历史地理考释》,中华书局,1987 年 10 月版

[4]方国瑜主编:《云南地方史讲义》,云南广播电视大学出版社

[5]方国瑜主编:《云南郡县两千年》,云南广播电视大学出版社

[6]杨绍猷、莫俊卿著:《明代民族史》,四川民族出版社,1996 年 8 月版

[7]尤中:《中国西南边疆变迁史》,云南教育出版社,1987 年 7 月版

[8]尤中:《云南民族史》,云南大学出版社,2004 年 9 月版

[9]尤中:《中国西南民族史》,云南人民出版社,1985 年 8 月版

[10]尤中:《中华民族发展史》(第三卷),晨光出版社,2007 年版

[11]尤中:《云南地方沿革》,云南人民出版社,1990 年版

[12]龚荫:《中国土司制度》,云南民族出版社,1992 年 6 月版

[13]龚荫:《明清云南土司通纂》,云南民族出版社,1985 年版

[14]龚荫:《民族史考辨》,云南大学出版社,2004 年版

[15]江应樑:《明代云南境内的土官与土司》,云南人民出版社,1958 年版

[16]吴永章:《中国土司制度渊源与发展》,四川民族出版社,1988 年版

[17]方铁主编:《西南通史》,中州古籍出版社,2003 年 3 月版

[19]王文光著:《中国民族发展史》(下册),民族出版社,2005 年 1 月版

[18]王文光、龙晓燕、陈斌著:《中国南方民族关系史》,中国社会科学出版社,2005 年 3 月版

[20]王文光、薛群慧、田婉婷编著:《云南的民族与民族文化》,云南教育出版社,2000 年 11 月版

[21]方铁、方慧著:《中国西南边疆开发史》,云南人民出版社,1997 年 7 月版

[22]陆韧著:《变迁与交融——明代云南汉族移民研究》,云南教育出版社,2001 年 12 月版

[23]林超民著:《林超民文集》(第一、二卷),云南人民出版社,2008 年 12 月版

[24]林超民:《源远流长　辉煌灿烂——云南民族历史》,云南教育出版社,2000 年 12 月版

[25]杨毓才著:《云南各民族经济发展史》,云南民族出版社,1989 年版

[26]王钟翰主编:《中国民族史》,中国社会科学院出版社,1994 年版

[27]杨福泉著:《多元文化与纳西社会》,云南人民出版社,1999 年版

三、论文

[1]江应樑:《略论云南土司制度》,载《江应梁民族研究文集》,民族出版社,1992 年版

[2]江应樑:《明代云南境内的土司与土官》,载《江应梁民族研究文集》,民族出版社,1992 年版

[3]江应樑:《云南土司制度的利弊与存废》,载《江应梁民族研究文集》,民族出版社,1992 年版

[4]李世愉:《明代土司制度述略》,载《中国边疆史地研究》,1994 年第 1 期

[5]龚荫:《西南诸省土司设置及其演变概说》,载《民族研究》,1993 年第 1 期

[6]龚荫:《关于明清云南土司制度的几个问题》,《西南民族学院学报(社会科学版)》,1986 年第 3 期

[7]龚荫:《明代土司三题》,《云南师范大学哲学社会科学学报》,1991 年第 5 期

[8]史继忠:《略论土司制度的演变》,《贵州文史丛刊》,1986 年第 4 期

[9]史继忠:《贵州置省的历史意义》,《贵州民族研究》,1997 年第 3 期

[10]曹相:《明朝云南社会经济的发展与改土归流》,《云南师范大学学报》(哲学社会科学版),1986 年第 1 期

[11]张晓松:《论元明清时期的西南少数民族土司土官制度与改土归流》,《中国边疆史地研究》,2005 年第 2 期

[12]徐立坤:《明代土司制度述略——明王朝民族政策研究之一》,《广西社会主义学院学报》,1998 年第 3 期

[13]谢国先:《明代云南的汉族移民》,《云南民族学院学报(哲学社会科学版)》,1996 年第 2 期

[14]谢国先:《明代云南地区的民族融合》,《思想战线》,1996 年第 5 期

[15]郭红:《明代卫所移民与地域文化的变迁》,《中国历史地理论丛》,2003 年 6 月

[16]丁柏峰:《明代移民入滇与中国西南边疆的巩固》,《青海社会科学》,2003 年第 1 期

[17]许立坤:《明代移民政策及其对边疆民族地区的影响》,《广西民族学院学报(哲学社会科学版)》,1998 年 9 月

[18]陈庆江:《明代云南府州县儒学考论》,《学术探索》,2000 年第 5 期

[19]玉时阶:《明清时期瑶族向西南边疆及越南、老挝的迁徙》,《中国边疆史地研究》,2007 年第 3 期

[20]杨永福、邱学云:《明清云南地区治理思想与治策及其比较》,《文山师范高等专科学校学报》,2006 年第 3 期

[21]郑维宽:《试论明清时期云南经济发展的区域差异及重心分布》,《曲靖师范学院学报》,2006 年第 4 期

[22]徐晓庄:《试述朱元璋对西南民族地区的治理》,《河南大学学报(社会科学版)》,1997 年第 2 期

[23]古永继:《元明清时期云南的外地移民》,《民族研究》,2003 年第 2 期

[24]古永继:《明代滇桂地区与东南亚国家关系述评》,《思想战线》,2002 年第 6 期

[25]古永继:《明清时滇桂地区与越南关系述论》,《云南师范大学学报(哲学社会科学版)》,2005 年第 2 期

[26]古永继:《明代滇西地区内地移民对中缅关系的影响》,《中国边疆史地研究》,2008 年第 3 期

[27]古永继:《明代西南地区“商屯说”质疑》,《中国经济史研究》,2006 年第 1 期

[28]古永继:《明代云南地区出现过商屯吗?——〈明史·食货志〉“商屯说”纠谬》,《思想战线》,2005 年第 6 期

[29]古永继:《明清时期云南文人的地理分布及其思考》,《云南学术探索》,1993 年第 2 期

[30]陆韧:《云南汉语地名发展与民族构成变迁》,《云南民族大学学报(哲学社会科学版)》,2005 年第 6 期

[31]陆韧:《唐宋至元代云南汉族的曲折发展》,《民族研究》,1997 年第 5 期

[32]陆韧:《明代云南的驿堡铺哨与汉族移民》,《思想战线》,1999 年第 6 期

[33]陆韧:《试论明代云南非官府组织的自发移民》,《学术探索》,2000年第2期

[34]陆韧:《明代汉族移民与云南城镇发展》,《云南社会科学》,1999年第6期

[35]陆韧:《元代西南边疆与麓川势力兴起的地缘政治》,《中国边疆史地研究》,2008年第3期

[36]何平:《中国西南边疆的变迁与缅甸掸族的由来》,《云南民族大学学报(哲学社会科学版)》,2007年第3期

[37]何平:《中国西南边疆的变迁与中缅佤族跨国境格局的形成》,《世界民族》,2001年第5期

[38]尤中:《明朝对西南各民族地区的设治和经营》,《思想战线》,1992年第3期

[39]尤中:《明朝"三征麓川"叙论》,《思想战线》,1987年第4期

[40]百川:《明代麓川之役述评》,《思想战线》,1986年第2期

[41]刘祥学:《试论明英宗时期的三征麓川之役》,《广西师范大学学报(哲学社会科学版)》,1997年第4期

[42]林超民:《汉族移民与云南统一》,《云南民族大学学报(哲学社会科学版)》,2005年第3期

[43]蓝东兴:《明代中央王朝统治贵州的策略》,《贵阳师范高等专科学校学报(社会科学版)》,2004年第1期

[44]张丽剑:《明代汉文化在大理白族地区的传播和影响》,载林超民主编《新浪集》,云南大学出版社,2001年7月

[45]字应军:《冲突与交融——明代白族文化的发展及其特点》,载林超民主编《新松集》,云南大学出版社,1996年12月

[46]董秀团:《论明清时期白族文化的转型》,《云南民族大学学报(哲学社会科学版)》,2004年第4期

[47]余宏模:《略论明代贵州建省与改土归流——纪念贵州建省590周年》,《贵州民族研究》,2003年第3期
[48]李耀申:《试论明清之际的贵州社会变革》,《贵州民族研究》,2006年第2期
[49]普永贵:《明末云南的“沙普之乱”》,《学术探索》,2001年第1期
[50]王文光、段丽波:《试论明朝对西南边疆乌蒙等部的治理及其政治博弈关系》,《云南师范大学学报(哲学社会科学版)》,2008年第3期
[51]施宇华:《明代云南的山区开发》,《云南民族学院学报》,1992年第2期
[52]陈庆江、成文章:《明代云南的政区治所市场》,《思想战线》,2006年第4期
[53]秦佩珩:《明代云南人口、土地问题及封建经济的发展》,《求是学刊》,1980年第3期
[54]王文成,顾胜华:《区域史视野中的明代云南市镇研究》,《学术探索》,2008年第6期
[55]秦树才:《明代军屯与云南社会经济的发展》,《昆明师专学报(哲学社会科学版)》,1989年第3期
[56]林文勋:《明清时期内地商人在云南的经济活动》,《云南社会科学》,1991年第1期
[57]蓝勇:《明清时期云贵汉族移民的时间和地理特征》,《西南师范大学学报(哲学社会科学版)》,1996年第2期
[58]郭家骥:《云南民族关系的历史格局、特点及影响》,《云南社会科学》,1997年第4期
[59]王璞:《元代云南段氏与梁王之争再议》,《云南社会科学》,2000

年第 5 期

[60]贺圣达:《嘉靖末年至万历年间的中缅战争及其影响》,《中国边疆史地研究》,2002 年第 2 期

[61]翁家烈:《明代贵州民族关系述略》,《贵州民族研究》,2004 年第 3 期

[62]杨煜达、杨慧芳:《花马礼:16—19 世纪中缅边界的主权之争》,《中国边疆史地研究》,2004 年第 2 期

[63]戴可来:《略论古代中国和越南之间的宗藩关系》,《中国边疆史地研究》,2004 年第 2 期

[64]谢清溪:《明代的民屯及其影响》,《史学月刊》,1992 年第 5 期

[65]李龙潜:《明代民屯制度初探》,《暨南学报》,1984 年第 1 期

[66]左云鹏:《明代商屯述略》,《陕西师范大学学报》,1982 年第 1 期

[67]田培栋:《明代人口变动的考察》,《首都师范大学学报》,1996 年第 5 期

[68]沈海梅:《儒学与云南民族文化变迁(1381—1662)》,《新松集》,云南大学出版社,1996 年版

后　　记

本书为我的博士论文《明代云南民族发展论纲》修改而成。作为求学路上的一个总结，敬献给一路上关心我成长的父母、恩师、朋友和家人。

我出生在一个普通的农民家庭，父母凭借从田地里耕种所得苦苦支撑年幼的四兄妹就学，虽然清苦，但也过得快乐。艰苦的生活激发了我奋发读书的意志，终于1993年考入云南大学历史系。

云南大学的历史学具有扎实的学科基础和优良的学术传统。在本科期间，得到方铁、高整军、韩杰、黎家斌、林文勋、刘鸿武、陆韧、潘先林、吴继德、吴晓亮、徐康明、许洁明、杨兆荣、郑志惠、周嘉珮等众多教授的教导，系统学习了历史学的基本理论和基础知识，打下了较为扎实的史学功底。因学习刻苦努力，品学兼优，于1997年留校工作。

留校之后，虽杂务缠身，但专业学习未曾懈怠。承蒙师长及领导的厚爱，于2000年考入历史系专门史专业师从陆韧教授攻读硕士学位，后又于2006年拜入恩师王文光教授门下，攻读中国少数民族史专业博士学位。

恩师文光，不苟言笑，然为人谦和，待人真诚，颇具儒雅风范。

攻博期间，适逢小女问世，学习、工作、家庭诸事常相抵撞，幸有恩师提携关怀，传道、授业、解惑之余，工作、家庭大小诸事多蒙恩师教导，才得以顺利完成学业，如期获得博士学位。吾辈不才，得蒙恩师教化，实乃人生一大幸事！

求学路上，尚蒙陆韧教授、李晓斌教授、陈斌教授、龙晓燕教授等诸师长的教导和帮助，得到了研究生部各位领导和同仁的关怀。另外，尤中先生、陈玉屏教授、周建新教授、万永林教授、李东红教授等在论文评阅和答辩环节为论文的进一步修改、完善提出了宝贵的意见，专此一并致以谢忱！

本书付梓，还得益于云南大学“专门史”国家重点学科建设项目的支持。学科负责人林文勋教授，既是往日的授业恩师，也是而今工作上的领导，多年来，学习、工作多得其教导，潜移默化，收获不少。而今撰成拙稿，又得文勋教授关心，纳入云南大学“中国边疆研究丛书”，终使本书得以面世。

明代是云南民族社会发生重大历史变革的时代，这一时期推行的卫所屯田、汉族移民、土司制度等对云南历史发展产生了重大而深远的影响。对此，前辈学者已经有深入的专题研究，形成了诸多享誉学术界的真知灼见。吾辈不揣愚钝，仍然以此为题，一是对明代云南民族历史发展的重大历史变革具有浓厚的兴趣；二是想对此在宏观上进行系统的梳理，微观上做一点拾遗补阙的努力。

我在职攻博，无奈时间有限，精力有限，学识有限，仓促成稿，错漏难免，不足之处伏冀方家教正！

段红云　谨记

2011 年 8 月

图书在版编目（CIP）数据

明代云南民族发展论纲 / 段红云著.
–北京：人民出版社，2011
（中国边疆研究丛书 / 林文勋主编）
ISBN 978-7-01-009879-1/
Ⅰ.①明… Ⅱ.①段… Ⅲ.①民族发展–研究–云南省–明代
Ⅳ.①K280.74

中国版本图书馆 CIP 数据核字（2011）第 079274 号

明代云南民族发展论纲

MINGDAI YUNNAN MINZU FAZHAN LUNGANG

丛书主编：林文勋
作　　者：段红云
责任编辑：张秀平
封面设计：徐　晖

人民出版社 出版发行
地　　址：北京朝阳门内大街 166 号
邮政编码：100706　www.peoplepress.net
经　　销：新华书店总店北京发行所经销
印刷装订：北京昌平百善印刷厂
出版日期：2011 年 9 月第 1 版　2011 年 9 月第 1 次印刷
开　　本：880 毫米×1230 毫米　1/32
印　　张：11.875
字　　数：300 千字
书　　号：ISBN 978-7-01-009879-1/
定　　价：35.00 元

人民东方图书销售中心电话：（010）65250042　65289539

U0647333